Vom öffentlichen Besingen ankommender Fernverkehrszüge in der Nach-Franco-Zeit

AF215973

Andreas Wolf

Vom öffentlichen Besingen ankommender Fernverkehrszüge in der Nach-Franco-Zeit

Bibliografische Information der Deutschen Nationalbibliothek
Die Deutsche Nationalbibliothek verzeichnet diese Publikation in der Deutschen
Nationalbibliografie; detaillierte bibliografische Daten sind im Internet über
http://dnb.de abrufbar.

© 2018 Andreas Wolf
Umschlagfoto: Dieter Scherzer, Paar, Aquarell
Satz, Umschlaggestaltung, Herstellung und Verlag: BoD – Books on Demand
ISBN 978-3-7481-1495-6

Inhalt

Große Fahrt

Karl Marx unter Bauern.

1. Tiervergleiche

In der Omsker Gemäldegalerie, die sich im prächtigen Gouverneurs-palast der südsibirischen Millionenstadt befindet, lagerte, für sehr lange Zeit schamhaft im Magazin versteckt, ein mehrmetergroßes Ölgemälde, das Karl Marx zeigt, wie er im Sommer des Jahres 1875 zu niedersächsischen Bauern spricht. Das Gemälde bietet bildmittig den Denker in einem schwarzen, allerdings stark verstaubten Maßanzug, wie er, von vorne gemalt, pathetisch drohend und mit erhobenem Zeigefinger auf die Bauern des Dorfes Dollbergen einredet. Marx selbst steht im hüfthohen und sonnengelben Weizenfeld, während die Bauern, seitlich oder von hinten gemalt, auf dem bereits abgemähten Teil des Ackers lagern, offenbar ihre Mittagspause machen, essen und trinken, wobei einige von ihnen so durstig zu sein scheinen, dass sie ihren Kopf nach hinten geklappt haben und die Flasche nahezu senkrecht an ihrem Mund halten, was dem Gemälde, ganz im dramatischen Stil des sozialistischen Realismus gehalten, eine unklare, man kann sogar sagen: doppeldeutige Note gibt. Da zudem ein anderer Teil der etwa zwanzigköpfigen Bauernschaft, sei es tief ergriffen, sei es nachdenklich, sei es geistesabwesend, sei es sogar dösend, um nicht zu sagen: schlafend, abgebildet ist, wurde diese Arbeit – noch unter Stalin in Auftrag gegeben – nicht, wie geplant, der DDR als Brudergeschenk übereignet, sondern verschwand, nachdem man zunächst den Künstler erschossen hatte, im dunklen Keller der Omsker Gemäldegalerie, die viele Meisterwerke wie etwa von Ilja Repin, Iwan Aiwasowski oder dem unvergesslichen Wassili Surikow stolz ihr Eigen nennen kann.

Dass also Karl Marx im Juli 1875 für einige Wochen in Dollbergen war, ist historisch völlig unumstritten. Kaum einer seiner unzähligen Biografen verzichtet darauf, kurz auf diese kuriose Episode einzugehen, strittig hingegen, ja sogar hochumstritten ist allein die Frage, was Marx in Dollbergen bewegt hat und ob er überhaupt etwas bewegt hat. Nicht jedem wird geläufig sein, dass die marxistische Denkungsart in der Arbeiterschaft viele Freunde und vor allem in ihrer weichgespülten Variante als Sozialdemokratie große Sympathie genoss, in der Bauernschaft hingegen auf erbitterte Feindschaft stieß, weil die Bauern, sicherlich in völliger Unkenntnis seiner Theorien, schlankweg meinten, Marxisten wollten ihnen vor allem ihre Kuh klauen, und wenn sie überhaupt keine Kühe hatten, dann irgendetwas anderes: ihre Egge, die Hühner, die Frau oder Tochter, keine Ahnung, was letztlich auch immer, *vaterlandslose Gesellen* also, die den Staat, die Kirche, die Kneipe, den Schützenverein, kurz, wie es im *Kommunistischen Manifest* heißt: alles *Ständische und Stehende* zu vernichten getrachteten, und da jeder Bauer ein ausgesprochener Freund alles Ständischen und Stehenden ist, dazu schollentreu bis in den Tod und vaterlandsliebend bis zur letzten Kugel, folgte daraus ein schwerer Grundwertestreit und *Antagonismus* – wie Marx sagen würde –, also der reine Gegensatz selbst, und man darf somit von einem echten Konflikt beider Weltanschauungen reden, so dass jeder Bauer einen Marxisten als *rote Sau* bezeichnen würde, während jeder Marxist einen Bauern als *reaktionäres Schwein* ansah. Dadurch ergibt sich, wie leicht ersichtlich, eine gewisse Spannung, die wir im Folgenden etwas ausführlicher schildern wollen.

Nun wird man sich natürlich fragen müssen, was mich überhaupt dazu befähigen sollte, diesen in der Tat kuriosen Aspekt im Leben des Karl Marx einer näheren Erläuterung zu unterziehen, eine gute Frage, gewiss, aber auch enorm leicht zu beantworten. Denn niemand anderes als meine Vorfahren waren es, die dem Philosophen und politischen Denker in Dollbergen Logis geboten haben, und das in einem schönen geräumigen Backsteinhaus mit weißgerahmten Fenstern und Spitzdach, das, in den letzten 170 Jahren nur behutsam saniert, heute noch steht, nie anders als im Familienbesitz war, und das meine Eltern, quicklebendige Leute Anfang 80, immer noch bewohnen.

Es war ein gewisser Hinnerk Brandes, der im Jahre 1848, als in Paris, Berlin und Wien wilde Revolutionswochen herrschten und halb Europa brannte, seelenruhig sein Haus aufrichten ließ, ein, wie gesagt, großes Haus, das er schon in jungen Jahren dank einer schönen Erbschaft und vieler krummer Spargelschäfte freihändig finanzieren konnte. Dieses Haus, damals *An der großen Aabe* gelegen, einer Bezeichnung, von der kein Mensch wusste, was sie zu bedeuten hatte, blieb immer im Besitz der Familie Brandes, mochte sie jeweils auch heißen, wie immer sie hieß, denn das Haus wurde, seltsam genug, stets der erstgeborenen *Tochter* vermacht, so dass ihre Bewohner auch als *Ploetz, Lampe* oder *Klüsenschmied* irgendwie immer Brandes blieben, und meine Großmutter namens *Dorothea Klüsenschmied* mir bis ins hohe Alter Geschichten über Karl Marx erzählen konnte, Geschichten freilich, die sie von ihren Eltern und Großeltern berichtet bekam, die mir, wäre ich nicht seit 25 Jahren Wissenschaftlicher Mitarbeiter für Sozialgeschichte an der renommierten Universität Osnabrück, für zumindest ungewöhnlich gegolten hätten. Ich habe sie aber gewissenhaft, wie ich zumindest meine, überprüft und mit dem Zeitgeist jener Jahre verglichen, so dass sie mir, *cum grano salis* natürlich, durchaus stimmen, stimmen könnten oder zumindest nicht direkt wider die Natur gezeichnet scheinen.

2. „Quatsch mich nicht beim Essen voll!"

Wenn ich als Kind meine Großmutter nach dem weltberühmten Gast fragte, antwortete sie, er sei ein *basiger Bengel* gewesen wie ich, ein *dötscher Kerl*, wobei ich noch nicht einmal sagen könnte, was diese Beschreibungen eigentlich genau meinen, sicherlich nichts Gutes, denn meine Oma, und das wiederum weiß ich genau, hielt mich zeitlebens für ein nur trübe flackerndes Licht. Die Meinungen über Karl Marx schienen in diesem Haus allerdings auseinander zu gehen, ihre

Großmutter etwa, die ihn als *Laberkopp* zwar, aber auch als *Breker*, also als stattlichen, kräftigen Mann in Erinnerung hielt, muss wohl anerkennend gesagt haben, er sei *ein ziemlich fescher Hund* gewesen und sie habe sich zeitlebens daran erinnern können, wie er die lange Straße entlangkam, schwarzer Anzug, schwarzer Staubmantel, kleinere schwarze Reisetasche, graumelierter Wuschelkopf, wilder Vollbart und wie der Leibhaftige, ja, der Gehörnte selbst an einem schönen Sommernachmittag vor dem Haus stand und um Unterkunft nachsuchte. Hinnerk Brandes, der in ihm den Feuerkopf, *Stunkmaker* und geborenen Revolutionär auf den ersten Blick bereits sah, war schlau genug, ihn nicht gleich des Hofes zu verweisen, sondern forderte geschäftstüchtig und verschlagen, wie es nur niedersächsische Bauern sein können, dreist *den fünffachen Logissatz*, und Marx, der zwar erst vor wenigen Jahren sein tausendseitiges Jahrhundertwerk *Das Kapital* beendet hatte, also vom Geld – *der Hure und Kupplerin* – theoretisch alles, aber praktisch rein gar nichts verstand, war naiv genug, dieses *hanebüchene* Angebot auch noch zu akzeptieren. So kam Marx für einige Wochen zu den Brandes', eine für beide Seiten wechselvolle Zeit.

Unschön für Karl Marx war es, dass er stets durch das Schlafzimmer der Eheleute gehen musste, um ins eigene Bett zu gelangen, denn das einzig freie Zimmer des Hauses hatte keinen eigenen Zugang. Wer aber denkt, nun müssten schlüpfrige Geschichten zur Erwähnung kommen, irrt sich sehr, denn das Paar hatte in schneller Folge drei Kinder bekommen, zwei Söhne und eine Tochter, die alle in ihren frühen Zwanzigern standen, und da die Dame des Hauses eine echte Trulla und Tranfunzel war – die ihr letztes Kind allerdings eigenhändig mit einer Schere entbinden musste, während Hinnerk einmal mehr dem geselligen Umtrunk nachging –, hatte sie kurzerhand jede weitere erotische Begegnung mit Nachdruck abgelehnt, und so machten die beiden hart arbeitenden Bauern das, was man von hart arbeitenden Bauern zwischen ein Uhr und zwei Uhr nachts auch erwarten würde: Sie schliefen.

Marx, der selten sein Bett übertrieben vorzeitig verließ, kam also immer dann herunter, wenn er das Mittagessen roch, setzte sich an den langen Küchentisch, der nun immer für neun Leute eingedeckt war, denn neben Hinnerks Mutter und den Schwiegereltern – zwei Trantüten vor dem Herren – gab es jetzt auch Karl Marx, so dass sich die zumeist reich gedeckte Tafel vor Bergen von Kartoffeln, Fleisch und Gemüse bog, und da Hinnerk ein enormer Esser war, der erstaunlicherweise nicht zunahm, durften auch Eierstichsuppen und üppige Nachspeisen keineswegs fehlen. Nervig an dieser durchaus launigen Familientafel war, dass Marx sie dominierte. Noch heute ist es ein Problem des geselligen Zusammenseins, dass immer dann, wenn ein Ausweg praktisch unmöglich ist, im Auto etwa oder zu Tisch, irgendwer die Chance nutzt, um die anderen ins Koma zu reden. Marx war so jemand. Natürlich waren seine Ausführungen zum *tendenziellen Fall der Profitrate* – und nicht der Pommes-Frites-Rate, wie immer wieder fälschlicherweise in der Familie behauptet wird – hochinteressante Darlegungen. Auch die *ursprüngliche Akkumulation des Kapitals* darf als spannende Beobachtung gelten, denn diese *ursprüngliche Basis* allen persönlichen Reichtums, die Akkumulation, also der Erwerb, war nichts anderes als schlichter Landraub. Irgendwer war mächtig genug gewesen, das Land, die Forsten, Seen, Gewässer der Gemeinschaft zu *rauben*, einen Zaun darum zu schlagen, um fortan kackfrech zu behaupten, es sei nun einmal sein *Eigentum*, und die anderen buckeln oder zahlen zu lassen. *Eigentum ist immer Raub!*, nämlich an den anderen, und Hinnerk und seine Kinder, freisinnig denkende Menschen, wären fast schon für diese Ideen gewonnen worden. Doch Karl Marx hatte bei seinen Darlegungen die lästige Angewohnheit, vom Hundertsten ins Tausendste zu gehen und vor allem dabei über einen gewissen Hegel – der wohl das ganze Gescheitgeschwätze überhaupt erst erfunden hatte und offenbar so etwas wie der finstere Fürst der Faselei war – nachdrücklich und mäandernd zu reden, so dass Hinnerk Brandes irgendwann einmal polternd auf den Ausziehtisch schlug und dem Jahrhundertdenker direkt ins Gesicht sagte: „Quatsch mich nicht beim Essen voll!"

Karl Marx und Hinnerk Brandes waren übrigens gleichaltrig, Brandes am 1. Mai 1818 geboren, Marx ebenfalls im Mai 1818 und somit – wir müssten nun umständlich nachschauen – ein paar Tage später. Beide Männer waren also zu dieser Zeit 57 Jahre alt, nun nicht mehr taufrisch, aber auch keine alten Leute, so dass es kaum Wunder nahm, dass sich beide gut verstanden. Abends im Wohnzimmer tauschten sie Erinnerungen aus. Brandes sprach vor allem von seinen Ruhmestaten im kürzlich beendeten Deutsch-Französischen Krieg, der zur deutschen Einheit führte, die sich Brandes zum Teil selbst gutschrieb – eine Ansicht, die nicht völlig falsch ist –, denn als Unteroffizier im 7. Kürassier-Regiment griff er mit seiner *Eskadron*, einer Reitereinheit, frontal die Stellungen der namentlich sogenannten *Franzacken* bei *Mars-la-Tour* an, eine vorentscheidende Schlacht, so dass er fortan in der Überzeugung lebte, er selbst habe das Deutsche Reich aus der Taufe gehoben, etwas eitel zwar, aber zumindest teilweise richtig, wie Marx bestätigte, denn die Könige, Präsidenten und Minister könnten nur das protokollieren und ratifizieren und feiern und hochleben lassen, was der einfache Mann erkämpft habe. Aber natürlich grundfalsch in politischer Hinsicht, da es nun einmal nicht darum gehe, dem einfachen Soldaten des Gegners, wahrscheinlich einem Bauern wie ihm selbst, den Kopf einzuschlagen, was Hinnerk zwar grundsätzlich für gut und schön und richtig ansah, aber nun in besonderer Betrachtung des westlichen Nachbarn zu der Bemerkung veranlasste, mit Nachdruck zu meinen: „Wenn es gegen den Franzmann geht, schultere ich noch heute mein Gewehr!", ein Satz, der, leicht verfremdet, August Bebel später in die Schuhe geschoben wurde, und der bei den Sozialdemokraten für viel Ärger sorgen sollte.

„Falsch!", sagte Marx, „in jeder Hinsicht: Falsch! Dialektisch falsch, historisch falsch, politisch falsch! Es geht darum, den Herrschenden einzuheizen, den Hohenzollern etwa", was Brandes erstaunlicherweise sofort einsehen konnte, da er den „Preußenpinsel", gemeint war immerhin der Deutsche Kaiser, nicht ausstehen konnte, eine alte Feindschaft zwischen den niedersächsischen Welfen und den preußischen Hohenzollern, die in der Region nicht die freundlichsten Gefühle für das herrschende Haus auslösten, so dass beide den sogenannten Preußenpinsel schmähten, der eine aus niederen lokalpatriotischen Gründen, der andere aus einem tiefergehenden geschichtlichen Verständnis heraus. Und hätte Marx bei solchen abendlichen Unterredungen zweier gleichaltriger Männer nicht Rotwein und Cognac als geistige Getränke gefordert, worauf Brandes nur mit einem „Geht's noch?" konterte, wären beide sogar Freunde geworden. Allein das Bier, ein niedersächsischer Teufelssud, der, wir dürfen den Namen leider nicht sagen, hier fassweise eingelagert wurde, das Lieblingsgetränk eines jedes Dollbergers, fand Karl Marx derart miserabel, das er auch vor kräftigen Worten wie *Plörre* oder *Hundepisse* nicht zurückschreckte, was den Gastgeber stark verärgerte, zumal ihm Marx, *faute de mieux*, enorm kräftig zusprach, da er ein so starker Trinker war, dass er sogar Hundepisse getrunken hätte, wäre sie nur irgendwie vergoren gewesen.

3. Zur Kritik des Gothaer Programms

Wir haben uns ein wenig mit Hinnerk Brandes und seinem vollbärtigen Logiergast verplaudert, und deshalb müssen wir jetzt unbedingt einige historische Daten und Fakten nachliefern. Denn warum, wird man sich fragen müssen, kam Karl Marx überhaupt nach Dollbergen? 1871 hatte, wie wir sahen, der Unteroffizier Brandes das Vaterland aus der Taufe gehoben, der Preußenpinsel Friedrich Wilhelm I. wurde ausgerechnet im Spiegelsaal zu Versailles – eine Schmach, die uns der sogenannte *Franzacke* nie vergeben sollte – zum Deutschen Kaiser ernannt, das Reich war geboren, getauft und gesund wie ein enorm dickes Baby, alle somit glücklich und zufrieden, Bismarck sagte: *Nun, meine Herren, Deutschland ist in den Sattel gesetzt, reiten wird es wohl von alleine,* und in dieser allgemeinen Jubel- und Hochstimmung erließ der Eiserne Kanzler – den Hinnerk Brandes über alle vernünftigen Maße hinweg verehrte – eine Generalamnestie für alle politischen Verfolgten, für alle *Bullerjane, Stinkstiefel und Nölköppe,* und Karl Marx, der schon seit Jahrzehnten im Londoner Exil saß, konnte sich auf den Weg machen, um seinen sozialistischen Freunden in Berlin so richtig den Kopf zu waschen.

Die nämlich hatten sich auf dem *Gothaer Parteitag* Ende Mai 1875, was gemeinhin als Gründungsdatum der *Sozialdemokratischen Partei Deutschlands* angesehen wird, ein, man kann sagen: reformorientiertes, man kann auch sagen: windelweiches, ein, wenn man will: praxisnahes, wenn man nicht will: klassenverräterisches Grundsatzprogramm gegeben, und Marx, der Vordenker einer jeden Arbeiter- und Bauernbewegung, der Meisterdenker des gesamten linken Diskurses, war dermaßen sauer, über- und stinksauer, dass er Wilhelm Liebknecht und August Bebel, die neuen Führer dieser sozialdemokratischen Ponyhofpartei, auf das Allerkräftigste in den Arsch zu treten gedachte. Das Treffen fand in einem Hotel statt. Liebknecht und Bebel, die Marx als absolute Autorität ansahen, scharwenzelten zunächst um den hohen Gast aus London liebedienerisch herum, lobten hier seinen gesunden Bartwuchs, dort seine mannhafte Gesamterscheinung, kurz, sie speichelten ihn in der Hoffnung ein, dass er dieses *Gothaer Programm,* das in der Tat ein Kompromisspapier war, würde abnicken mögen, was er aber, wie jeder einigermaßen historisch Interessierte weiß, gerade nicht machte. Erst kaufte er sich August Bebel, den er als *tatfeigen, kriechenden Kleinbürger* bezeichnete, dann das *Biederrindvieh* Liebknecht selbst mit seinen *läppischen, wohlfeilen Allerweltsgedanken.* Er erregte sich immer mehr, lief aufgebracht und wie ein wütender Lehrer durch das Zimmer – es war ein eigens separierter Raum in einem Hotel –, während seine Schüler totenbleich auf ihren Stühlen verharrten. „Liebknecht", sagte er in einem Anfall von geschauspielerter Verzweiflung:

„Liebknecht hat das Talent, *die dümmsten Leute* von Deutschland um sich zu gruppieren.“

„Stimmt“, sagte Bebel.

Und dann gab es für Marx kein Halten mehr. Er sagte also mehr oder weniger wörtlich: Da ihr dauerduzenden Debattierdrohnen, Ponylecker und wirbellosen Bismarckbeschäler *offensichtlich nicht den Mut habt, direkt eine echte Republik zu verlangen, so hättet ihr auch nicht zu der weder ‚ehrlichen‘ noch würdigen Finte flüchten sollen, Dinge, die nur in einer demokratischen Republik Sinn haben, von einem Staat zu verlangen, der nichts andres als ein mit parlamentarischen Formen verbrämter, mit feudalem Besatz vermischter und zugleich schon von der Bourgeoisie beeinflusster, bürokratisch gezimmerter, polizeilich gehüteter Militärdespotismus ist.* Dann sagte er noch, Ezechiel 3,19 zitierend: Elende Eierkrauler!, und beendete die Brandrede mit dem Lateinischen: *„Dixi et salvavi animam meam“,* was auf Deutsch so viel heißt wie: Ich habe gesprochen und meine Seele gerettet. Schon im Hinausgehen rief er den beiden noch einmal nach, sie seien *Schwuchteln, Warmduscher, Klappspaten und wechselwarme Breitmaulfrösche,* und da ihm auf die Schnelle kein weiteres Schimpfwort einfiel, sagte er nur noch: *Ach!*

Nun wurde Wilhelm Liebknecht, der eigentlich Karl Marx hündisch anbetete, enorm böse, er stellte sich in die Türe, ließ den Zauselbärtigen nicht weiter durch, so dass sich Liebknecht und Marx, Bart an Bart, hart gegenüberstanden und der Sozialdemokrat dem Kommunisten praktische Kenntnislosigkeit in nahezu allen Dingen des täglichen Lebens vorwarf, so, dass dieser vermutlich noch nicht einmal im Entferntesten wisse, was ein Liter Milch koste, worauf Marx den Sozen ratlos anschaute und meinte: „Milch, was ist das?“, was Liebknecht zu einer Schimpfkanonade biblischen Ausmaßes ermutigte, und er ihn nun seinerseits als *Hirnwichser! Einhornreiter! Feenlandzauberer! Sesselpuper!* und, da den beiden die Schimpfwörter allmählich ausgingen, als Freund des Fabelhaften, nämlich als *Einhornflüsterer* bezeichnete, worauf Marx, ziemlich trocken, sagte: „Das Einhorn kann ich nicht gelten lassen, es ist doppelt genannt!“

Kurz, es ging in der Sache um die einfache Frage, ob es denn sinnvoll sei, auf dem hohen Ross der Theorie zu sitzen, da von den Arbeitern immerhin einige, von den Bauern aber *überhaupt keiner* die Linken wähle, was man an den Stimmen für den neugewählten Reichstag auch problemlos sehen könne, da die Stimmen für Sozis in den rein ländlichen Gebieten bei der schönen Zahl Null lägen. *Erst dann, mein lieber Genosse Marx, wenn du den Nachweis führen kannst, dass irgendeiner dieser elenden Ziegenficker deinen Ideen folgt,* sagte der hocherregte Wilhelm Liebknecht, *erst dann und nur dann gehen wir wieder zusammen. Bis dahin heißt es zwischen Sozialdemokraten und Kommunisten: Tschö mit ö, Tschau mit au, Ceausescu, Tschüssikowski, Sayonara und Leck mich!!!"*

Karl Marx, der die neugebaute Eisenbahnlinie Berlin-Stendal-Hannover nutzte, um von Rheinland zurück nach London zu reisen, dachte in der Bahn sitzend über diesen *Pfaffenfredi* – Liebknecht hatte Theologie anstudiert –, den *Dachlattendepp* – er war auch als Zimmermann tätig –, das fiese Frettchen – Liebknecht war recht schlank und schmalgesichtig –, nach und kam zu dem Schluss, es dem *Büchsenluder* – Büchsenmacher war Liebknecht eine Zeit lang auch – zu zeigen, und stieg an einer beliebigen Station auf der Stecke Berlin-Hannover aus, und diese Station war keine andere als die von Dollbergen. So schritt er mit flottem, federndem Gang die Bahnhofstraße hinunter, die jetzt glücklicherweise nicht mehr *An der großen Aabe* heißen musste, schwarzer Anzug, schwarzer Staubmantel, eine schwarze Reisetasche, kurz, ein gutaussehender Mann in seinen besten Jahren, und da er ja letztlich irgendwo anhalten musste, hielt er am Haus vom Hinnerk Brandes an, eine gute Wahl, wie wir ja sahen. Wer sich übrigens ein Bild des Marx jener Jahre machen möchte, hat es jetzt leicht. Seit Mai 2018 steht in Trier sein überlebensgroßes Standbild. Es ist der Zeit in Dollbergen bis ins Detail nachempfunden, nur, dass der Marx, so wie er jetzt in Trier zu sehen ist, ein Buch in der Hand hält, was in einer dörflichen Umgebung sehr ungewöhnlich wäre. Nein, er trug, vom

Bahnhof her kommend, eine kleinere Reisetasche in seiner Hand, einen schwarzen, leichten schweinsledernen Arztkoffer, in dem er seine Leibwäsche aufbewahrte und mitunter sogar wechselte, was schon affig genug war, denn auf dem Land wechselt man Leibwäsche nicht, man dreht sie auf rechts, um sie nach einigen Zeit wieder auf links zu ziehen, alles andere machen nur Pinkel. So gesehen war Marx ein echter Pinkel.

4. Das Erste steht euch frei (Goethe, Faust, anzitiert)

An einem Sommertag des Jahres 1970 kam, den Triebwagen Hannover-Wolfsburg in Dollbergen verlassend, ein mittelalter Ministerialsekretär der niedersächsischen Landesregierung, adrett gekleidet, Hornbrille auf seinem etwas biederen Schafsgesicht, die Bahnhofstraße herunter, blieb vor einem roten Backsteinhaus mit seinen weißgerahmten Fenstern stehen, sah in der milchigen Sonne eines frühen Nachmittags zwei ältere Leute enorme Mengen Blumenkohl marktfähig machen, schritt auf die beiden zu und sagte verbindlich: „Jon Christian und Dorothea Klüsenschmied?" „Jau", sagte Jon Christian Klüsenschmied, der im Dorf nicht gerade als Labertasche bekannt war. „Dann", sagte der Beamte, „darf ich Ihnen eine gute Nachricht bringen." „Und?", fragte Krischan fordernd.

„Die neue sozialliberale Bundesregierung" – *diese Volks- und Vaterlandsverräter*, ergänzte der Angesprochene –

„die Regierung unter Willy Brandt" – *Herbert Frahm,* wusste mein Großvater richtigzustellen –

„jedenfalls die führenden Sozialdemokraten um Herbert Wehner" – *ich sage nur: Hotel Lux! –*

„und Egon Bahr" – *der bekannte Moskauer Meisterspion –*

„würden sich glücklich schätzen, hier an Ihrem wunderschönen Hause eine Gedenktafel zur Erinnerung an den mehrwöchigen Besuch von Karl Marx im Sommer 1875 anbringen zu lassen."

„Interessant", sagte mein Opa scheinheilig, „nicht wahr", sagte der Beamte scheinheilig zurück, „interessant", sagte Jon Christian Klüsenschmied, „vor allem dann, wenn ich tot bin. Ich will damit sagen: nur über meine Leiche! Und Sie werden auch eine sein, wenn Sie nicht sofort diesen Hof verlassen!"

„Schade", meinte der Mann vom niedersächsischen Ministerium für Kultur listig, „dann sind Sie auch nicht an einer Aufwandsentschädigung von 400 D-Mark pro Monat interessiert." Nun machte Krischan wiederum ein langes, den Schafen nicht unähnliches Gesicht und meinte, nur um Zeit zu gewinnen, „setzen Sie sich erst einmal und essen Sie in aller Ruhe einen schönen Blumenkohl." „Roh?", fragte der Beamte, „roh schmeckt er am besten", meinte der Großvater, nur um irgendetwas zu sagen. Dann zündete er sich eine ihm ärztlich eigentlich strikt verbotene Zigarre der Marke *Jägerstolz* an, paffte nachdenklich in den lauen niedersächsischen Nachmittagshimmel hinein und sagte zum schwer kauenden Ministerialbeamten aus Hannover, er sei, bei Licht betrachtet, schon immer ein Freund dieser ganzen Kommunistenkacke gewesen und würde das Andenken von Karl Marx umso lieber in Ehren halten, wenn der Eingang, an den die Gedenktafel ja wohl kommen solle, neu gefugt wäre, und wenn man schon dabei sei, könne man eigentlich auch das ganze Haus neu spachteln, wobei etliche Ziegelsteine ausbesserungswürdig seien, was das Andenken des von uns gegangenen Riesendenkers und Menschheitsbeglückers sicherlich bedeutend zu erheben vermöchte. Der Beamte, froh, nicht länger den stockharten Blumenkohl essen müssen, stellte Nachfrage und Bescheid in Aussicht, der Bescheid kam mitsamt eines 30-seitigen *teilkulturellen Nutzungsvertrages* des Hauses über genau 50 Jahre, den natürlich kein Mensch mehr lesen wollte und den man nur mit *Blablabla* flüchtig überflog, das Haus endlich wurde von außen totalsaniert, was meinen Opa nur umso stärker in der nun felsenfesten Ansicht bestätigte, dass die Sozis nicht mit Geld umgehen können. Die Gedenktafel störte letztlich keinen, und wenn sich in diesen studentenbewegten Tagen irgendwelche *Spinner, Penner, Gammler, Hippies* und *Haschbrüder* vor dem Haus einfanden, was nicht allzu häufig vorkam, scheuchte sie Dorothea Klüsenschmied in Nylonschürze und mit grobem Hofbesen schnell genug wieder weg.

5. Im Sommercamp

Karl Marx ist natürlich ein überragender Fußballer. Nun bildlich gesprochen. Gäbe es eine Tabelle der achtzehn bedeutendsten deutschen Philosophen, hätte Marx einen Platz im erweiterten Favoritenkreis sicher, ohne indes an die drei Großen, an Heidegger, Hegel und Kant heranzukommen. Kant ist eine Maschine, fast unmöglich zu knacken, Hegel der spielfreudigere Typ, auch für den Zuschauer gefälliger anzusehen als dieser immer etwas bieder wirkende Kant-Kick. Hegels Fußball ist echtes Spektakel und hätte er nicht die Angewohnheit, einmal in Fahrt gekommen, sich selbst zu umdribbeln, wäre ihm die Meisterschaft kaum zu nehmen. Heidegger wiederum hat die Taktik, mitunter ganz ohne Tore zu spielen, was den Gegner natürlich stark überrascht. Nietzsche, um nun noch die anderen Spitzenphilosophen zu benennen, erfreut die Massen durch sein erfrischendes Angriffsspiel, wodurch er aber oft genug die Abwehr vernachlässigt, und Schopenhauer, damit zumindest das führende Sextett auch benannt ist, pflegt einen etwas altbackenen Stil, bei dem vor allem hinten die *Null stehen muss.*

Wir sprachen – wie man sieht – bildlich und würden uns der billigen Pointenhauerei schuldig machen, wenn wir nicht zumindest sachlich erläutern würden, was an Marx nun so toll sein soll. Marx hat – kompakt gesagt – die Bewegungsgesetze *der Welt,* nämlich die des Kapitals, völlig lupenrein gesehen, analysiert und ausgesprochen. Die gesamte *Dialektik der Dinge,* die reale und durchaus abgefuckte Doppelsinnigkeit des Tausches, oszillierend zwischen Austausch und

Betrug, der Ware im Hin und Her zwischen Tausch- und Gebrauchswert, des Geldes als Mittel und Zweck, des Kapitals in seiner „geldheckenden" Funktion, die etwa im – heutigen – Derivatehandel mit seinen Wetten auf Wetten von Wetten „sinnlich-übersinnlich" wird, übersinnlich, weil sie keinen wirtschaftlichen Nutzen hat, sinnlich, weil sie die Wirtschaft durchaus zu zerstören vermag, „Massenvernichtungswaffen" (Warren Buffett), also kurz: den ganzen falschen Zauber von hundsschlichter Ausbeutung bis hin zum Kapitalfetisch als Gottheit, die alles und jeden, nicht zuletzt den Kapitalisten selbst als reine Mehrwertmaschine die Knie beugen lässt, hat Marx natürlich völlig richtig gesehen und beschrieben. Dafür gebührt ihm ewiger Dank.

Dies allerdings der Dollberger Bauernschaft im Jahre 1875 auch nur annährend erklärlich zu machen, ist eine Aufgabe für sich, und Marx, der charakterlich ein forscher Typ war, machte sich jetzt anheischig, genau das zu unternehmen. Am Ende der ersten Woche und noch am Mittagstisch, die Götterspeise war gerade abgeräumt, sagte Marx zu seinem Gastgeber: „Hinnerk, ich muss zu den Bauern sprechen!" Hinnerk Brandes, der mitten in der Ernte stand und keinen unmittelbaren Nutzen darin sah, dass ein Londoner Gelehrter beim Dreschen und Heumachen über die einfache sowie die erweiterte Reproduktion Vortrag hielt, kratzte sich im Nacken, sagte erst einmal nichts und meinte dann: „Jau", und dieses Jau, so führte Hinnerk Brandes wohlmeinend aus, gelte, allerdings einzig und allein unter der Voraussetzung, dass Marx, wenn er denn zu den Bauern sprechen wolle, zunächst einmal selbst Bauer werde, ein hospitierender Bauer freilich, ein Schnupperkursbauer, aber immerhin ein Bauer, der einzig den Vorteil für sich herauszuschinden wusste, erst nach dem Mittagessen tätig werden zu müssen, was gerade im Hochsommer völlig unbäuerlich war, aber in dieser Sache war mit ihm nicht zu handeln und es galt somit als abgemacht. So kam Karl Marx unter Bauern.

Als erstes ward dem Praktikanten die einfache Aufgabe zuteil, die Rabatten zu harken, eine durchaus minderwertige Aufgabe, die Karl

Marx übernahm, der von einem kommunistischen Schneider in der hocheleganten *Savile Row,* im Londoner Stadtteil Mayfair gelegen, mit maßgeschneiderten Anzügen für lau und *stickum,* wie man in Niedersachsen sagt, nämlich hintenherum, versorgt wurde, eine Handlangertätigkeit also, die er mit einigem Widerwillen zu verrichten begann. Und so konnte man, bizarr genug, Mitte Juli 1875 einen piekfein gekleideten Mann in einem Dollberger Garten stehen sehen, der mit schwarzem Anzug und *Bollen,* also groben Feldstiefeln an den Füßen, die Blumenbeete des Hinnerk Brandes harkte.

Da es Hinnerk Brandes nun durchaus als seine Pflicht und heilige Aufgabe ansah, den Bauernpraktikanten schonend, aber auch mit Energie höheren Aufgaben zuzuführen, durfte dieser schon am nächsten Tag in die *Schattenmorellen* gehen, in Bäume also, die diese nicht überragend wohlschmeckende Kirschart trugen, von denen – wir sagen es offen heraus – in etwa 40 Bäume auf seinem dem Wohnhaus angrenzenden Grundstück zu zählen waren, und zu dieser Zeit in hoher Reife standen. Brandes also drückte dem Autor so bedeutender Werke wie *Zur Kritik der Hegelschen Rechtsphilosophie,* den *Thesen über Feuerbach* oder *Zur Kritik der Politischen Ökonomie* mehr oder weniger kommentarlos ein Körbchen in die Hand, zeigte nur kopfwendend auf seine Fruchtbäume und bedeutete ihm, dem Langschläfer, *nun mal hinne zu machen* und gab ihm, da Bauer Brandes kein Unmensch war, einen rostigen Fleischerhaken bei, mit dem er das Körbchen, eigentlich eher einen fünf Kilo fassenden Bastkorb, an den vollen Zweigen befestigen konnte. Marx gedachte sich dabei allerdings eine schlanke Hand zu machen und rupfte die Kirschen so, wie sie ihm vor die Finger kamen, also einigermaßen lieblos von den Zweigen ab, wurde aber, als er dem Bauern stolz seinen ersten Fang übergab, regelrecht zusammengeschissen, da Kirschen, ohne Stiele gepflückt, schnell *dätsch und dömelig* werden und überhaupt nicht mehr zu verkaufen sind. Immerhin hatte Marx bei den nun folgenden 200 Fuhren Gelegenheit genug, seinen Fehler wiedergutzumachen; er stand also eine geschlagene Woche in den Bäumen, vom hohen Mittag bis zum Sonnenuntergang, und pflückte – jetzt fachgerecht, allerdings *wesentlich* umständlicher – die schwer säuerliche Baumfrucht, bis es ihm rot vor Augen wurde. Ja, er konnte, wenn er gelenkschwer und steif wie ein Gelähmter endlich ins Bett ging, minutenlang nichts anderes als ein riesiges, reines und überwältigendes Rot hinter seinen geschlossenen Lidern sehen.

Wir sagten eingangs etwas frech, dass Karl Marx ein enorm bedeutender Denker war, aber eben nicht der bedeutendste Denker. Warum, könnte man nun fragen, wenn er doch das *Gesetz der Welt* völlig zutreffend zu beschreiben wusste? Die Sache verhält sich ganz einfach. Marx hat die Welt erklärt, aber keineswegs die wesentlich bedeutendere Frage, *weshalb es eine Welt überhaupt gibt. Das aber – und nichts anderes – ist eigentlich Philosophie.* Denn es könnte ja auch *überhaupt keine Welt geben, was die bei weitem einfachere Struktur wäre, und da es eine Welt – womit wir immer das Universum mit seinem ganzen Klimbim meinen – gibt „und nicht vielmehr nichts",* wie etwa Heidegger treffend bemerkt hat, kann Marx, der zu dieser philosophischen Frage rein gar nichts beizutragen weiß, nicht zu dem Kreis der Titelkandidaten gerechnet werden. Ja, ja – das Kapital, schön und gut und richtig. Gleichwohl bleibt es so, dass dieser Gedanke *philosophisch* irrelevant ist, und wäre er nicht irrelevant, dann ist er zumindest falsch. Denn würden kommunistische Verhältnisse in ihrer lieblichen und lummerlandliken Form irgendwann einmal *technisch* Wirklichkeit, ein Gedanke, den Marx im „Maschinenfragment" vorgedacht hat und der heute durch die stürmische Entwicklung der Produktivkräfte keine blasse Utopie bleiben muss, käme es also zu diesem Reich der Freiheit, dann wäre die eigentlich philosophische Frage, nämlich die nach dem Sinn von Sein und Existenz, kein Jota weiterbewegt worden und bliebe, ontologisch gesehen, *so dunkel wie der Hintern eines schwarzen Stieres*, sprichwörtlich gesagt.

Glücklicherweise sprach ihn Hinnerk Brandes auf diesen wunden Punkt, höflich, wie er im Grund seines Herzens war, nicht direkt an, sondern meinte nach einer Woche, in der er ihn immer wieder in Bäume scheuchte, wenn nur irgendetwas Rotes in ihnen zu sehen war, jetzt käme bald der gesellige Teil seiner Ausbildung, nämlich das Schlachten. Man wolle mit einfachen Hühnern anfangen, Hühnern also, die Marx oft genug lecker im Kaminfang der Brandes' lustig vor sich hinbrutzeln sah und denen er am Tisch gut genug zusprach.

Wenn ich – freilich ein Jahrhundert später – diese Dinge kritisch kommentierte, denn immerhin könnte man direkt von Ausbeutung sprechen, sagte meine Großmutter mit wegwerfender Hand: „Ach was, der Marx ist hier nicht übernommen worden", eine Redewendung, die mir heute noch im Ohr klingt, weil sie – passiv genutzt – unüblich und veraltet ist und so viel sagen will, wie man mit dem aktivischen *Ich habe mich nicht übernommen* heute noch sagt, und damit keineswegs, wie ich Kind dachte, in Rede stand, Karl Marx habe hier als Bauer etwa selbst anfangen wollen. „Nee, nee", sagte meine Großmutter, „der Marx hat hier eine schöne Zeit gehabt." So sei er von der Frau des Hauses einmal wöchentlich *zu Bier und Kuchen* mitgenommen worden – Kaffee war um diese Zeit auf dem Lande noch nicht so üblich –, eine größere Angelegenheit unter dem weiblichen und aus-schließlich reif-weiblichen Teil des Dorfes, bei denen reihum längere Einkehr gehalten wurde und wo es neben dem Hannoveraner Bier auch enorm viele, zumeist fetthaltige Torten zu genießen galt. Marx soll kein Freund dieser geselligen Stunden gewesen sein. Weniger der Torten wegen, von denen er rein anstandshalber vier, fünf Stücke essen musste, sondern wegen des Getratsches, des Durchgehechelten, sagen wir es deutlicher: der üblen Nachrede wegen, die selbst ein Läster-maul wie er nicht völlig korrekt, nämlich schlangenzüngig, bösartig und schlicht ehrabschneidend fand – und jeder, der auch nur wenig von ihm kennt, weiß, dass er sich seiner grundgemeinen Gehässigkeit wegen mit allen seinen alten Mitkämpfern, Engels ausgenommen, der ihn lebenslang finanzieren musste, überwarf –, dass also selbst einem so üblen Schandmaul wie ihm *diese hochinteressanten Dorfgespräche* lästig, leidig und mit der allgemeinen Menschenwürde schwer zu vereinbaren schienen.

Dafür ging er gerne mit der Jugend des Hauses baden, und zwar in der *Fuhse*, einem schönen und windungsreichen Flüsschen, das irgendwo entsprang und auch irgendwo enden mochte, und da Badesachen im ländlichen Raum ebenso wenig üblich waren wie Kaffee zu Kuchen, badete man kurzerhand nackt, wobei das starke Genital des Denkers vorteilhaft zur Geltung kam, ein körperliches Detail, das man in dörflichen Kreisen nachdrücklich zu schätzen weiß. Noch heute ist es üblich, einem neugeborenen Jungen sofort nach der Entnabelung den Penis mit spitzen Fingern sanft vom Leib zu ziehen, um zu sehen, ob er ein *Breker* oder ein *Dötter* wird. Marx war ein Breker. Was eindeutig für ihn sprach.

Auch fuhr man gerne sonntags *en famille* im Pferdewagen und mit Baumgrün geschmückt zu leicht erreichbaren Zielen in der Natur, etwa dem *Heiligen Berg*, einer lächerlich niedrigen Anhöhe inmitten der norddeutschen Tiefebene, die den Ehrennamen *heilig* nur allein deshalb verdiente, weil sie die *einzige* Erhebung zwischen Harz und den Rocky Mountains war, sofern man den Blick überhaupt so weit westlich richten möchte. Dort spielte man Akkordeon, sang landestypische Lieder, in denen es zumeist um Heidschnucken ging, trank Bier zu Kuchen oder Blutwurst, wenn man der fettigen Dinge überdrüssig war, kurz, ich möchte gerne glauben, dass Karl Marx in Dollbergen eine rundum schöne Zeit hatte.

Wer uns bis hierhin gefolgt ist und dabei noch immer zum Nachdenken neigt, wird das Problem ungelöst im Kopf mit sich herumtragen, weshalb die Philosophie des Marx entweder *irrelevant* ist, und wenn nicht irrelevant wäre, dann zumindest *falsch* sein muss. Das ist sehr einfach. Denn können wir die Frage nach dem Sein, sprich: danach, warum etwas überhaupt etwas da ist und nicht vielmehr nichts, derzeit nicht klären und müssen sie somit der innerweltlichen Geschichte überantworten, dann könnten wir überhaupt keinen kraftvolleren

Motor als den Kapitalismus gebaut haben, der in seiner ungeheuren Dynamik alles *Ständische und Stehende* und Gewohnheitsfaule verdampfen lässt, ein antriebsstarkes System eben: verrückt und richtig und richtig verrückt, hochweise und enorm dumm in einem, das sich in der Verwandlung der Welt gleichsam lokomotivenartig durch die ungeheure Macht des Negativen schiebt und somit nicht nur wie der Weltgeist erscheint und funktioniert, sondern, und das wäre der Clou und die eigentliche List der Geschichte, der Weltgeist tatsächlich *ist*.

6. Marx wird grundsätzlich

Man wird es als Produktenttäuschung ansehen müssen, wenn permanent der politische und philosophische Teil seines dörflichen Wirkens angekündigt wird, aber nicht zur Darstellung gelangt. Wir haben uns lange davor gescheut. Nicht, weil wir dabei schmachvoll scheitern müssten, sondern weil die Dinge anders liegen und wir als Freunde des Marxistischen Gedankenguts auch eine gewisse historische Verantwortung übernommen haben. Ja, Marx sprach vor Bauern! Er sprach mehrfach vor Bauern, zumindest einmal sprach er sogar mit Nachdruck *vor* Bauern, um dann *zu* und *mit* Bauern zu sprechen, vor und zu und mit Bauern, die sich einmal die Woche im *Schmalen Handtuch* trafen. Das *Schmale Handtuch* war eine schwere Kaschemme, direkt gegenüber dem Bahnhof gelegen, die zumindest Hinnerk Brandes nur einmal die Woche aufzusuchen pflegte. Er hatte seine Gründe. Einmal, und zwar immer freitags, traf sich dort eine zwanzigköpfige Runde von Bauern – und *hier* hat das Omsker Gemälde tatsächlich recht, das mit seinem weizenblonden Feld und einem Marx, der ihm mosesgleich oder zumindest irgendwie magisch zu entsteigen scheint, natürlich holden Blödsinn erzählt –, um die Belange des Dorfes zu besprechen. Hinnerk Brandes nahm seinen, man weiß es gar nicht mehr genau: Lehrling oder Gast in diese Runde mit, nicht ohne ihn gewarnt zu haben, dass der niedersächsische Bauer gemeinhin kein Freund großer Worte ist.

Hinnerk Brandes trat mit Marx ins dunkle Loch, klatschte, um der Palaverei ein jähes Ende zu geben, mehrmals in die Hände, eine wichtigtuerische, ja angeberische Geste, denn Brandes war ein Bauer wie die anderen Bauern hier auch, keinesfalls also eine Art Chefbauer, Obertraktorist oder gar LPG-Vorsitzender, und sagte mit lauter Stimme: „Leute, das ist Doktor Karl Marx!" – und allein schon das *Doktor* stimmte die Anwesenden nicht milder, ein, wenn man so will: alter klassenkämpferischer Impuls –, „und Doktor Marx wird zu euch reden", wozu ihn bislang noch keiner aufgefordert hatte. Marx sammelt sich kurz, neue Bestellungen wurden aufgenommen, er stand vor einem Stuhl, dessen Rücken hier als Katheder dienen musste, und sagte:

„Freunde, Werktätige, Bauern, Ritter der Ähre und Hüter des Halms. Ich bin heute zu euch gekommen, um –"

„Wer kriegt das Spezi?", fragte der Wirt, taktlos genug, in die Rede hinein, die Getränke verteilend.

„– um euch die Grundzüge des Dialektischen Materialismus zu erläutern –", wobei schon die wenigen Silben des Hauptbegriffs jeder kommunistischen Weltdeutung genügten, um eine neue Runde zu ordern, „den Dialektischen Materialismus also. Was ist Materialismus?, werdet ihr euch fragen. Materialismus heißt, die Dinge zu sehen, wie sie sind", was allgemein auf breite Zustimmung traf.

„Aber was ist daran dialektisch? Gute Frage. Dialektisch heißt, dass die Dinge ineinander verwoben sind, thetisch-antithetisch verwoben sind und einer Synthese zustreben. Das ist Dialektik! Es würde uns hier nicht weiterführen, Hegels *Phänomenologie des Geistes* zu erläutern" – wobei schon der längere Titel dieses offenbar hochwichtigen Werkes einen unbezähmbaren Bierdurst aller Anwesenden nach sich zog, „aber, um gleich auf den Punkt zu kommen", was nun aber auch Zeit werde, wie einige Anwesenden meinten, „besteht *materialistisch, und ich betone:*

materialistisch, das Problem darin, dass die Produktiv*verhältnisse* nicht mehr den Produktions*kräften* entsprechen, dass also –"

„– hast du schon gehört, dass Gastens Mariechen einen Jungen zur Welt gebracht hat – *„schischsch!"*, machte jetzt Hinnerk Brandes, der sich heute besonders wichtig vorzukommen schien,

„– dass also die dialektische Spannung dieser beiden Begriffe von sich aus bereits zu einer Synthese –"

„Und", fragte einer der Anwesenden,

„Die Synthese?", fragte Marx,

„Nee, der Junge", sagte der Bauer,

„Na – ein Dötter!", was eine allgemeine Vollbelustigung zur Folge hatte. „Ein Dötter!", riefen alle Anwesenden mit hoher Häme, „die Gastens kriegen immer nur Dötter, da kann der Hermann frickeln, wie er will." „Weil er ja", der Redner wieherte schon einmal vorsichtig den Witz an: *„selber ein Dötter ist!"*, womit prustende Lachsalven über Herrmann Gast ausgeschüttet wurden, der zufälligerweise nicht anwesend war. „Ach, Doktorchen, trinken wir ein paar kleine Schnäpse auf die Familie Gast, vor allem auf das Herrmännchen selbst, der es als Dötter schon schwer genug hat." Neue Getränke wurden aufgetragen. „Ich wollte", sagte Karl Marx, „nur noch in wenigen Worten", doch ein besonders rabiater Zecher, der sich als Puschen Lahmann herausstellen sollte, unterbrach ihn und sagte:

„Nicht lange schnacken, Kopf in den Nacken!", und so nahm eines der vielen Jahrhundertbesäufnisse im Dorf seinen Anfang, das Karl Marx, der selber ein ordentlicher Trinker war, stark mitnehmen sollte.

Wir wollen es kurz machen. Karl Marx, untergehakt von Hinnerk Brandes und Puschen Lahmann, wurde gegen zehn Uhr abends mit schleifenden Hacken durch die Bahnhofstraße gezogen, sie öffneten die Waschküche des roten Backsteinhauses, und da er stramm wie ein Amtmann war, fragte Puschen Lahmann, auch nicht mehr völlig nüchtern, den Brandes Hinnerk, wohin er seinen Logiergast jetzt zu betten gedächte, er sagte also:

„Wu kömmt hei hi?", und Brandes, gleichfalls schon mehr als angetrunken, zeigte auf den langen Schlachtertisch und sagte: „Do schäll hei hi", und so hob man den schwarzgekleideten Herren aus London mitten auf den langen Tisch, wobei es keine große Sache mehr war, dass ausgerechnet hier der jetzt stark zum Tiefschlaf Neigende abgelegt wurde, wo erst am Nachmittag eine Sau ihr Ende fand. Dorfleben ist halt nichts für Pingelige.

7. Z 2

Hinnerk Brandes hatte Wort gehalten. Schon in der fünften Woche als Hilfsbauer durfte Marx Hühner schlachten, eine Arbeit, die ihm flüssig von der Hand ging. Er lockte die arglosen Tiere mit Körnern heran, schnappte sich das jeweils blödeste Geflügel mit einem beherzten Griff, hielt es fest und verbrachte das Tier zur Vorderseite des Hauses, wo bereits Hackklotz und Beil warteten. Ein schmutziges Geschäft. So dass man sagen kann, ja sagen muss: Das leckere Huhn auf dem Teller ist allein der *Warenfetisch* eines echten Huhns, ein rein abstraktes und sauber sich gebendes Ding, an dem das Blut seiner Herstellung nicht länger mehr klebt, das sich nun lieschenmüllermäßig gibt und wie vom Himmel gefallen und dabei knusprig gebraten *erscheint. Deshalb auch: Fetisch!*

Hinnerk Brandes mochte das alles nicht. Und daher war es nicht mehr als ein reiner Bauerntrick, dass er Karl Marx Vortritt und Ehre ließ. Er selbst habe schon so viele Hühner geschlachtet, dass er ein wenig auf die Bahnhofstraße zu treten gedächte, *mal sehen, was es Neues gibt.* Da es aber auf der Bahnhofstraße nie etwas Neues gibt, kam er schon bald zurück, eine Zigarre der Marke *Jägerstolz* im Mund, und sah Karl Marx das tote Tier jetzt rupfen. Das stimmte ihn stark herab und geradezu melancholisch. Und so sagte er:

„Was passiert mit dem Huhn?"

„Dod, einfach dod", meinte Marx kennerisch. Das sah Hinnerk Brandes selber. Nein, meinte er deshalb, die Frage sei, wie es mit dem Huhn jetzt weiterginge. Marx, der zu der Überzeugung gelangen musste, dass eine *Jägerstolz* offenbar stark sedierend wirke und somit als eine Art Opium für das Volk betrachtet werden müsse, guckte rupfend hoch und sagte: „Na, es wird gegessen. Das passiert mit dem Huhn!" Nun wurde Brandes ziemlich brastig, denn dass man tote Hühner gemeinhin isst und nicht mit Holzwolle ausstopft und an die Wand hängt, versteht sich von selbst. Nein, meinte Brandes spitz – was passiere seelisch jetzt mit dem Huhn, also nun nicht von außen betrachtet, das sehe ja jeder Idiot, sondern von innen, aus der Sicht des Huhnes selbst? Eben noch sei es in der Fülle des Wirklichen gestanden und jetzt?

„Nichts", meinte Marx, „jetzt ist es im Nichts."

„Gibt es das Nichts?", fragte Brandes vorsichtig nach.

„Nein", meinte Marx jetzt vollverarschend, „natürlich ist das Huhn zu den Vätern gegangen, direkt in den Geflügelhimmel, zu Chicken-Wing, dem großen Hühnergott."

„Wodurch kam das Huhn überhaupt in die Welt?"

„Na, ich schätze mal, weil seine Eltern gevögelt haben", sagte Marx, der immer kräftige Vergleiche bereithielt.

„Aber davon abgesehen und rein philosophisch betrachtet", meinte Brandes, tief an der *Jägerstolz* ziehend, „kann man sagen: Das Huhn kam aus dem Nichts, um wieder ins Nichts zu gehen."

„Korrekt! Ab-so-lut korrekt!"

„Kamen auch wir aus dem Nichts, um wieder ins Nichts zu gehen?"

„Ab-so-lut!"

„Ja, aber dann ist doch das ganze Leben und Sterben und Vergehen ein reines Kasperletheater, ein völlig sinnloser Zug der Gestalten!"

„Nein, nein", meinte Marx: „ein dialektisch-materialistischer Prozess, der dialektisch, also umwegig und im Zickzack und Hin und

Her wie bei manchen Springprozessionen, zum schönen Leben führen wird, mitten hinein ins Reich der Freiheit", und wenn er schon vom Kasperletheater sprechen wolle, dann aber so, dass das böse Krokodil auf diesem Weg sein verdientes Ende findet und nur noch das Kasperle selbst und natürlich der Polizist übrig blieben.

„Wieso der Polizist?"

„Na, damit das Kasperle nicht auf dumme Gedanken kommt."

„Und was machen dann Kasperle und der Polizist den ganzen Tag?"

„Na, die haben sich lieb. Sie leben jetzt im Reich der Freiheit. Keine Ahnung, was die dann machen. Sie umarmen sich und tanzen Ringelreihen."

„Voll öde!", meinte Brandes nun wegwerfend. „Dieser sinnlose Zug der Gestalten, die leben und sterben und leben und sterben. Ein Narrenzug. Auf immer und ewig diese endlosen toten Geschlechter, die wie ein Alp auf den Gehirnen der Lebenden lasten. Ein völlig krankes *live and let die*."

„Alles Scheiße", sagte Marx: „und selbst?"

„Geht so!"

„*Geht so* ist die kleine Schwester von: Scheiße!"

„Warum gibt es dann überhaupt etwas?"

Nun war man endlich an Marxens Paradedisziplin angelangt, er legte das halbgerupfte Huhn zur Seite, richtete sich sitzend auf und sagte: „Aha! Sehr schön! Ja, ja – der Weltgeist. Aha! Der Weltgeist. Hegel. Die Logik. Bitte schön: Das Nichts in der reinen Unmittelbarkeit des Anfangs, eine bloße und sehr schmal gebaute Denkbestimmung ohne höheren Sinn und Verstand, schnappt sich irgendwann das sogenannte Sein, kaum weniger hühnerbrüstig als das Nichts selbst, sie finden irgendwie Freude aneinander und verbinden sich so zum Werden, einem, wenn man so will: werdenden Werden, das alles und jeden durchherrscht, derart, dass kein Verlust ohne Gewinn sich denken lässt und kein Gewinn ohne Verlust, da sich beide verklammert, dialektisch verklammert halten und die Wirklichkeit bestimmen und vorantreiben. Usque ad finem. Bis halt irgendwann mal Schulz ist. Sagt Hegel. Sage ich auch. Nur nicht so schwafelnd und im luftleeren Raum."

„Also wäre etwa das Sein", meinte Brandes nun mächtig schlau, „bloß Teil eines Motors, des Motors der Wirklichkeit, ein rein abstraktes Prinzip also, aber nichts, was irgendwie auch vorhanden wäre?"

„Reden wir doch mal klar und plattdeutsch", sagte Marx nun sehr böse, „du meinst also Gott, du Elender?"

„Nein", meinte Brandes bestimmt, „ich meine das Sein!"

„Wasserfürze! Gemütsquengeleien! Sag mal, du verstandesirrer Pfaffe", doktrinierte Marx nun sehr deutlich und in einer belehrenden Art, in der man mit kleinen Kindern spricht, „hast du dein *Sein* jemals gesehen, es gibt, was es gibt, Kühe gibt es, tote Hühner, Bauern, die sich den Verstand wegrauchen, das alles gibt es, aber es gibt garantiert nicht das Sein."

„*Kann es ja auch gar nicht*", sagte Brandes mit einer geschliffenen Replik, „denn das Sein gibt es natürlich nicht irgendwie dinglich. Es kann es auch gar nicht geben, *weil das Sein ja seinerseits gibt*, nämlich die Dinge selbst, Kühe, Hühner, Bauern. Das Sein gibt die Dinge als Gabe. Der Schenkende ist nie das Geschenk selbst. Ist eigentlich nicht schwer zu begreifen. Das kann selbst ein Kommunist verstehen. Das Sein selbst ist nicht sichtbar wie eine Kuh auf der Weide, es ist vielmehr die *Bedingung der Dinge, nicht ein Ding wiederum selbst*."

„Pfaffengeschwätz! Pietismus! Philisterei! Es gibt die Welt und davor und danach gibt es – nichts."

Brandes war sich nun sicher, dass Karl Marx ein enorm oberflächlicher Denker war, ein reiner Bauernphilosoph. Sein Denken war philosophisch gesehen reinste Lüneburger Heide: flach und unfruchtbar. Denn wie sollte das Nichts, das ja nichts ist, ein Etwas, eben die Welt, aus sich hervorgebracht haben? Das Nichts macht ja nichts, wie sein Name allein schon jedem beiläufig verrät. Wie kann also das sogenannte Nichts überhaupt etwas bewirkt haben, und dann auch noch so etwas Großartiges wie die Welt? Das wäre selbst einem Huhn verständlich zu machen. Sogar einem toten Huhn. Brandes versuchte es andersherum und so, dass es nun wirklich jedem Dummen begreiflich würde, er sagte:

„Nennen wir diesen Zustand, in dem wir uns befinden, nämlich in der Welt mit ihren Gesetzen, kurzerhand Z 1, so dürfen, ja *müssen* wir davon ausgehen, dass nach dem Tod ein anderer Zustand gültig wird –"

„Ja, klar, das Nichts –"

„– das ja immerhin ein anderer Zustand wäre, ich möchte ihn Z 2 nennen."

„Wenn es dich geil macht", sagte Marx „dann nenne ihn eben Z 2!"

„Immerhin ein *anderer* Zustand, und somit gäbe es bereits *zwei Zustände* – Z 1 und Z 2."

„Oder eben das Nichts, wie nun schon mehrfach gesagt."

„Ein Nichts aber kann es überhaupt gar nicht geben, erstens, weil das Nichts, wie du ja selbst sagst, überhaupt nicht alleine bestehen kann und somit reiner Gedankenkram ist, zweitens auch sprachlich, weil *nicht, nichts oder das Nichts* immer die Verneinung von etwas Bestehendem ausdrückt, drittens, weil ein Nichts niemals ein Etwas wie diese schöne Welt mit ihrem ganzen schönen Sternenhimmel aus sich hervorzubringen befähigt wäre, weshalb man zwangsläufig zu der Einsicht kommen muss, dass das, was wie nichts oder *das Nichts* erscheint, in Wahrheit *das Sein selbst ist, das Sein selbst in seiner Überfülle ist*, von dem unser Teil lediglich einen Teil darstellt, und zwar keineswegs den größeren oder gar schöneren Teil. *Wir stehen also in der Fülle des Seins*", sagte Brandes, „immer schon stehen wir in der Fülle des Seins", mit seiner blitzsauberen Deduktion ans Ende gelangt, „in der Fülle des Seins, die alles, was ist, eben *das Seiende* wie etwa eine Kuh hervorbringt, das uns leuchtet, im Sichtbaren leuchtet, aus dem wir kommen, in das wir zurückgehen, eben der andere Zustand oder Z 2, eine Fülle und Überfülle, die uns erwartet und in der wir, an- und vorgeleuchtet und somit sichtbar und real, natürlich immer schon stehen."

„Also so etwas wie das große Glück, oder was?", fragte nun Marx sehr vorsichtig.

„Das wahrhaft Unendliche", sagte Brandes nun in voller Emphase, müsse doch so gedacht werden, dass es das Endliche mit umgreift und umspielt und natürlich auch jederzeit da ist und prinzipiell einsichtig und durchaus erkennbar und auch erlebbar ist, gewissermaßen „als die Einheit des Endlichen und Unendlichen, die Einheit, die selbst das Unendliche ist", ein Z 2 also, das bereits in Z 1 ist, und nicht irgendwie zukunftsklamm erwartet zu werden braucht, „da es sich selbst und die Endlichkeit immer schon in sich begreift".

„Und warum?"

„Das ist doch sonnenklar!", meinte Brandes: „Das Unendliche würde sonst und räumlich und getrennt und schwachmatenhaft gedacht an das Endliche gewissermaßen grenzen und wäre damit selbst begrenzt und endlich. Verstehst Du?"

„Bedingt!", meinte Marx.

„Wäre es anders, dann gäbe es immer ein Weiter, ein Dahinter und wieder Dahinter, ein ewiges Dann und Dann und Dann. Schau", sagte er „da hinter dem Zaun sind meine Äcker und dahinter kommt Rütermeiers Feld, und hinter Rütermeiers Feld das Land von Puschen Lahmann und dahinter wiederum – was weiß ich? Das hört doch nie auf. So kann doch unmöglich das Sein gedacht werden. Als endloses Vor und Jetzt und Danach und wieder Danach."

„Und wieso erkennen wir es dann nicht?"

„Na, ganz einfach, weil wir *räumlich* denken und somit einen falschen Zeitbegriff haben mit unserem Hin und Her und dem ewigen Vor und Danach. Wir verwechseln Z 1, also die Zeitlichkeit der Stunden und Tage, mit Z 2, der wesentlich wichtigeren Zeitlichkeit selbst, die immer in einem hohen Jetzt aufgehoben ist. Und zwar nicht nur gefälligerweise, sondern weil es sein Sein ist. Eben die Einheit. In verschiedenen Zuständen."

„Zustände!", sagte Marx.

„Warum rede ich überhaupt von Zuständen?", fragte Brandes.

„Weil es dich sexuell erregt?", tippte Marx mal so in Blaue hinein.

„Zustände sind immer ein und dasselbe, nur in anderen Formen halt – Aggregatzustände. Eis, Wasser, Dampf: immer wieder anders, aber auch ein und dasselbe, fest, flüssig, gasförmig – Spielarten, Modi des Seins, und deshalb sind Z 1 und Z 2 auch *Zustände, sie erscheinen aber als räumlich und wie durch ein scharfes Beil getrennt*, sind es aber nicht: Sie sind Modi des Einen! Spielarten! Verstehst du?"

„Aber das Krokodil muss sterben!", meinte Marx.

„Den Kapitalismus braucht kein Schwein", sagte Brandes, „da bin ich dabei."

„Ich könnte jetzt eine *Jägerstolz* rauchen", sagte Marx.

„Ich rauche gleich noch eine mit."

8. So we've gotta say goodbye for the summer

In Niedersachsen bricht der Sommer zumeist schnell und völlig humorlos weg. Ende August hat man mitunter noch Tage von dreißig Grad oder mehr, dann aber regiert eine trübe Zeit, ein seelisches Schattendasein, in dem man der Zeit nur noch abhakend begegnen kann mit ihren endlosen früh-, vor-, mittel-, stark-, spät- und nachwinterlichen Tagen. Anfang September kann es schon schneien, und dann sieht man bis Ende April – fast immer an Führers Geburtstag – kaum mehr als zwei oder drei Stunden, in denen sich die Sonne foppend nur und rein erwartungsverarschend den Bewohnern zeigt, und die allein im sehr, sehr übertragenen Sinne *schön* zu nennen wären.

Einen solchen letzten Sommertag, der gleichsam schon mit dem Kopf unter der Guillotine des kommenden Frühwinters lag, einen Samstag Ende August 1875, möchten wir jetzt schildern. Es war ein enorm schwüler, gewitternaher Tag, fliegenumschwirrt, ein drohender, närrisch machender Tag, die Menschen waren heiß und im Schweiße gegart, das Vieh wie verrückt und brünstig vor Hitze. Er begann bereits ausgesprochen schlecht. Schon am frühen Morgen saß Karl Marx am Mittagstisch und stänkerte. Erst nannte er den Eisernen Kanzler vor aller Leute Ohren *Pissmarck*, hartes *P* und Doppel-*S*, was Hinnerk Brandes hart genug ankam, und auf die Frage des Brandes, womit der Schmied der Deutschen Einheit dieses Schmähwort verdient habe, sagte Marx:

„Er war und ist und bleibt nichts anderes als ein kleiner Karnickelzüchter, ein ostelbischer Krautjunker eben!"

Brandes hielt selber Hasen. Und auch als Krautjunker hätte er durchgehen können, denn auf seinen Feldern stand genug Weiß-, Rot- und Grünkohl, nur nicht ostelbisch gelegen, sondern westlich des schönen Flusses. Brandes bekam ein unwiderstehliches Verlangen, ihm direkt in die Fresse zu schlagen. *Was aber sollen nur die Leute sagen*, dachte er umsichtig, und da an diesem Tag Schützenfest war, das Haupt- und Staatsereignis eines jeden niedersächsischen Dorfes, unterließ er, grollend, die Tat. Fortan, und bis zum frühen Abend hin, nannte er ihn aber und zwar durchaus in schmähender Absicht nur noch *Doktor Vordeveih*, was er ihm gegenüber als tierkundiger Kenner mit akademischem Abschluss verkaufen konnte, aber im Grunde nichts anderes hieß als dies, dass er, Karl Marx, zwar Doktor, aber durchaus so blöde sei, allein noch vor dem *Veih*, also dem Vieh dozieren zu können. Keineswegs aber länger vor ihm.

Ziemlich spät, nämlich am frühen Abend, die Schwüle hing bleischwer in der Luft, ging man zusammen auf den Schützenplatz. Die Großfamilie Brandes vorweg, Karl Marx hintendrein und mürrisch Steine vom Wege kickend. Im Festzelt selbst war die Stimmung gut. Der Grundpegel von zwei Promille durfte bereits erreicht sein. Die Luft war zum Schneiden. Eine Kapelle spielte die Klassiker wie *Schöne Maid* oder *Schwarzbraun ist die Haselnuss*, es wurde gegrölt, getanzt und getrunken. Bier wird auf Schützenfesten grundsätzlich meterweise geordert. Brandes, der seit dem Morgen schon verstimmt war und nicht in Feierlaune kommen wollte, bestellte für sich und die Seinen nur sieben Meter Bier. Auch Marx war schlecht gelaunt und nahm an der Ecke der Bierbank Platz. Alle blieben still und ungesellig, woran auch die Blaskapelle, die sich mächtig ins Zeug legte und Abräumer wie *Fiesta Mexicana* intonierte, nichts zu ändern vermochte. Irgendwann wurde die *Polonäse Blankenese* gegeben. Die anderen Dörfler, die bereits in Hochstimmung waren, standen geschlossen auf, zogen hintereinander und mit den Händen auf dem Rücken des Vormanns durch das Zelt, angeführt von Puschen Lahmann, der, als er an den muckschen Brandes' vorbeikam, Hinnerk als *elenden Süppler*, als Trinker also, der das Bier nur schluckweise zu trinken vermochte, und als *Hockefritz* – Sitzenbleiber – bezeichnete. Immerhin forderte er Karl Marx auf, sich der Polonäse einzureihen, und da die Stimmung am Tisch der Brandes' ohnehin schlecht genug war, stand er auf und reihte sich ein.

So kam Karl Marx an den Tisch der Lahmanns. Puschen Lahmann war ein Trecker. Ein Trecker ist ein starker Trinker, der alkoholische Getränke *zieht* oder eben *trekkt* und das Glas in *einem Zug* zu leeren vermag, *Trecker Lahmann*, wie man deshalb auch sagte. Lahmann, der nur mit seiner Tochter Luise, der Schützenkönigin und Ehrenjungfrau des Jahres 1875 – Meta in etwa gleichaltrig –, ins Festzelt gekommen war, forderte seinen Gast und Sitznachbarn, der in seinem schwarzen Anzug nicht zu wenig schwitzen mochte, auf, nun *Lüttje Lage* mit ihm zu trinken. Lüttje Lage ist ein gerade im Raum Hannover enorm verbreitetes Getränk, nein, eine Trinkart, bei der Bier und Kornbrand, in einem Bier- und einem Schnapsglas gereicht, *gleichzeitig* getrunken werden müssen, und allein mit den Fingern der rechten Hand, was derart umständlich ist und so langweilig zu beschreiben wäre, dass wir es hier unterlassen. Lahmann nahm gerne Lüttje Lagen, und da er sie gerne nahm, nahm er Luise und *unseren lieben Kalle* – was berechtigte Puschen Lahmann eigentlich, einen Denker, der mit Aristoteles, Kant und Schopenhauer auf dem Hochplateau der Geistesgeschichte stand, als unseren lieben Kalle zu bezeichnen? – auf seine Trinkstrecke mit. Irgendwann wurde die Kapelle spannungsheischend still, und der Kapellmeister brüllte in das Zelt nur ein Wort, nämlich:

„Ententanz!!!"

Meta Brandes stand wie vom Blitz gerührt auf, lief an den Tisch der Lahmanns und forderte Marx auf. Luise Lahmann aber schaute bös über ihre Schulter und sagte zu ihrer alten Freundin nur: „Verpiss dich!" Die so Angesprochene ging schwer beleidigt zum Biertisch der Brandes' zurück, und sagte zu ihrem Vater, man solle nach Hause. Hinnerk, heute ohnehin dunklen Gemüts, meinte „Jau!", ließ zwei Meter Bier einfach stehen – was normalerweise nur bei Todesfällen vorkommt –, nahm seine Frau und das andere Friedhofsgemüse mit sich und ging heim. Es tröpfelte leicht. Die Brandes-Brüder blieben jedoch sitzen, und dies in der berechtigten Hoffnung, dass es an diesem Abend noch etwas zu verlöten gäbe.

Der Ententanz ist ein uraltes niedersächsisches Begattungsritual, bei dem die geschlechtsreife Jugend ihre Balzfähigkeit anzeigt. Dabei geht man leicht in die Hocke, hält die Fäuste vor die Brust, so dass die Arme im geraden Winkel Flügel imitieren, und wackelt, quakende Laute von sich gebend, im Kreis herum, und dies zu einer derart leiernden einfältigen, zumeist akkordeal gegebenen Musik, dass jeder Ungeübte schwere Geistestrübungen bekommen muss. Marx war das Ganze unbekannt. Und so umtanzte Luise Lahmann, die ihrerseits von den Gebrüdern Brandes gockelnd umtanzt wurde, wild mit ihren angewinkelten Armen um sich schlagend, den etwas hüftsteif wirkenden Karl Marx.

Kurze Zeit später stellten die abgeblitzten Brandes-Buben, die wieder mürrisch an ihrem Biertisch saßen, fest, dass weder Luise Lahmann noch Karl Marx am Tisch des Puschen zu sehen waren. Das konnte nichts Gutes bedeuten, und richtig, an der Rückwand des Zeltes, es regnete schon stärker, traf man die beiden wieder, und zwar geschlechtlich vereint. Karl Marx hatte gerade begonnen, der Luise en face und somit missionarisch auf einer blanken Wiese zu begegnen, als die Brandes-Brüder, die ihn vereint ab-, weg- und hochzogen, brüllend meinten, sie könnten ihre Hühner schon selber treten und dem Marx bei heruntergezogener Hose – wir wollen uns hier nicht deutlicher ausdrücken – mitten und satt ins Gesicht schlugen. Dann kam Puschen selber, die Freude des Marx war sichtlich bereits abgeklungen, ja zum Erliegen gebracht, und zog den Marx, der sich mit heruntergelassener Hose auf der feuchten Festwiese auszuruhen schien, erneut hoch, um ihn anschließend erneut kräftig zu Boden zu schicken.

Im roten Backsteinhaus der Brandes' wurde jetzt nur noch geschrien. Die Brüder schrien ihre Schwester an, wie sie noch nie geschrien haben dürften, dann schrie die Meta, wie sie noch nie geschrien hatte, dann wiederum schrie Hinnerk die Meta an wie nie zuvor, letztlich kam Marx, völlig durchweicht und gesichtslädiert, in dieses Haus des Schreies, Hinnerk, schwarzer Staubmantel unter dem Arm und schwarze Ledertasche in der Linken, passte ihn bereits in der Waschküche ab, nahm seine Rechte, fasste ihn am Kragen, den heute und zur Feier des Tages eine rote Fliege zierte, schubste ihn so vom Hofe und direkt in den Schlamm der bereits stark aufgeweichten Bahnhofstraße hinein, der er Mantel und Tasche kurzerhand zugab. Marx fragte von unten blickend: „Wie soll ich jetzt nach Hause kommen?", worauf Hinnerk sagte: „Doch mir scheißegal, von mir aus schwimme!", womit der Bauer durchaus den Kern der Sache traf, denn fortan sollte es sieben Tage und sieben Nächte in Niedersachsen badewannenartig regnen, so dass Karl Marx tatsächlich von Dollbergen aus direkt nach London hätte schwimmen können, aber so ein guter Schwimmer, wir wollen ehrlich sein, war Karl Marx nun wiederum auch nicht.

Und dann ging alles enorm schnell. Hinnerk Brandes fragte schon am nächsten Vormittag einen gewissen Ploetz, einen dorfbekannten Taugenichts und Eckensteher, nicht schlecht aussehend und eitel wie ein Pfau und dabei mit jener speziellen Art von Dummheit gesegnet, die vor allem sehr selbstverliebten Menschen zu eigen ist, diese gefällige Drohne also fragte ausgerechnet Hinnerk Brandes, ob er, *der sogenannte Ploetz* sein Schwiegersohn werden wolle, wodurch er, logischerweise, zunächst die Meta heiraten müsse. Der Ploetz fiel aus allen Himmeln. Nicht nur, dass dieser Vorgang seit alters her genau umgekehrt sich zu vollziehen pflegte, nein, das wären Details, aus allen Himmel fiel der Ploetz, weil er schon seit Jahren in Bauernjoppe, Forke in der Hand, um das Haus der Brandes' scharwenzelte und dabei wiederum namentlich um die leckere Meta beutegierig herumschlich, und das in der mehr als unrealistischen Hoffnung, hier einen Stich zu machen. Selbstverständlich sagte der Ploetz auf der Stelle zu. Und so feierte man bereits eine Woche später Hochzeit, standesamtliche und vor allem kirchliche Hochzeit, denn die sogenannte *epiphanische Hochzeit,* auf Plattdeutsch: *Spökenkiekerhochtit,* steht seit alters her unter dem besonders hohen Schutz der Kirche.

9. Gespenster

„Was ist das? Was – ist das …"

„Je, den Düwel ook, c'est la question."

Was eine Ehe ist, müssen wir wohl nicht erklären, hoffen wir zumindest. Also wird sich die Frage darauf reduzieren lassen können, was eine *epiphanische* Hochzeit ist. Oder, noch anders gefragt und somit auf den Punkt kommend: Was ist eine Epiphanie? Die Epiphanie ist eine Erscheinung. Nicht mehr und nicht weniger. Eine Erscheinung ist immer eine sinnliche Wahrnehmung, die außerhalb der Reihe steht. Also eine blitzartige, jähe Erkenntnis, die nicht mit dem raumzeitlichen Kontinuum vereinbar scheint, weil ein solches raumzeitliches Kontinuum sie überhaupt nicht hervorbringen *kann.* Was aber weniger gegen die Epiphanie spricht, sondern gegen das raumzeitliche Kontinuum selbst. Beispiel: das Wunder von Fátima. Dort erschien den drei Hirtenkindern Lúcia dos Santos, Jacinta Marto und Francisco Marto niemand geringeres als die Heilige Jungfrau Maria selbst. Sie erschien den Hütebratzen allerdings nicht so und sagte mal einfach einmal Hallo!, keineswegs, sondern sie diktierte ihnen komplizierte Offenbarungstexte, die die Kinder, wir wissen nicht genau wie, einfach mitschrieben. Das also ist eine erstklassige und völlig astreine Epiphanie.

Da wir jetzt schon das dürre Ziegengemecker halbgebildeter Volltrottel glauben hören zu können, die sich auf ihr zusammengeschnorrtes Viertelwissen meinen, einiges einbilden zu müssen, sagen wir auch und gleich hinterher, dass die Welt voller Wunder ist. Jedes Kind sieht täglich Wunder! Nur das Leben selbst, eine Verblödungsakte unterster Schublade, lässt dieses Vermögen verblühen, verknöchern und absterben. *So verhält es sich und keineswegs anders!* Wer offenen Auges lebt, kann dauernd Epiphanien erleben, etwa bei einer Radfahrt durch die Teltower Rübenfelder oder in einer extrabreiten Badewanne, wobei sich diese alltäglichen und eher banalen seelischen Erscheinungen zumeist darauf beschränken, dass der so Gepeinigte reale historische Gestalten in seltsamen Zusammenhängen auftauchen sieht und ihm ganze Filme vor dem inneren Sinn prozessionsartig vorbeiziehen, die, wenn sie nicht völlig unmöglich sind, doch zumindest hart an der Grenze des Unwahrscheinlichen liegen. Aber das sind minderwertige Epiphanien, von Wundern wollen wir hier gar nicht erst sprechen.

Die Erweckung des Lazarus von den Toten etwa ist ein erstklassiges und reines Wunder, das unser Herr Jesus Christus vollbracht hat. Keine Ziege kann diese Stelle des Neuen Testaments gelesen haben, ohne in meckerndes Gelächter auszubrechen. Wir wollen nachsichtig sein. Ziegen sind extrem dumme Tiere. Aber wieso? Die Gesetze der Physik lassen die Erweckung eines Toten doch eindeutig nicht zu. Ziegendanken! *Natürlich lassen die Gesetze der Physik* die Erweckung eines Toten nicht zu, selbstverständlich lassen sie es nicht zu, kein Mensch würde physikalisch, chemisch, biologisch, also kurz: naturwissenschaftlich betrachtet, je etwas anderes behaupten wollen, *aber genau das ist ja das Wunder*, dass der kausalitätsgetriebene Trott der

Tage, der ganze Kausalitätsscheiß, dieses ewige Guten Morgen!, Guten Tag! und Gute Nacht!, also die raumzeitliche Hülle des Seienden aufbricht und *das Sein, das Tao oder kurz Gott selbst* zum Vorschein bringt. Dieser Vorschein des Kommenden und Göttlichen ist nichts anderes als eine Epiphanie!

Verstanden?

Die epiphanische Hochzeit allerdings spielt leichtfertig mit diesem hohen Gut. Bei ihr genügt es bereits, dass die Ehewilligen vor dem Pfarrer aussagen und beeiden, dass ihnen der jeweils andere Partner im Traum erschienen sei, und sie deshalb so schnell wie möglich heiraten müssen. *Sie haben sich erkannt,* wie es im Bibeldeutsch heißt. Dass dabei gelogen wurde, dass sich die Dachbalken der Gotteshäuser biegen mochten, steht ganz außer Frage.

Namentlich Meta log, dass die Dollberger Kirche hätte einstürzen mögen, denn noch tags zuvor hatte sie ihrem Vater gesagt: „Der Ploetz ist mir einfach widerlich!" Der erste Beste sei keineswegs der beste Erste, was allerdings Hinnerk ebenso wenig gelten lassen wollte wie das schön gewählte Bild der Meta, wonach sie mit einem Bein schon im Morast stehe und nicht auch noch das andere nachziehen wolle. Es half nun alles nichts mehr. Die Strukturen, so könnte man sagen, bestimmen uns schon, bevor wir sie zu bestimmen im Stande wären. Mit einem Wort: Tradition. Versteinerte Verhältnisse. Und Meta war nicht die Frau, sie zum Tanzen zu bringen. Und so kam, kurz nachdem einer der bedeutendsten Denker des 19. Jahrhunderts das Haus verlassen hatte, einer der absolut unbedeutendsten Denker des 19. Jahrhunderts ins Haus.

Karl Marx bekam von diesem Seelentrubel nichts mehr mit. Er war raus, ging zurück zu Frau und Kindern nach London und wollte *Das Kapital* beenden, eine mehrbändige Arbeit, zu der er nicht mehr kam. Er schrieb nur noch so herum. In seiner krakeligen Schrift, die keine Sau lesen konnte. Er war müde. Ausgebrannt. Dollbergen hatte seinen Tribut gefordert. Er musste ihn zollen. Und starb acht Jahre später. Engels nun fiel es nun zu, die Nachtragsbände, eigentlich eine riesige

Sammlung loser Zettel, in irgendeiner sinnfälligen Form herauszugeben. Eine merkwürdige Edition. Glasklare Passagen, und dann wieder mystischer Brei. Fragen nach „Gott", peinlich genug, und einem sogenannten „anderen Zustand", von dem keiner wusste, was das nun wiederum solle. Merkwürdigste Metaphern. Das Kapital sei wie ein Reh: lüstern und scheu. Was heißt das? Oder wie eine junge Frau – auch wiederum lüstern und scheu. Das Kapital könne zwar hinein, aber niemals zurück. Sonst liefe es Gefahr, entdeckt zu werden. Gerede eines schnell alternden Mannes, der nie zu wenig getrunken hatte. Das Kapital sei wie eine junge Frau, die sich verstohlen aus einer Dachluke hangelt, um in eine andere Dachluke hineinzukommen.

Engels tat gut daran, den ganzen Unfug in die Nachfolgebände nicht mehr hineinzunehmen. Wer sich dafür interessiert, kann es in einem Moskauer Institut nachlesen. Forscherliche Befähigung vorausgesetzt. Ein Dokument der beauftragenden Hochschule reicht in aller Regel. Manch schöner Satz ist erhalten geblieben. „Das Kapital", heißt es an einer Stelle, sei *wie eine junge Frau, die in einem weißen Nachthemd auf dem Dachfirst* wandelt. Spräche man sie beim Namen an, so würde sie fallen. Man spricht sie aber nicht beim Namen an, und so fällt sie auch nicht. „Schön", sagte ich zu einem Institutsmitarbeiter. „Finde ich auch", sagte dieser. „Hätte ich auf jeden Fall in die Edition mit aufgenommen." „War es ja auch drin", sagte dieser. Doch Stalin wollte sie nicht in der MEGA, der Marx-Engels-Gesamtausgabe von 1932 sehen. Der Mitarbeiter wurde an die Wand gestellt, die Passage blieb draußen. „Schade", sagte ich.

10. Die Heilige Familie

Es gibt nichts Langweiligeres als Familiengeschichten. Gut, für die Familie selbst gibt es wiederum nichts Spannenderes als Familiengeschichten, aber da die meisten Menschen nicht zu einer erzählerisch benannten Familie gehören, mag sie auch groß sein, stimmt die Aussage schon, die zusammengefasst besagt, dass es nichts Langweiligeres als Familiengeschichten gibt. Wir fassen uns also sehr kurz, indem wir alle Filiationen und Nebenwege gnadenlos kappen, das genealogische Unterholz wegschlagen und uns nur auf die Hauptträger konzentrieren, die in aller Regel Träger des genetischen Materials sind.

Die Ehe der Familie Ploetz als schlecht zu bezeichnen, wäre auch dann noch geschmeichelt, wenn man *jede* Ehe als einen latenten Kriegszustand betrachtet, als *bellum omnium contra omnes*, wie es Thomas Hobbes, der alte Erzreaktionär des 17. Jahrhunderts, tat, kurz, als Graben-, Hecken- und Bürgerkrieg ansieht. Meta Brandes, blitzvermählte Ploetz, und ihr Ehemann, ein so mieser Charakter, dass er hier keinen eigenen Vornamen verdient und schlicht als *der Ploetz* bezeichnet wird, hatten zwar nach der Heirat regen Geschlechtsverkehr, und – offen gesagt – auch schon kurz davor, aber als Meta sichtbar schwanger ging, überhaupt nicht mehr, was absolut üblich ist, wobei es aus dem Rahmen fallen mag, dass dieses *überhaupt nicht mehr* sich auch auf die kommenden Jahrzehnte beziehen sollte. Ihre gemeinsame Tochter, eine gewisse Jenny, war ein hübsches und sehr gescheites Kind, das ihren Eltern noch mehr Freude gemacht hätte, wenn es mit ihnen auch den Kontakt gesucht hätte, was sie allerdings außerhalb des täglichen Hin und Her strikt vermied. Kurz: Meta hasste den Ploetz, der Ploetz hasste Meta und Jenny, die wiederum den Ploetz und auch Meta hasste, wobei die mütterlichen Gefühle der Meta zu Jenny nicht mehr groß zu Buche schlugen. Das ganze fein justierte Mobile einer triadischen Familienbalance war aus dem Lot geraten und hing windschief von der Decke.

Meta bekam das Haus überschrieben, der Ploetz die anderen immobilen Güter der Familie Brandes, wobei ein stattlicher Waldanteil im Burgdorfer Holz mitsamt Jagdrecht besonders hoch zu Buche schlug. Ploetz, ein eitler Geck und Poseur, ließ sich in Peine sofort mehrere Jägeruniformen schneidern, in denen er fortan gockelhaft durchs Dorf strich. Arbeiten musste er nun nicht mehr, was er jeden, der es wissen wollte, auch sofort und angeberisch wissen ließ, da er das illiquide Vermögen zu liquidieren, versilbern und flüssig zu machen gedächte, war ihm mit einer beeindruckenden Zielstrebigkeit auch tatsächlich gelang. Und so konnte man den *Pinkel-Ploetz*, wie man ihn insgeheim nannte, Tag für Tag, sommers wie winters in Jägertracht und mit geschulterter Flinte durch Dollbergen, Oelerse, Uetze und Schwüblingsen, Klein- und Großedesse ziehen sehen, immer bereit zum schnellen erotischen Abenteuer, er schoss also, wie es im Niedersächsischen etwas verschleiernd, aber durchaus treffend heißt: *jeden Storch vom Dach.*

Meta indes wurde immer fetter. Sie hatte nach ihrer Entbindung ein starkes Faible für Cremetorten entwickelt, und als dann noch der Kaffee Einzug in das Dorf hielt, was gegenüber dem bislang üblichen Bier einen bedeutenden Qualitätssprung, ja ein kulinarisches Weltereignis darstellte, war es um sie geschehen. Irgendwann wurde sie zu umleibig, als dass sie noch hätte backen können. Sie ließ sich also die Kuchen ins Haus liefern, wobei die Waschküchentür immer offen zu bleiben hatte, da sie keineswegs gedachte, übertrieben häufig das Kanapee zu verlassen. Wer aber machte dann die Arbeit im Haus? Nun, kein anderer als Jenny Ploetz, die schon in jungen Jahren zu einer tüchtigen Hausfrau herangezogen wurde, was ihren Hass auf beide Elternteile keineswegs minderte, denn sie war eigentlich ein extrem schlaues Kind und las, wann immer es die Doppelbelastung von Schule und Haus auch nur irgendwie zuließ, Bücher, Klassiker wie Goethe und Schiller etwa, die der Gatte, eitel, wie er war, zwar kaufte, aber keinesfalls selbst in die Hand nahm.

Im August 1896 starben die Eheleute Ploetz, mehr oder weniger gleichzeitig. Ploetz, der an einem der letzten schönen Tage des Jahres in Bröckel einen verspäteten Storch vom Kirchturm geschossen hatte, kam gutgelaunt zurück ins Haus, und Meta meinte, sie sei vom vielen Liegen ziemlich müde geworden und wolle sich nun ein wenig im Bett ausruhen. Dazu musste sie allerdings die steilen und schmalen Stufen – die heute eine Bauwidrigkeit erster Güte wären – hochsteigen, wobei ihr der Ploetz behilflich sein sollte. Der also schob die dicke Meta, eine Frau, die es auf glatte drei Zentner mittlerweile bringen mochte, von hinten das dürre Gesteig hoch, wobei sich, auf der obersten Stufe angekommen, ein Schuss seiner Flinte löste, der Meta direkt in den Hinterkopf traf, sie mitsamt des drahtigen Gatten die Hühnerleiter hinab beförderte, wobei beide zu Tode kamen, die eine erschossen, der andere Sekunden später und vom Gewicht der eigenen Frau erschlagen. Immerhin waren die beiden, die sich zu Lebzeiten wenig genug mochten, dann letztlich im Tode doch wieder vereint.

Jenny, mit zwanzig Jahren schon glückliche Vollwaise, heiratete ihren Cousin, einen gewissen Jeremias Lampe, einen Gesellen aus der Bremer Gegend, der ihr von Verwandten dringlich genug ans Herz gelegt wurde. Jeremias erwies sich als patenter und enorm fleißiger Mann mit gewinnendem, geradezu possierlichem Aussehen, das seine flauschigen Koteletten, die er bis an den Hals verlängert trug, sowie seine listigen Augen, hinter einer kleinen Nickelbrille versteckt, nur noch verstärkten. Jeremias war ein hart arbeitender und ehrlicher und grundanständiger Mann. Schon bald nach der Hochzeit konnte er in Dollbergen einen kleinen Meisterbetrieb gründen, in dem er Tag für Tag seinem Handwerk nachging. Er arbeite wie eine Maschine. Und dieses rein Maschinelle, das Jeremias Lampe zu eigen war, erstreckte sich auch mit großer handwerklicher Akkuratesse, mit protestantischem Arbeitsethos und punktgenauer Pünktlichkeit auf das Eheleben. Jede Abend bestieg er, genau mit dem ersten von sieben Glockenschlägen der lutherischen Pfarrkirche, Jenny und ging seinen ehelichen Pflichten mit großer Gewissenhaftigkeit nach, wobei wir weniger glauben möchten, dass er nun besonders bedeutendes Pläsier dabei fand, nein, es war das reine Pflichtgebot und die Liebe zur Sache, die ihn dabei antrieb. Er war also der vielleicht größte Rammler, den dieses durchaus freisinnige Dorf als seinen Bewohner nennen durfte.

Insgesamt gingen aus dieser Verbindung zwölf Kinder hervor, wobei die ersten elf durchweg Jungens waren, und erst bei seinem zwölften Kind, meiner Großmutter Dorothea also, wurde der seelische Impetus – wir möchten nicht von Geschlechtstrieb reden – des Jeremias Lampe schwächer und ebbte ins Gefällige ab. Vollends vorbei war es dann, als sich der Gefreite Lampe im Ersten Weltkrieg am Chemin des Dames, Nordfrankreich, einen Genitalschuss einfing, da war es dann – ehrlich gesagt – völlig aus. Jeremias Lampe wurde danach still, mystisch und vermümmelt, er aß viel, gerne Schweinehirn mit Grünkohl, noch heute eine landestypische Spezialität, wobei er auf seine geliebte Klötensuppe, trotz ihres jetzt unklaren Nutzens, keinesfalls verzichten wollte.

Von meinen Großeltern sprach ich bereits. Mein Großvater wurde Brinkbauer, also Pächter fremden Landes, da das eigene ja der Ploetz verjubelt hatte, sie bekamen in kurzer Folge drei Kinder, danach ruhte wohl jegliche weitere Geschlechtstätigkeit, eine Vermutung, die sich später indirekt bestätigen sollte, als mein jüngerer Bruder bei einem seiner gelegentlichen Besuche in flagranti mit einer deutlich älteren Dame, der Schützenkönigin des Dorfes und Ehrenjungfrau des Jahres 1986, beim Sex überrascht wurde und unserer Oma kackfrech ins Gesicht sagte: „Stell dich nicht an, drei Mal müsst ihr es ja auch gemacht haben!", wobei er seelenruhig die bald fünfzigjährige Dame a tergo weiter ritt, ein damals ungeheurer Skandal, der ihm lebenslanges Hausverbot bescherte, ein Hausverbot, von dem auch unsere Mutter Gebrauch machen sollte. Immerhin hieß dieses Zimmer jetzt *Thorstens Zimmer*, so dass wir, neben dem Zimmer von Karl Marx, auch meines Bruders Thorsten gedachten, wir sagen nicht: *ehrend* gedachten, sondern eben nur irgendwie gedachten.

Unsere Eltern endlich lernten sich in Bad Pfäfflingen kennen. Bad Pfäfflingen ist eine kleine schwäbische Gemeinde im Nordosten des Landes, dort, wo sich Tauber und Stumm Gute Nacht sagen. Unser Vater ist gebürtiger Pfäfflinger.

Unsere Mutter, die schon früh eine passionierte und dunkle Liebe für die Flugwildjagd hatte, kam als kaum Zwanzigjährige besuchsweise in den Ort, der durch sein alljährliches Stockentenschießen zu einiger Bekanntheit gelangt ist. Unser Vater ist zeitlebens ein unsportlicher Mann geblieben, der selbst zum Stockentenschießen kein Talent entwickelte, was erstaunlich genug ist, denn Stockenten dümpeln bekanntlich zumeist dösend in Bächen und Teichen, extrem faule Tiere, die eigentlich nur aus wenigen Metern abgeknallt werden müssen. Beide lernten sich in Pfäfflingen kennen. Vater war ein junger Handelsvertreter fideler Sinnesart. Beide fuhren gemeinsam nach Riccione, wo sie sich kennen- und liebenlernten und mich dabei zeugten, wovon mein Vorname, der so lächerlich ist, dass ich ihn nicht erwähnen möchte, heute noch spricht. Mit dem nächsten Wurf kam mein Bruder. Dann war Schicht im Schacht. Wir lebten in Frankfurt.

Unsere Mutter hatte ohnehin nur des Namens wegen geheiratet. *Klüsenschmied* ging eigentlich gar nicht, denn Klüsen nennt man im Norden stark versoffene Augen. Nachdem sie ihre beiden Kinder auf die Waldorfschule in Wallau-Massenheim verfrachtet hatte, wo man sie nur an wirklich sehr hohen Feiertagen abholen musste, machte sie schnell Karriere bei einem großen deutschen Baukonzern. Sie war in der Rechnungsstelle tätig, nicht leitend zwar, aber führend. Ihre hohe Aufgabe bestand nun darin, sämtliche Gewinne des Konzerns gewinnbringend bei der Deutschen Bank anzulegen. Das tat sie auch mit stetem Eifer. Irgendwann bekam sie von Margot Honecker das Große Banner der Völkerfreundschaft zugeschickt, von der Ministerin selbst handgestickt. Gleichsam als Gegengeschenk für die vielen Millionen, die Monat für Monat bei der Deutschen Bank der DDR eingingen. Sie läpperten sich und gingen später als der berühmte Milliardenkredit in die Geschichte ein. Ohne das Brudergeschenk des westdeutschen Kapitalistenstaates hätte die DDR unmöglich so lange überleben können. Der Baukonzern ging allerdings pleite. Die Deutsche Bank leidet noch heute. Immerhin besitzen wir jetzt eine wirklich schöne Näharbeit aus der leider zu früh von uns gegangenen Arbeiter- und Bauernrepublik. So war den meisten, wenn auch nicht allen, gedient. Mutter kam noch als jüngere Frau in den Genuss ihres Vorruhestandes. Bei vollem Gehalt. Ihr Chef wollte keinen weiteren Skandal.

Unser Vater wurde allerdings ein echtes Kapitalistenschwein. Er stieg sehr schnell auf und wurde als Verkaufsleiter der Vorgesetzte junger Handelsvertreter fideler Sinnesart. Die üblichen Vertretertricks fanden dabei schnell ihr Ende, denn mein Vater, Charles Vögele, kannte die Mischpoke ja aus eigener Erfahrung. Vertreter sind grundsätzlich faul und kratzen sich zumeist an den Eiern. Das wusste er ja. Nicht mit ihm! Er triezte das Pack, wo es nur ging.

Das konnten auch die vielen Incentivereisen wie etwa in den Opelzoo nach Kronberg im Taunus nicht mehr gutmachen. Viele seiner Vertreter kamen allerdings auch in den Genuss des Vorruhestands, sofern man den Tod überhaupt so nennen darf. „Was soll's?", sagte mein Vater: „Lebbe geht weiter!", ein hessischer Spruch, den ich verachte. Auch machte unser Vater abgewichste Aktiengeschäfte. Wie Karl Marx übrigens auch. Nur eben besser. Wenn ich sagte: „Vater, du bist ein echtes Kapitalistenschwein", dann sagte er:

„Der Kapitalismus ist die Ausbeutung des Menschen durch den Menschen", aber „im Kommunismus geht es glücklicherweise anders herum". Zynismus übelster Art. So ist unser Vater, eine Mehrwertsau, ein Stiefellecker des Kapitals, schlicht eine Kröte, allerdings Fan der Frankfurter Eintracht. Kein Mensch kann also völlig schlecht sein.

Mein Bruder Thorsten wurde letztlich auch Eintracht-Fan. Er studierte an der Volkshochschule Offenbach Sportmanagement, wurde in den neunziger Jahren Geschäftsführer diverser niedersächsischer Klickervereine wie Hannover 96 oder der Betriebssportmannschaft der Volkswagen AG, den sogenannten *Radkappen* sowie einer Gurkentruppe aus Peine-Ost, von der ich nur noch weiß, dass sie aus disziplinarischen Gründen öffentlich den Namen eines Kräuterlikörherstellers tragen musste, weil die Spieler zumeist stockstramm auf den Platz herumstanden. Sozusagen als Abschreckung. Dann wurde Thorsten Sportdirektor beim HSV, ein eher ruhigerer Job, dem mein Bruder seit mehr als 20 Jahren nachgeht. Auch für mich fiel dabei der ein oder andere Zehner ab, wenn ich als Maskottchen im Volksparkstadion auftreten durfte und bei jedem Heimtor zu jubeln, zu springen und wild herumzurennen hatte. Leider wurde ich dabei ziemlich dick und passe in das schöne Dino-Kostüm einfach nicht mehr hinein.

Familiengeschichten eben. Etwas Langweiligeres gibt es gar nicht.

11. „Das Erste steht euch frei, beim Zweiten seid ihr Knechte" (Goethe, Faust, zu Ende zitiert)

Als meine Großeltern im gemeinsamen Ehebett verschieden, getrennt zwar, doch im selben Ehebett, lag es meinen Eltern ob, das Haus in der Bahnhofstraße, das meiner Mutter bereits *de jure* gehörte, auch de *facto* in Besitz zu nehmen. Mein Vater wäre lieber zurück an Tauber und Stumm gezogen. Er hatte wie jeder Ehemann natürlich gar keine Chance. Also gaben sie ihre Zweizimmerwohnung in Frankfurt-Schwanheim auf und zogen nach Dollbergen. Es begannen schöne Jahre. Nur das Haus war ihnen zu groß. Viele Zimmer wurden überhaupt nicht mehr bewohnt, wie etwa die Paraderäume, zwei stattliche Wohnzimmer, straßenseitig gelegen und durch eine weißlackierte Schiebetüre trennbar. Die gedachte unsere Mutter *zu schonen*, für wen genau, hätte sie nicht zu sagen vermögen. Aber Hilfe nahte.

Im März 2017 fuhr ein Dienst-*Phaeton* der niedersächsischen Landesregierung auf den Hof. Der Besuch war dieses Mal jedoch telefonisch avisiert worden, denn Telefone waren auf dem Land seit der Jahrtausendwende bereits üblich und wurden rege genutzt. Heraus stiegen ein Dr. Schröder, Abteilungsleiter beim Niedersächsischen Kultusministerium, und Dr. Schröder, sein Justiziar. Es ging um einen alten teilkulturellen Nutzungsvertrag des Hauses, für den man seit fast

50 Jahren bereits nahezu leistungslos 400 D-Mark und später dann 400 Euro monatlich eingesteckt habe, was eine gute Gelegenheit böte, die jetzt dringend fällige Gegenleistung zu erbringen. Man wolle mal die Karl-Marx-Gedenkstätte ins Auge nehmen. Unser Vater wünschte, er wäre nie aus Pfäfflingen fortgezogen. Das Erste, was Dr. Schröder zu sagen hatte, als er im Flur stand, war:

„Die ausgestopften Hühner an den Wänden müssen aber alle weg!"

Dann betrat man zu viert die beiden Wohnzimmer. Dr. Schröder guckte sich um. An den Wänden hingen handgefertigte Wandteppiche mit niedersächsischen Pferden als Motiv, das Banner der Freundschaft von Margot Honecker – eine sehr schöne Arbeit, wie Dr. Schröder meinte –, ein größeres Stillleben, das einen Fliederbusch zeigt, wie er etwas ratlos und durchaus selbstmordgefährdet in einem Steinkrug steht. Allerdings auch kleinere, typisch niedersächsische Genreszenen wie *Bauer und Hund beim Abendtrunk* – wobei man natürlich sagen muss, dass der Hund selbst kein Bier vor sich stehen hat und irgendwie traurig und weltverloren den Betrachter anblickt – sowie zwei gestickte Spitze auf Vorlage gehäkelt, ebenfalls gerahmt. Weißer Spitz auf dunklem Grund, dunkler Spitz auf weißem. „Schön", meinte Dr. Schröder.

„Wenn man so will", meinte der Justiziar, „und auch nur dann." „Gut", meinte Dr. Schröder, „wir rücken das alles zusammen, dann Bilder von Marx und Engels und Lenin und Mao dazwischen, dazu ein bisschen Kram wie Wimpel, Propagandaplakate, und dann bekommen wir noch eine sehr schöne größere Arbeit aus Omsk, und fertig ist der Marx-Raum. Mehr passiert hier nicht."

Unsere Mutter, die den Eindruck gewonnen hatte, so ziemlich billig um das anstehende Marx-Jahr 2018 herumgekommen zu sein, sagte mit Handschlag zu. „Die Enten, die hier überall herumstehen, müssen natürlich alle raus!", sagte Dr. Schröder wie selbstverständlich. „Die Enten bleiben drin!", sagte unsere Mutter. „Gut", sagte der Justiziar, der keinen Ärger wollte. „Und die vielen ausgestopften Störche?", fragte unser Vater. „Die können bleiben", meinte Dr. Schröder, „eine schöne Reminiszenz an vergangene Zeiten!"

So schritt man handelseinig auf den Hof. Die Waschküche werde mit Beginn des Jahres 2018 Vorraum, Kasse und Souvenirshop. „Nee", sagte unsere Mutter, „da steht bereits der Schlachtertisch, auf dem schon Karl Marx gelegen hat." „Ach!", meinte Dr. Schröder, „der berühmte Leidenstisch des Denkers und Jahrhundertgenies – der kommt ins Wohnzimmer, der Esstisch geht raus!"

Ob man hier auch Eintritt zu nehmen gedächte, fragte unsere Mutter bauernschlau. Absolut gedenke man das, entgegnete Dr. Schröder, nämlich zehn Euro, Kinder und Rentner fünf, Chinesen zwanzig. Wenn schon die Stadt London das Grab von Karl Marx eingezäunt habe und vier Pfund für den Besuch einer schlichten Ruhestätte verlange, dann könne und müsse man hier auch etwas nehmen, und zwar wesentlich mehr. Denn, Hand aufs Herz, wie habe Karl Marx auf dem *Highgate Cemetery* gewirkt? Eigentlich überhaupt nicht, und wenn, dann höchstens meliorisierend und bodenverbessernd, in Dollbergen hingegen habe er seine besten Wochen gehabt! Was denn für diesen Haushalt hier hängen bliebe, wollte unser Vater nun ziemlich dummdreist wissen. Er war, wie gesagt, ständig auf der Suche nach Mehrwert und Kapitalertrag. „Die 400 Euro bleiben Ihnen erhalten", sagte Dr. Schröder, „allerdings muss jetzt das Land Niedersachsen auch von Ihnen bei jedem Betreten des Karl-Marx-Hauses Eintritt verlangen. Da Sie aber keine Chinesen sind und offenbar Rentner, kommt hier der verminderte Satz zum Tragen."

So wurde das rote Backsteinhaus mit seinen weißen Fenstern seit Herbst 2017 teilgenutztes Karl-Marx-Museum, erst müde, dann munterer, dann sehr munter besucht. Ein langhaariger Soziologiestudent aus Hannover machte die Kasse, und wenn unser Vater gebeugt mit schweren Discountertüten das Haus betrat, konnte er so arschkluge Sätze hören wie *Don't let the system get you down*. Er hasste den Typ.

12. Die hohe Zeit

Schon mit dem Beginn des Jubeljahres 2018 schlug das Karl-Marx-Haus in Dollbergen mehr als gut an. Rund einhundert Besucher konnten täglich und im Schnitt begrüßt werden, zahlten Eintritt, kauften Souvenirs wie T-Shirts, Biergläser und Kronkorkenöffner mit Karl Marx als Griff, aber waren nicht richtig mit dem Gebotenen zufrieden. Es sei hier ein ziemlicher Rip-off, war im Internet oft zu lesen, man bekäme wenig genug geboten, und wenngleich die vielen ausgestopften Störche als typisch und landesnah durchgingen, sähe das Ganze doch eher wie eine riesige Bauernfängerei aus. Daran könne der „Leidenstisch des Dr. Marx" auch nichts mehr großartig ändern.

So konnte es also nicht weitergehen. Mitte März, abends und nach Museumsschluss, kam daher ein Polo der Niedersächsischen Landesregierung auf den Hof gefahren, es entstieg ihm der Landesvater Stephan Weil persönlich, der wohl einen auf volksnah machen wollte, und mit ihm Dr. Schröder und Dr. Schröder. „Wir sind", sagte er zu unseren Eltern schon vor dem Haus:

„Wir sind zu ihnen gekommen, um ihnen mitzuteilen, dass –"

– es so nicht mehr ginge, sagte Dr. Schröder kurz und bündig. Erstens wollten die Leute das originale Karl-Marx-Zimmer sehen, dort, wo der Weltenwender auch genächtigt habe, und zweitens brauche es viel mehr an Exponaten. Was denn so im Schuppen noch stünde, fragte arglistig ein Dr. Schröder, der als Landeskonservator den Justiziar Dr. Schröder ersetzt hatte, denn juristisch war ja alles hasenrein. „Nun", sagte unsere Mutter, sie könne ja mal sehen!, und öffnete den Schuppen. Schon im flüchtigen Schein einer Taschenlampe konnte der Fachmann erkennen, dass kaum eines der vielen landwirtschaftlichen Geräte, wie etwa ein Dreschflegel, Hacken, eine Heugabel, Rechen, Rübenroder, Sichel und Sensen, keinesfalls jünger als zweihundert Jahre sei und damit als „klassische Marx-Exponate" gelten könne, wobei eine Egge aus grob geschnitztem Holz eindeutig babylonischen

Ursprungs war und hier nur „vorläufig" Verwendung finden dürfe. Eigentlich gehöre sie zurück in den Irak.

„Und die ganzen Faustkeile und uralten Speere?", fragte Vater. „Die schmeißen wir weg, irgend so ein Neandertal-Scheiß", sagte Dr. Schröder, „braucht kein Mensch!"

Ein einziges Wochenende sollte für einen kompletten Relaunch des Museums genügen. Aus dem Ausstellungszimmer *Karl Marx in Dollbergen* wurde die Gedenkstätte *Karl Marx unter Bauern*. Alle Zimmer fanden jetzt ihre Nutzung: Werthaltig mit originalen Exponaten bestückt, optisch entzerrt und sinnfällig gemacht, wurde der Omsker Monumentalschinken zersägt und als Triptychon und höheres Suchbild in gleich mehrere Räume verteilt, selbst die Spitze wurden auseinandergerissen, obwohl sie, wie unsere Mutter völlig zu Recht meinte, *nur zusammen und im Ensemble* ihre volle ästhetische Wucht dem mehr als betroffenen Zuschauer darbieten könnten, die Störche kamen nach Gusto und mit viel Geschmack verteilt in sämtliche öffentlich zugängliche Räume. Privat genutzt wurden nur noch ein sogenanntes Nähmaschinenzimmer, in dem früher das gleichnamige Heimarbeitsgerät sinnig surrte und jetzt der Fernseher unseres Vaters pausenlos mit irgendwelchen Snooker-Turnieren und den Börsenkursen von n-tv vor sich hinlief, sowie Thorstens Zimmer, dort, wo mein Bruder vor langer Zeit hilfreich und zugleich grobfleischlich tätig gewesen war und in dem unsere Mutter ein völlig anderes und mehr frauengerechtes Programm wie Mord und Totschlag, Ehebruch und schlau verschleierte „Unglücksfälle" mit Rattengift und Ähnlichem sah, sowie die Küche und das gemeinsame Schlafzimmer. Die Besucherzahlen gaben den Ausstellungsmachern recht. Sie verdreifachten sich innerhalb kurzer Zeit.

Einige Aktivisten der Occupy-Wall-Street-Bewegung kamen als Museumspädagogen teilzeitbeschäftigt zusätzlich ins Haus. Alles sehr zum Ärger unserer leidgeprüften Eltern, die heruntergehend einem Schwall spanischer Podemos-Anhänger begegnen mochten, heraufgehend französischen CGT-Funktionären, wobei die Treppe die gleiche geblieben war, die schon den Ploetzens zum Verhängnis wurde, und sie auch auf der Toilette keinerlei Vorrechte mehr genossen, da sie ja, rein juristisch gesehen, selbst Besucher des Hauses waren und sich einreihen mussten wie jeder andere Besucher hier auch.

Dass sie allerdings überhaupt keinen pekuniären Vorteil aus den teils tumultartigen Vorgängen in der Bahnhofstraße zu ziehen gewusst hätten, stimmt so nicht. Es war unser Vater, der irgendwann mit einem uralten Rasenmäher, einem sogenannten *Benziner*, um die Ecke des Hauses bog, dabei von einem der wartenden Besucher abgefangen und gefragt wurde, ob Marx hier tatsächlich schon Rasen gemäht habe. „Klar", sagte unser Vater. „And even with a lawn mower?", fragte der Besucher. „Indeed", sagte Vater: „He invented it!" So kamen mit den Monaten viele Sachen aus dem Haus. Sie aufzuführen, wäre nicht hilfreich. Dankbar möchte ich nur erwähnen, dass sämtliche Singles, alle aus Vinyl, von: Tony Marshall, Heino, Rex Gildo und auch dem extrem nervigen Gottlieb Wendehals, neue Besitzer fanden. Mutter, ein Bauernkind und mit *Fuhsewasser* getauft, also dem kleinen und handläufigen Betrug nicht grundsätzlich abhold, verkaufte auf diesem Weg sogar ein völlig verrostetes Moped der Marke *Zündapp*, wobei sie einem Schnösel vom Prenzlauer Berg weiszumachen verstand, Marx sei *nach Feierabend* gerne in der wunderschönen Landschaft herumgefahren, worauf die dreiste Berliner Schnauze doch glatthin meinte: seltsam, da Niedersachsen eigentlich überall gleich aussähe, was unsere Mutter dahin brachte zu sagen: „Deshalb ja auch das Moped. Er wollte einfach schneller durch sein." Wobei die Gefallene, Verworfene und jetzt schon dem Teufel Geweihte und fest in die Hand Versprochene sich nicht zu seelenschade war, ein Kinder- und Körbchenfahrrad der Marke *Puky* mit genau der entgegengesetzten Begründung zu verkaufen, da Marx ja bekanntlich ein *Genussradler* gewesen sei.

Jetzt setzten sich Funk und Fernsehen auf diesen irren Hype mit ihren ewig selben Fragen, dem *Wie fühlen Sie sich?*, und natürlich konnte es auch die Biermarke *Gülle Bräu* nicht unterlassen, auf großen Plakaten landesweit damit zu werben, dass schon Karl Marx dem Bier mehr als reichlich zugesprochen habe. Sein Konterfei war überall zu sehen, daneben das Getränk und darunter Sprüche wie „Ich musste es einfach trinken!" oder „Es gab für mich nichts Besseres!", durchaus doppeldeutige Wendungen, aber da die Niedersachsen ironiefeste Menschen sind, kam man sogar damit durch, und fortan standen riesige Kühlboxen neben dem Ticketverkauf und dem rasch wachsenden Souvenirshop des Karl-Marx-Hauses in Dollbergen.

Das alles hätte noch irgendwie angehen können, wenn nicht das Karl-Marx-Zimmer selbst nur durch das Schlafzimmer unserer Eltern zu erreichen gewesen wäre. Chinesen sind ja respektvolle Menschen, aber zu Massen gestaut, können sie durchaus auch stören, zumal das Haus jetzt in den Sommermonaten früh schon am Morgen eröffnete und unsere Eltern gern immer etwas länger im Bett liegen blieben. Ohnehin seltsam, welches Gewese um das Karl-Marx-Zimmer gemacht wurde. Ein kleiner, vielleicht sechs Quadratmeter großer Raum, beherrscht vom Schreibtisch meines Vaters, auf dem Spiele wie *Fang den Hut*, *Monopoly* oder *Spitz, pass auf!* nur halb gespielt herumstanden und an den Wänden nicht mehr als eine endlose Reihe uralter Ordner, nach Jahrgangszahlen geordnet und beginnend mit dem Jahr 1953, in denen die Steuerunterlagen abgeheftet lagen, Wasserrechnungen und jene für Strom sowie sämtliche Quittungen der letzten 65 Jahre, *falls man mal etwas umtauschen müsse.*

Zunächst versuchten unsere Eltern, denen der Trubel doch über den Kopf zu wachsen schien, meinen Bruder Thorsten zur Mithilfe zu bewegen. Der aber verwies sehr streng auf das Hausverbot des Jahres 1986, das er, notfalls mit juristischen Mitteln, auch beibehalten zu wünschen gedenke. Dann rief Vater mich mit dem Lockruf an, *man könne hier schnell mal den einen oder anderen Zehner abgreifen,* ehrabschneidende Sätze, wie ich fand. Ich kam. Es waren ja eh Semesterferien. Eine schöne Zeit. Unsere Oma hätte gesagt, ich sei hier nicht übernommen worden, was die Sache, trotz allen Gerödels, doch ziemlich gut traf. Ich lernte interessante Menschen kennen wie etwa Yanis Varoufakis, den ehemaligen griechischen Finanzminister, toller Typ, einige hochwichtige SPD-Trullas, allesamt älter und an ihren umständlichen Doppelnamen gut zu erkennen, sowie Sahra Wagenknecht, die mir auch als Frau gut gefiel, allerdings an älteren Männern kein Interesse zu haben schien. Auch Jeremy Corbyn kam, der Labour-Vorsitzende. Netter Mann. Ich verkaufte ihm meine Märklin-Eisenbahn.

13. Der dunkle Gast

Das Letzte, was ich zu dieser Geschichte beitragen kann, möchte ich auch gerne noch erbringen. Es ist dies: Gegen Ende des Karl-Marx-Sommers 2018 wurde es in Dollbergen langsam ruhiger. An einem Abend kurz vor September, ein dieses Mal riesiges Schützenfest wurde am Dorfrand gerade abgebaut, hatte sich ein *hoher asiatischer Staatsgast* angesagt, der allerdings inkognito reiste, ausdrücklich keinen förmlichen Trubel wolle, höflich zwar, aber in einem privaten Rahmen empfangen zu werden wünschte. Da niedersächsische Beamte nie länger als 17 Uhr arbeiten, fiel es uns selbstverständlich zu, ihn durch das teilgenutzte Karl-Marx-Haus in Dollbergen zu führen. Meine Mutter hatte keine Zeit, sie musste die Fernsehserie *Verwunschene Herzen* sehen, mein Vater war durch ein „fesselndes Snookerturnier" gebunden, und so blieb die Sache natürlich an mir hängen.

Gegen Abend, die Sonne stand tief über den Kartoffelfeldern, fuhr ein Rolls-Royce auf den Hof. Am Steuer saß ein gedrungener, extrem humorlos dreinschauender Mann mit Zylinder, der den Hut dann allerdings abnahm, was die Sache nicht besser machte, weil mir seine Ränder metallisch verstärkt zu sein schienen und der Kopfschmuck so auch jederzeit als Wurfwaffe genutzt werden mochte. Der stämmige

Butler öffnete den Wagenschlag und heraus kam ein stämmiger Mann, kaum älter als Mitte dreißig, mit schwarzem vollem öligem Haupthaar und Undercut, der freundlich watschelnd auf mich zuhielt. Ich erhob mich von der wackelnden Bank, die direkt vor unserem Hause stand, machte eine schwungvolle halbkreisartige grußartige Geste mit meinem rechten Arm, wobei ich mich andeutungsweise verneigte und sagte:

„Willkommen, bienvenue, welcome! Fremder, étranger, stranger. Happy to see you, je suis enchanté, bleibe, reste, stay –"

Der Gast kam lachend auf mich zu, umarmte mich leicht und sagte scherzhaft mahnend:

„Mache kein snick-snack."

Ich sagte: „Spreche Deutsch?"

„Spreche gut Deutsch", antwortete der Besucher, was nur teilweise stimmte, den er verstand wohl recht gut Deutsch, weil er eine Zeit lang in der „Sweiz lebbe-lebbe", also gelebt haben mochte, aber immerhin verstand er die Sprache ordentlich, was die Sache sehr erleichtern sollte. Ich sagte ihm, dass ich jetzt mit der Führung beginnen wolle. Nein, sagte der Gast: „alles snick-snack", was irgendwie stimmte, aber seinen Besuch nur noch mysteriöser machte. Er wolle, sagte er mir, ein Dosenbier trinken, „Karl-Marx-Bier", das weltweit im Internet in unserem Haus als verfügbar und käuflich beworben wurde, und wie ich zur Kühltruhe abdrehen wollte, sagte der Besucher mir nach: „Du auch trinke Karl-Marx-Bier", was wohl einer Einladung gleichkam. Und so saßen wir wenige Zeit später auf der wackelnden Bank vor dem Haus der Eltern und tranken gemütlich Dosenbier, allerdings scharf von dem massigen Butler beäugt, den Zylinder wippend in seiner massigen Hand.

„Smeckt!", sagte der Besucher.

„Smeckt", sagte ich faul. „Smeckt wie Bier aus Kaesong", meinte der Gast, wo immer auch Kaesong liegen mochte und womit völlig unklar blieb, wie ein Bier aus Kaesong nun wirklich schmeckt – gut oder schlecht. Wir lächelten jetzt viel.

Und tranken. Irgendwann sagte der Gast: „Heiße Ricci?" „Ja", sagte ich ertappt. „Sehe auch aus wie Ricci!", sagte er. Dann schwiegen wir wieder.

„Und", fragte er, „lebbe gut?" Ob mein Leben schön sei, fragte ich nach. „Ja, lebbe immer gut-gut?" „Wie man es sieht", sagte ich. „Wie?", fragte er, „wie man es sieht?" „Na ja", sagte ich fernöstlich genug, „die Menschen sind dem Tao wie strohene Hunde."

„Wie strohene Hunde? Wasse reden?"

„Ein altes chinesisches Sprichwort: Die Menschen sind dem Tao bloß strohene Hunde!"

„Chinese immer mache zu viel denke-denke. Wasse strohene Hunde?"

„Ein Vergleich!", sagte ich „von Laotse."

„Wasse Laotse", fragte er, „Kapitalist?"

„Nein", sagte ich, „ein chinesischer Denker. Vor mehr als zweitausend Jahren. Kein Kapitalist. Der Vergleich soll heißen: Alles hat seine Zeit. Wie diese strohernen Hunde, die an hohen Festtagen wie etwa dem des Hundes aus Stroh geflochten werden, riesige Strohhunde also, die, an Holzstangen befestigt, auf den Schultern durch die Straßen getragen und dabei jubelnd mit Blumen beworfen werden, um anschließend, wenn der Tag des Hundes vorbei ist, achtlos im Feuer zu landen. So auch der Mensch. Sagt Laotse."

„Laotse immer viel denke-denke."

„Ja."

„Genieße lebe?", fragte der Gast.

Ich fand das Leben okay. Von Genießen möchte ich nun nicht sprechen. Und wenn, dann so, dass ich sagen könnte: „„Ich habe es – genossen!""

„Genossen?"

„Ja, Genossen."

„Ricci, du Kommunist?"

„Sozialdemokrat."

„Also Kommunist!"

„Sagte mein Großvater auch: Jeder Sozialdemokrat isse Kommunist!"

„Großvater auch Kommunist?"

„Ein glühender Kommunist!", sagte ich.

Nun drehte der Gast nachdenklich die Karl-Marx-Gedächtnisbierdose sinnierend in seiner Hand herum, das Alu begann zu schwitzen, dann blickte er mich energisch an und sagte:

„Du lebe wolle in Nordkorea?"

„Nee", sagte ich.

„In Nordkorea viel lache-lache!"

„Viel lache-lache?"

„Viel Spaß in Nordkorea. Habe in Nordkorea auch Wasserrutschen!"

„Wasserrutschen?"

„Ganz lange Wasserrutschen!"

„Ich bin zu fett für Wasserrutschen."

„Ich auch zu fett. Habe breite Wasserrutschen in Nordkorea."

„Breite?"

„Extrabreite Wasserrutschen!"

„Extrabreit?"

„Extrabreit!"

„Musse mal nachdenken", sagte ich, „wolle auch *Jägerstolz* rauche-rauche?", und bot ihm eine an.

„*Jägerstolz* viel gut! Smeckt! Musse auch bei uns jetzt mache-mache."

„Toll!", sagte ich.

Nordkorea. Warum eigentlich nicht.

Richtigstellung.

Ich lebe gerne in Pjöngjang. Eine wunderbare Stadt. Die Wasserrutschen sind wirklich lang. Und extrabreit. Kim Jong-un ist mein bester Freund. Er hat abgenommen. Und ist noch stark nachgewachsen. Ein blendend aussehender junger Staatslenker. Man nennt ihn den Kennedy Ostasiens. Zu Recht. Er watschelt auch nicht. Er denkt vielmehr. Sein Butler ist ein enorm netter Mann. Wir stehen oft auf einem der vielen Golfplätze des Landes und verbessern unser Handikap. Nur, wenn er verliert, zerdrückt er Golfbälle. Mitunter. Selten. Eigentlich nie.

Seitdem ein Auslieferungsantrag des Landes Niedersachsen besteht, muss ich einiges klarstellen. Nahezu alle Namen, Ortsnamen, Bezeichnungen überprüfbarer Art sind frei erfunden. Kein Ort heißt wirklich Dollbergen, Uetze oder Schwüblingsen. Ich habe sie mir in rein humoristischer Absicht erdacht. Der Name Brandes ist in Niedersachsen so allgemein und üblich, dass er die Hälfte aller Bewohner meinen könnte. Er verpixelt sich gleichsam von selbst. Die andere Hälfte der Bewohner heißt übrigens Schröder. Niedersachsen ist keineswegs flach und sieht überall gleich aus. Es ist vielmehr sehr abwechslungsreich und landschaftlich vielfältig. Je weiter man zur wunderschönen und karibisch warmen Nordseeküste kommt, desto stärker wird Niedersachsen sogar gebirgig und schluchtenreich. Selbst Gemsen und Steinböcke leben hier noch. Das Edelweiß blüht.

Kein Mensch schießt hier Störche vom Dach. Der Ploetz, oder auch der Große Ploetz, ist ein geschichtliches Nachschlagewerk. Ein fantastisches Nachschlagewerk. Karl Ploetz war ein Sachbuchautor, kein schießwütiger niedersächsischer Storchenjäger. Wie auch? Es gibt seit mehr als einhundert Jahren in Niedersachsen überhaupt keine Störche mehr. Die fleißige niedersächsische Landesregierung mit ihrem überragenden Ministerpräsidenten Stephan Weil an der Spitze leistet aber hervorragende Aufbauarbeit. Überall in den vielen farbenfrohen Dörfern dieses großartigen Landes sind jetzt neue Horste auf Häusern und Kirchtürmen angebracht. Bis die ersten Tiere wieder heimisch sind, was schon stündlich geschehen kann, stehen Fiberglasstörche auf Türmen und Dächern. Fiberglasstörche sind schön.

Auch das Wetter ist in Niedersachsen immer schön. Kein Tag wäre trübe. Ein wundervoller Sommer mündet stets in einen goldenen Herbst, der pünktlich zum ersten Advent Schnee bringt und alles verzaubert und funkeln lässt, das Weihnachtsfest verzuckert, und schon von Neujahr an wird es wieder frühlingshaft mild, die Apfelbäume blühen bereits Mitte Februar, und schon im März ist jedes Haus von vollen roten Rosen umrankt. Sofern es das wünscht. Sonst natürlich nicht. Wenn es im Lande einmal regnet, dann nur zum Segen der Landwirtschaft. Es regnet keinen Tropfen zu viel.

Niedersachsen ist der Mittelpunkt Europas. Und keineswegs dessen Arsch. Die Kultur ist einzigartig in der Welt. Hermann Löns ist mit Shakespeare in einem Atemzug zu nennen. Die Pele-Wollitz-Universität in Osnabrück ist das deutsche Oxford. Osnabrück ist schön. Schöner als Oxford. Die Volksmusik ist herrlich. Die niedersächsischen Landschaftsbilder genießen Weltruhm. Sämtliche Pferde des Landes sind schön. Manche können sogar rechnen. Das niedersächsische Schützenfest ist Weltkulturerbe. Kein Mensch geht auf Schützenfesten außerehelichem Geschlechtsverkehr nach. Kein Mensch hat in Niedersachsen außerehelichen Geschlechtsverkehr. Kein Mensch hat in Niedersachsen überhaupt Geschlechtsverkehr. Doch? Nee, hat er doch. Sorry.

Kein Bier heißt hier Gülle. Oder schmeckt irgendwie schlecht. Es ist labend und trägt so stolze Namen wie Gilde, Härke oder Wolters. Alles Spitzenprodukte. Absolute Weltexportschlager. Man trinkt hier in Maßen. Schnaps dient allein der Verdauung. Hannover 96 ist ein Riesenverein. Der VFL Wolfsburg war sogar Deutscher Meister. Irre! Eintracht Braunschweig ist Weltpokalsieger. Stolz trägt man hier ein großes Geweih auf der Brust. Zum ewigen Ruhm des Landes.

Niedersachsen ist ein Industriestandort. Es gibt hier nur Weltmarktführer. Volkswagen baut die besten Autos. Telefone gibt es seit 1883. Breitbandanschluss seit der Jahrhundertwende. Schon zum 20. Jahrhundert hin, natürlich. Das Internet hat die Küstenwacht von Niedersachsen erfunden. Den Algorithmus ein rechnendes Pferd. Facebook hat Pele

Wollitz entwickelt, und zwar als junger Student auf dem Campus der Pele-Wollitz-Universität. Osnabrück ist eine schöne Stadt. Nur Pjöngjang ist schöner.

In privatrechtlicher Hinsicht möchte ich noch sagen: Nein, Thorsten, du musst nicht eigens nach Nordkorea kommen, um mich miese Sau einfach abzustechen. Du hattest nie mit der Schützenkönigin und Ehrenjungfrau des Jahres 1986 Geschlechtsverkehr. Du hattest häufig mit Pamela Anderson, Heidi Klum und Paris Hilton Geschlechtsverkehr. Sehr häufig sogar. Oftmals zusammen. Du hast allen dreien den Laufpass gegeben. Ein Video mit dir und der Hilton ist noch heute im Netz. Inside Paris. Schöner Titel. Da spricht der Dichter aus dir. Ganz wunderbar. Eleganter Penis. Klasse Gerät. Sehr schöner Film.

Unser Vater, gleichfalls stattlich gebaut, heißt nicht Charles Vögele. Charles Vögele ist vielmehr der Name einer Bekleidungskette, der besten der Welt. Unser Vater hat sie gegründet. Vater stammt nicht aus Pfäfflingen. Den Fluss Tauber gibt es nicht. Ich habe ihn nur spaßeshalber der Stumm hinzugedichtet. Ohne unsere Mutter wäre die Philipp Holzmann AG viel früher in die Insolvenz geraten. Auch unsere Mutter ist großzügig von ihrer Mutter, der Mutter Natur, ausgestattet worden. Sehr großzügig sogar. Sie war schon mehrfach Schützenkönigin. Sie muss aber ihr altes Gewehr nicht noch einmal eigens für mich schultern. Vater trifft ohnehin nicht so gut. Ich liebe euch alle.

Stilistisch muss man sagen, dass ich überhaupt kein Plattdeutsch kann. Zwar habe ich unsere Großeltern so sprechen gehört, aber wenig genug verstanden. Diese hochmusikalische Sprache ist mir zeitlebens fremd geblieben. Ich tue nur so, als ob. Manche Wörter mögen richtig sein, andere, wie etwa: Dötter, sind frei erfunden. Auch überprüft kein Niedersachse so seine neugeborenen Söhne.

Warum auch? Jeder Niedersachse hat bekanntlich ein stattliches Glied. Auch die Scheiden sind immer enorm gut geraten. Nie zu eng und nie zuweit. Ich komme aus Frankfurt. Da sehen die Dinge freilich anders aus.

Auch zitiere ich Goethe falsch. Das Erste steht „uns" frei, keineswegs

„euch", heißt es im Faust. Auch spricht hier Mephisto. Er meint also sich und seine Teufelsbande. Alle exekutiert! Der Faust kommt natürlich an „Wald und Heide" oder „Forst und Flur" des verewigten Hermann Löns nicht heran. Lese heute noch. Hermann Löns schreibe immer einfach-einfach. Einfach lese smecke lecker. Lange Sätze sind immer bös-bös. Musse weg. Kurze Sätze: immer gut! Musse übe kurze Sätze. Habe übe kurze Sätze. Danke, Kim Jong-un! Großer Freund des Volkes!

Dringend bitten mich meine koreanischen Gastgeber auf Folgendes hinzuweisen: Karl Marx traf Wilhelm Liebknecht im September 1874 in Leipzig. Im Hotel am Bayrischen Platz. August Bebel steht nur wegen des Gags herum. Der Gothaer Kongress war im Mai 1875. Die Kritik des Gothaer Programm wurde Ende 1875 von Marx verfasst. Nimmt man alle drei Daten zusammen und teilt sie leichthin durch drei, stimmt der Sommer 1875 wieder. Was machte Marx dann überhaupt in Berlin? Er fuhr von Leipzig nach Berlin, um endlich einmal wieder eine Weiße mit Schuss zu trinken. Und Strohhalm. Richtung: Wacholdergeschmack. Himbeer war weniger sein Ding. Nich mache snicke-snacke! Ich musste mich bei der Datierung vor allem an Hinnerk Brandes ausrichten. Bauern haben nicht endlos freie Termine. Gerade im Sommer.

Karl Marx hat nie gelebt. Doch? Doch. Hat er! Und wie! Ein toller Mensch, Denker und Mann. Mit einem riesigen Genital. So konnte Karl Marx sogar mit der Großen Bärin auf dem Berg Paektusan sich geschlecht-lich vereinigen und die Kim-Dynastie zeugen. Sorry. Nee, nee. Korea selbst hat er mit der Bärin gezeugt. So ist es richtig! Die Kim-Dynastie ist menschlichen Ursprungs. Nee. Sie ist menschlich-göttlichen Ursprungs. So muss man sagen. Bei der Geburt von Kim Jong-il, dem verewigten Vater unseres heutigen Führers, sind ein Stern und ein doppelter Regenbogen am Himmel erschienen. Das ganze Volk war glücklich. Viel lache-lache. Ich bin auch glücklich. Ich bin ein Nachfahre von Karl Marx. Wir alle sind Nachfahren von Karl Marx. Ich heiße nicht Ricci. Ich habe keinen Namen. Mehr. Ich diene dem Volk. Immer lache-lache. Ich will nicht nach Niedersachsen zurück. Lebe gut hier. Lebbe geht weiter. Hoffentlich.

Wassermusik

1. Tätige Liebe

Zu den vielen Unerfreulichkeiten des Lebens zählt, wenngleich nicht führend, sondern eher im mittleren Bereich des Unbehagens liegend, die Tatsache, dass sich die gedanklich minderwertigen Produktionen menschlichen Geisteslebens herausragender Beliebtheit erfreuen, während die herausragenden Produktionen nun wiederum von nur minderer Beliebtheit sind. Hans Bauer kam das durchaus zugute, denn der 53-jährige Mann war ein zwar reger und auch nicht ungebildeter Zeitgenosse, ihn aber mit einer besonderen Begabung erzählerisch auszuschmücken, wollen wir mangels eines nur einzigen nennenswerten Beispiels kurzerhand unterlassen, und da Bauer beim Fernsehen arbeitete, wird auch sofort sinnfällig und klar, dass er letztlich Profiteur und keineswegs Opfer dieses offenbar dunklen Gesetzes war.

Hm. In Hinsicht auf den Leser, den man sich wohl noch als innerlich ziemlich unbeteiligt vorstellen muss, sollte man etwas weiter ausholen und deutlicher werden. Gut. Bauer war Redakteur eines wöchentlichen Magazins derart hanebüchenen und handwerklich lieblos heruntergeklöppelten Inhalts, so völlig kraus und konfus und kackfrech auf die Dummheit des Publikums berechnet, dass es – naheliegenderweise – eines der beliebtesten Formate des deutschen Fernsehens wurde. Allein der Titel dieser vermeintlichen Ratgebersendung war für eine Produktion des 21. Jahrhunderts schon beschämend genug. *Calling Camilla* hieß allen Ernstes dieses 45minütige Vorhölle, wobei Camilla, oder: Tante Camilla, wie sie unerträglich und folternah sich auch noch selbst nannte, eine enorm dicke Frau Mitte 70, in einer derart wackelnden, walfischtranigen Art durchmoderierte, dass man, es sei denn, man war bereits tot, halbtot, zerebral schwerer erkrankt oder nahm zumindest die Dinge des Lebens *extrem* sportlich, ja sah sie geradezu *sub specie aeternitatis*, also unter dem Gesichtspunkt der reinen Ewigkeit selbst, vor deren Hintergrund ohnehin alles ziemlich egal ist, dass man also und kurz gesagt an der Welt und ihren Hervorbringungen glatt hätte verzweifeln können.

Der Höhepunkt in Bauers Arbeitswoche bestand in der großen Redaktionskonferenz, auch *Groko* genannt, in der zum einen die Themen der kommenden Zeit sowie die Voraufzeichnung der nächsten Sendung besprochen wurde, die immer zur Primetime und nach den Abendnachrichten ausgestrahlt wurde, was für das Redaktionsteam eine echte Nervenprobe darstellte. Denn Camilla, eine vormals stadtbekannte Verkäuferin auf dem Hamburger Fischmarkt, davor Bademeisterin in Kolberg, heute: Kolobrzeg, wobei das L in diesem Namen längsseitig durchgestrichen und somit in etwa wie ein angehauchtes W auszusprechen ist, Camilla, kodderschnäuzig, mit bürgerlichen Namen Ludmilla Wasianski, hier nun wiederum mit vollem W gesprochen, Tante Camilla also hatte neben ihrer robbenmäßigen Unbeweglichkeit noch zwei weitere, eine Fernsehkarriere eigentlich streng ausschließende Handicaps. Zum einen war sie kurzsichtig wie die Nacht, zum anderen vergesslich wie die liebe Inkontinenz. So dauerte die Voraufzeichnung volle acht Stunden, von morgens früh um 12 bis 20 Uhr, also direkt bis vor die Sendung, eine enorm lange Zeit für ein einfaches Intro, der hereinwackelnden Camilla selbst, mit Zwischenmoderationen, Einspielern und der herauswackelnden Camilla plus Abspann. Und auch diese lange Zeit mochte bisweilen kaum ausreichen, denn mitunter konnte es passieren, dass Camilla den ersten Teil der Beitragsmoderation versenkte und statt des Themas, das sie vorzustellen hatte, mit „das Dings" anmoderierte, sei es, dass das Infotainment-Reptil im zweiten Teil des Textes stecken blieb und kurzerhand „Ach, schauen Sie selbst" sagte, ja, es war auch schon vorgekommen, dass beide Teile auf Grund gesetzt wurden und nun aus reinem Zeitmangel eine Moderation mit „Und nun das Dings – ach, schauen Sie selbst" auf Sendung ging.

An diesem Donnerstagnachmittag, von dem jetzt die Rede sein wird, war Hans Bauer, der sich auf der Seite *Bikini- und Bademoden* mit den ihm bislang unbekannten wasserfesten Super-Push-Ups eines großen Internethändlers träumerisch zwar, aber durchaus wissenserweiternd verklickt hatte, verspätet in das Konferenzzimmer gelangt. Er fand alle Stühle am langen weißen Konferenztisch besetzt und musste am Ende der beiden Längsseiten des Tisches Platz nehmen, sozusagen: gleichsam an seiner Arschseite, da stirnseitig der Redaktionsleiter selbst saß, was dem Ganzen eine gewisse Shootout- und High-Noon-Stimmung verlieh. Irgendwie schien es um Gefriergut oder Geflügel zu gehen, oder um gefriergutartiges Geflügel, richtig, wie Bauer nun verstand, es ging um die Frage, wie man Geflügel, etwa eine Weihnachtsgans, eine Ente oder einen Albatross, zum Auftauen bringt, was letztlich auf das Resultat zulief, die Ware aus dem Tiefkühlfach zu nehmen und bei Zimmertemperatur auftauen zu lassen, ein Vorgang, der „gut und gerne", wie der Redaktionsleiter sagte, „ein vierminütiges Erklärstück" verdiene.

Danach las er die Zuschauerfrage einer Zuschauerin aus Burgdorf vor, die darum ging, ob man Fischstäbchen besser in der Pfanne anbrate oder im Ofen backe. Alle waren der Meinung, die Dame könne es halten wie ihr Schwager, der berühmte Pfarrer Assmann, seinerseits verschwägert mit einem noch berühmteren Dachdecker allerdings unbekannten Namens, worauf der Redaktionsleiter, behutsam und kundig meinte, mit „Pro- und Kontrapunkten", einer filmischen Dramatisierung der Pfannen- beziehungsweise Backofenszenen, einem hitchcockartigen Soundtrack und Verzweiflungsgesten in Slomo und Schwarzweiß ließen sich locker dreidreißig, wenn nicht sogar vier Minuten herausholen. Das also war die Art der Fragen, die ein geistig nicht besonders reges Publikum einer dienstdement vor sich hindümmernden Redaktion stellte, woraufhin die Redaktion diese an sich schon mehr als fragwürdigen Fragen wiederum filmisch breittrat, was darauf dann das Publikum, medial gebrainwasht und geistig gelähmt, nur zu weiteren und womöglich noch dämlicheren Fragen ermutigte, wodurch, in einem Sog aus Dummgemachtsein und Ideentranigkeit, alle Beteiligten, seelenschiffbrüchig und wirr im Meer des Mainstreams strampelnd, den Geist in diesem schönen Land wöchentlich stärker absaufen ließen. Umso erstaunlicher und geradezu landgewinnend war deshalb die Frage, die ein Herr aus Konstanz dem Ratgebermagazin stellte, der kurz und knapp wissen wollte: „Was ist der Sinn des Lebens?"

„Offene Diskussion!", sagte der Redaktionsleiter mit verschränkten Armen, smiley und scheinverbindlich an der Tischspitze sitzend, eine interparesartige Geste, die er immer dann machte, wenn ihn ein Thema geistig überforderte. Die Redakteure, wohl noch im Halbschlaf der vorherigen Diskussion, ja, im tiefen schneewittchenartigen Dämmer befangen, meinten – grob zusammenfassend gesagt – das Leben sei mal so, mal so, es habe Licht und Schatten, Höhen und Tiefen, und in diesem larifafigleichen Singsang einer offensichtlich nur noch fürs Googeln bezahlten und gutbezahlten Redaktion hätte es noch eine schöne Weile weitergehen können, wenn sich nicht Eva van Ooyen zu Wort gemeldet hätte, eine Kollegin Bauers, die fast auf den Tag genau so alt wie dieser selbst war. Wir wollen in unserer Erzählung, die wir bislang ziemlich flüchtig und wie mit schnellen Strichen herunterschwadroniert haben, etwas einhalten. Wir verlangsamen das Tempo nicht zuletzt in Hinsicht auf Hans Bauer selbst, dem diese Frau werktäglich stark im Blickzentrum stand, und es fehlt nur wenig, um zu behaupten, dass ohne Eva van Ooyen sein ohnehin geringes geistiges Interesse an dieser Ratgebersendung im Lauf der Jahre bei der schönen Zahl Null angelangt wäre. Dabei kann man Eva van Ooyen bestenfalls als eine Halb- oder Scheinschönheit bezeichnen, die, aus einiger Distanz betrachtet, durchaus die Reize wohliger Weiblichkeit aufwies, bei näherer oder gar nächster Betrachtung ein ältliches und faltenreiches Gesicht zeigte mitsamt den ersten Ansätzen eines Damenbarts, was gerade beim Küssen – und beide standen mehrmals kurz davor – den tollkühnen Liebhaber erfordert haben würde, der Hans Bauer nicht war.

Vielleicht neigen alte Gesichter stärker zum Denken, oder, was letztlich dasselbe besagen würde, starkes Denken zur Gesichtsalterung, da ja – nun brachialmaterialistisch gesprochen – Hirn und Gesicht in ein und derselben Körperregion liegen und die Leistungen, die in einem Bereich des Kopfes durchaus vorteilhaft zur Geltung kommen, im anderen und äußeren Bereich abgegolten werden müssen, kein Vorteil ohne Nachteil, dachte Bauer, wie wir finden, etwas wirr, verkürzend und magisch, jedenfalls war Eva van Ooyen der einzig eminente Kopf in dieser flachsinnigen und infantil gemachten Redaktion. Nachdem sie das Wort hatte, sprach sie und ungefähr Folgendes: Hölderlin habe in seinem großen Gedicht mit dem merkwürdigen Titel *Memosühne* über den Menschen nachdacht und gesagt, dieser sei „ein Zeichen" und zwar ein „deutungsloses Zeichen", anwesend zwar, aber durchaus flüchtig, ja sogar vergeblich sei er, der Mensch, ein Zeichen also, das keinen Wert habe oder zu haben scheint, real zwar da, aber in einem höheren Sinn auch abwesend, eben ein Zeichen, von man eigentlich verlangen dürfe, dass es für etwas Anderes stehe, für eine Entität, die aber, zumindest für Hölderlin und auch die van Ooyen selbst, nicht ersichtlich sei, so dass dieses Zeichen, also der Mensch, einer höheren, die Rednerin möchte sogar sagen: ontologischen Betrachtung nicht zugänglich scheint und daher deutungslos bliebe, wenn nicht gar ist.

Eben: ein *Zeichen, deutungslos*, sagte Eva van Ooyen, nun die Summe ziehend.

Es sei ohnehin eine ziemliche Sauerei der Wirklichkeit, dass diese den Menschen ungefragt in die Erscheinung setze, um ihn dann wiederum humorlos abzuholzen, eine, wie ein gewisser Heidegger sagte, grund- und absprachelos getroffene *Geworfenheit,* ein, und wiederum mit diesem österreichischen Philosophen geredet, direktes Hineingehaltensein ins Nichts, so dass also alle Kollegen, die meinen, jetzt ihr mokantes Maul spöttisch verziehen zu sollen und über Fischstäbchen zu diskutieren gewohnt seien, mit einem Bein bereits im All stünden und diesen Spagat, blöd wie sie sind, noch nicht einmal merkten. An dieser, wie Eva van Ooyen meinte, „Riesensauerei des Realen" ändere auch keineswegs ein längeres oder gar langes Leben etwas, wie man ja mitunter völlig kenntnislos hören könne, oder ein besonders intensives Leben, das ja gemeinhin mit häufigem Sex und hier wiederum und insbesondere mit dem außerehelichen Geschlechtsverkehr in Verbindung stehen solle und auch durchaus dumm und volkssportmäßig in Verbindung gebracht wird, wenngleich ein gewisser Weber, den Bauer nicht kannte, wenn dieser dem Bauer also völlig unbekannte Weber wohl einmal gesagt haben solle, der außereheliche Geschlechtsverkehr sei das einzig Auratische und wirklich Abenteuerliche in einer völlig gehäuseartigen und stahlharten, also gleichsam zubetonierten Welt. Da aber täusche sich dieser Weber, und zwar gewaltig, und alle Fickfrösche täuschten sich mit ihm.

Dieser letzte Schwenk der van Ooyenschen Weltbetrachtung schien Hans Bauer völlig überflüssig und wie gegen ihn gerichtet. Denn obwohl er unverheiratet war und somit auch gar keine Ehe hätte brechen können, bestand die Spitze ihrer Einlassungen darin, dass er tatsächlich an der Rednerin gerne herumgebastelt hätte, was diese allerdings nicht zuließ, und zwar mit der altmütterlichen Begründung, ein Genital sei im Grunde wie das andere, sie, Eva van Ooyen, habe genug *Teile* – und sie sprach tatsächlich von *Teilen* – in sich gehabt und sei eigentlich froh, keinen Sex mehr zu haben, und wäre am besten gleich Jungfrau geblieben. Deswegen hob Hans Bauer auch ungefragt zur Gegenrede an. Es sei, sagte er, eine Vermessenheit des Menschen, etwas von der Wirklichkeit abfordern zu wollen, vermessen, verkopft und – wenn er so sagen dürfe – auch einigermaßen betschwesterlich zu denken, sie, die Wirklichkeit, schulde uns etwas, falsch, wir, die Menschen sind es, die der Wirklichkeit alles schulden, nämlich vor allem die tätige Liebe zu den Dingen.

Das war gut goethisch gesagt, also genau auf dem Niveau, auf dem hier über Gefriergut gesprochen wurde, so dass sich der Leiter der Runde endlich wieder in seichteren Gewässern befand. Exakt *so* und keineswegs anders solle die Zuschauerfrage aus Konstanz beantwortet werden und ihre filmische Darstellung erhalten. Er nannte Bauers beliebige philosophische Brocken und grundbanale Binsen die Meinung der Redaktion und griff tief in die rechte Tasche seines Sakkos. Bauer dachte kurzzeitig, nun werde er erschossen, aber falsch, sein Chef holte nur einen roten und kreisrunden Apfel hervor, stand auf und rollte ihn kugelgleich mit dem sicheren Schwung eines routinierten Keglers den Redaktionstisch schnurgerade entlang, so dass er direkt in Bauers Schoß fiel. Der gab sich prophylaktisch schon einmal erheitert und war es denn doch nicht, da er, Hans Bauer, keine Äpfel mochte.

2. Googeln oder Nicht-Googeln

Heute kann man alles googeln. Das ist fantastisch. Gleich, ob es um Fachbezeichnungen wie *französische Ouvertüre, amerikanische Nacht* oder *Mexican standoff* geht, Begriffe, für die man früher ein halbes Leben lang zu studieren hatte, oder die Penisgröße von Mick Jagger oder Dieter Bohlen, für die man immerhin ein Groupie gewesen sein musste – alles steht bei Google oder, noch genauer, ja, schmerzhaft genau bei Wikipedia, und nur, wer es ins absolut Entlegene treiben möchte, muss sich noch irgendwie bemühen.

Allerdings gibt es zwei Nachteile. Erstens muss man wissen, was des Googelns überhaupt wert ist, denn sonst versandet man in völlig unwichtigen Bereichen, in wahren Wüsten des Wissens und frisst sogar den Sand, hat irgendwann, um Lothar Matthäus zu zitieren, den Sand in den Kopf gesteckt und verblödet allmählich. Und zweitens stehen die wirklich wichtigen Fragen und ihre Antworten wiederum nicht im Internet. Das ist weniger fantastisch. Fast alle Dinge, die wirklich von Interesse wären, sind mehr oder weniger arkan.

Das Arkanum, mal kurz nachgoogeln, leitet sich vom lateinischen *arcanum*, deutsch: Geheimnis, ab und hat zwei Bedeutungen. Nämlich zum einen die einer ganz bestimmten Sache, die hermetisch und geheim und mit aller Absicht hochverdunkelt ist. Und zum anderen geheimnisvoll im Sinne von merkwürdig oder seltsam, wobei jenes mindere und zumeist nur sprichwörtliche Geheimnis jeweils auf unterschiedliche Dinge bezogen sein kann, die jedoch in einem mehr oder weniger bestimmten, aber durchaus erkennbaren Zusammenhang stehen oder stehen mögen, einem Zusammenhang, der allerdings selbst als ziemlich unklar gilt.

In diese zweite Gruppe fällt die merkwürdige, aber jedem Berliner prompt zugängliche Tatsache, dass es vom 1. November bis zum 1. April keinen einzigen schönen Tag gibt, eine fünfmonatige Leidenszeit aus Düsternis, Dauerniederschlag und schwer verhangenen Himmeln, eine muntere Folge von Tiefdruckgebieten, die sich nur mit Vornamen und somit duzend anreden lassen und zu Suff, Schwermut und Seinsvergessenheit führen. Dann, pünktlich zu Beginn des Aprils, tut der Himmel so, als sei rein gar nichts passiert und alles nur ein größerer Scherz gewesen. So war es auch an diesem Donnerstag, dem 2. April 2018. Bauer fuhr morgens mit seinem uralten Saab zum Sender, mit einer derart schweren thermischen Last auf den Schultern, dass er dachte, er sei Atlas, der Träger des Himmelsgewölbes, höchstselbst. Dann klarte es allerdings auf, die Luft wurde dünner und leichter, Bauer dachte, sich eine neue Badehose bestellen zu müssen, studierte die entsprechenden Produktseiten, dann bekam er noch einen roten Apfel geschenkt und fuhr bei schönstem Sonnenschein und zephirmilder Luft nach Hause.

Dieses Zuhause war dem Bauer durchaus unbekannt, denn er war, umständlich genug, mitten im Winter von seiner geräumigen Wohnung in Wilmersdorf in ein noch geräumigeres Reiheneckhaus nach

Kleinmachnow vor den Toren der Stadt gezogen, ein Haus, das er einem alten Studienfreund abgekauft hatte, der als Zuchtlachsunternehmer märchenhaft mehrfacher Millionär geworden war und nun schlecht in einer popeligen Kleinmachnower Kate wohnen bleiben konnte. Schön zu baden sei es hier, meinte der Freund, und da Bauer bei Google Maps tatsächlich so etwas wie einen See in Kleinmachnow ausfindig machen konnte, beschloss er, sich ein Haus und eine neue Badehose zu kaufen, um genau das auch zu machen, nämlich schön zu baden.

Bauer, Zigaretten in der linken Sakkotasche, den roten Apfel in der rechten, fuhr nach Hause zurück. Eigentlich hätte er jetzt sehr gerne eine Zigarette geraucht, da aber sein Mundraum trocken war – und man soll ja nie in einen trockenen Mundraum hinein rauchen, was zum einen nicht schmeckt und zum anderen gesundheitsgefährdend ist – steckte er die halb herausgefischte Packung wieder zurück in sein Sakko. Vor seinem Reiheneckhaus stand der komplette Löschzug der Kleinmachnower Feuerwehr, sechs, sieben Wagen mit Blaulicht, was von außen gesehen auf ein schweres Ungemach schließen ließ, den Anwohner allerdings völlig kalt ließ, da er wusste, dass sein Nachbar Feuerwehrhauptmann war und einmal im Monat seine Kollegen einlud, die, wohl aus Statusgründen, jeder mit einem eigenen Feuerwehrauto anreisten.

Vermutlich grillten sie jetzt, und da sich Bauer den ganzen Feuerwehrplausch nicht anhören wollte, fuhr er einfach weiter und besuchte auf diesem Weg, endlich, kann man sagen, den Kleinmachnower See.

Bauer, von einer Art Parkplatz kommend, ging an einer sehr kleinen erdfarbenen Backsteinkirche vorbei, die seit Jahren ungenutzt herumstehen mochte und deren Eingang verschlossen und komplett zugemüllt war. An ihrem Glockenturm klebte ein weißes, pizzagroßes Ziffernblatt aus lieblos herausgeschnittener Pappe. Die Uhrzeit, mit einem schwarzen, breiten Edding gemalt, zeigte mahnend fünf Minuten vor zwölf an, wobei es eines lichtstarken Tages wie heute bedurfte, um diese Mahnung überhaupt erkennen zu können, denn die Pappe hatte sich im Lauf der Jahre an ihren Rändern abgelöst und war stark zusammengekräuselt, so dass ein flüchtiger Betrachter eher hätte annehmen können, die Zeit selber ziehe sich, wellig geworden und von allen Seiten her zuklappend, allmählich ein. Dann stöckelte Bauer durch knöchelhohes Gestrüpp einen vagen, vorgetretenen und provisorischen Fußweg entlang, sah aber nicht mehr als die untergehende Abendsonne durchs Föhren-, Birken- und Fichtengewirr, schob einen schweren Nadelholzzweig vorsichtig beiseite und sah – nichts oder so etwas wie einen vermutbaren See oder vielmehr die Abendsonne, die sich eitel auf dem Gewässer spiegeln mochte. Bauer erkannte allerdings eine schneeweiße Bank, die mitten in der Glast am Ufer stand und sich zu sonnen schien, immerhin etwas Dingliches, dachte Bauer empirieselig, setzte sich, schloss die Augen und klopfte sich die Sakkotaschen ab. Er fühlte den Apfel, den er nun zügig zu entsorgen gedachte, zog sich blind Zigarette und Feuerzeug aus der anderen Tasche, führte sie mit einer Hand vor den Augen zum Mund und zündete sie an. Sie schmeckte widerlich. Dann griff er, speichelfordernd, in die andere Tasche, holte den Apfel heraus und biss weltverachtend hinein. Dabei passierte etwas sehr Erstaunliches: Der Apfel schmeckte Bauer, die Zigarette – trotz Speichels – nun überhaupt nicht mehr. Er schmiss sie fort.

Bauer, Hand vor Augen, fand, stier im vollen Licht herunterblickend, schnell eine Erklärung für dieses seltsame Phänomen. Der Apfel nämlich hatte überhaupt kein Gehäuse und ließ sich widerstandslos essen. Dann nahm der schwere Glanz auf dem See ab, der wesentlich größer als gedacht zu sein schien, Bauer kniff die Augen und probte seine Handstellungen durch, keine Frage: Google log mal wieder, der See mochte mehrere Kilometer lang sein, lang und breit, sah Bauer mehr und mehr, und selbst das war noch ins Verständliche und Naheliegende hinein gesagt, denn der See, vermeintlich eines der vielen kleinen und flaschengrünen brandenburgischen Gewässer, erstreckte sich azurblau bis zum Horizont, hinter dessen Bergen die Sonne, das Luder, verführerisch unterging. Bauer saß allein auf der Bank und dachte, mit der Geschwindigkeit eines Quantencomputers alle Varianten dieser erstaunlichen Beobachtung anrechnend, in die blaue Stunde hinein.

Irgendwann kam von links ein weißer Pudel, umkreiste einmal Bauer und Bank und verschwand dann nach rechts, offensichtlich vielbeschäftigt seinen interessanten Pudelgeschäften nachgehend. Dann kam von rechts nach links barfuß eine blonde, junge Frau mit langem, weißem Kleid, einen Schimmel kurz an der Longe führend. Bauer sagte, unverfänglich genug: „Entschuldigung", die Frau sagte freundlich „Ja?", und dann fragte Bauer doch sehr direkt, ob sie Visionen habe. Nein, sagte milde die Frau, die es nicht eilig zu haben schien, aber wer Visionen habe, solle zum Arzt gehen. Ein gutes Klinikum sei direkt um die Ecke. Bauer bat sie, kurz Platz zu nehmen, und die Frau, die wirklich alle Zeit der Welt zu haben schien, nahm sogar an und setzte sich eckseitig hin. Auch das Pferd machte Platz und setzte sich neben die Bank. So saßen Bauer, eine junge Frau und ein Pferd auf und neben der Bank und schauten stumm hinaus auf den See.

Was sie sehe, wollte Bauer wissen. Einen Typ und ein Pferd, sagte die Frau. Und seeseitig, fragte Bauer. Ein Gewässer, sagte die Frau. Ob sie die vielen Segelboote sehe, fragte Bauer. Segelboote nun nicht direkt, meinte die Frau, aber Schiffe, nämlich von links kommend den Schrottkahn „Pomorce", von rechts wiederum ein Schiff namens „Rheingold", was es allerdings geladen habe, vermöge sie nun nicht zu sagen, da sie weder beim Hafenamt arbeite noch, offen geredet, beabsichtigte, dort jemals anstellig zu werden. „Gut", sagte Bauer, „gut: zwei Leute, zwei Meinungen." Die Frau, wohl bereits etwas irre an ihrem Zufallsbekannten geworden, sagte nun nichts mehr und nur noch zu ihrem Pferd gesprochen, „komm, Schatz, ich glaube, wir sollten gehen!"

Dann passierte eine ungewöhnliche Begegnung, die sich, wie alle wirklich wichtigen Begegnungen, von hinten ereignete. Bauer sah eine sehr gepflegte Männerhand auf der Banklehne liegen und kurze Zeit später auch den sehr gepflegten Mann dazu, der, die Banklehne als turnerische Stütze nutzend, mit einem weiten Schwung über die Bank segelte, vorderseitig zum Stehen kam, sich dort eigentlich wie vor einem Punktrichter verbeugen wollte, allerdings in einen wackligen Stand kam, nur noch „Ich darf doch" zu sagen vermochte, und sich, ohne die Antwort erhalten zu haben, auf die Bank fallen ließ, was, Bauers Entgegnung hin oder her, die physikalischen Gesetze ohnehin von ihm verlangt haben würden. „Ich bin Q.", sagte lachend der Mann.

„Aha", sagte Bauer, seinen neuen Stundenfreund musternd. Der war ein extrem frisch und jugendlich wirkender, allerdings bei sehr naher Betrachtung auch schon älterer Mann nahe an die sechzig heran, der mit sämtlichen Kosmetikalinien ein intimeres Verhältnis unterhalten musste, so frisch und glänzend und schweinerosig wirkte sein Gesicht, und da er sehr schlank war, was sein lässig geschnittener blauer Anzug über einem berufsjugendlichen grauen T-Shirt sowie seine weißen Turnschuhe gefällig unterstrichen, hätte man meinen können, er sei ein schon älterer Fußballnationalspieler, was dieser, von Bauer direkt auch befragt, allerdings verneinte, denn er sei, wie bereits gesagt, niemand anderes als Q. „Q., wie dieser verrückte Tüftler aus den Batman-Filmen? Und bürgerlicherseits?"

„Mein voller Name ist Karl-Theodor Maria Nikolaus Johann Jacob Philipp Franz Joseph Sylvester Buhl Freiherr von und zu Quitzow-Quedlinburg, Edler von Halberstadt, Wernigerode und Clausthal-Zellerfeld."

„Okay, Q.", sagte Bauer.

„Schönes Wetter heute", meinte Q. „ein milder Abend, so transparent und durchsichtig und leicht, dass man glauben möchte, man könne schon die Alpen sehen, die Alpen, Italien, die blühenden Zitronenbäume, die Zikaden, das Meer."

„Das macht der Föhn", sagte Bauer wetterkundig, „der Föhn macht die Leute närrisch und verliebt."

„Und dann diese vielen weißen Boote, die seelenruhig durch die anbrechende Nacht ziehen. Gibt es etwas Schöneres, Bauer?"

„Bauer?", fragte Bauer.

„Sie müssen doch wissen, wie Sie heißen?", sagte Q., ernstlich besorgt, „Hans Bauer heißen Sie, 53 Jahre, wohnhaft seit wenigen Monaten in Kleinmachnow, unverheiratet, ungevögelt, mit einem neuerdings fragwürdigen Faible für Damenbademoden, gewitzt, aber zugleich auch verdummt durch seelenlose Arbeit, innerlich angenagt, aber nach außen hin nur mild gealtert, Saabfahrer, Sitzpinkler, die Sinnfrage stellend, doch die Sinnfrage nicht zu lösen in der Lage, auf die Zukunft hoffend und zugleich nicht wissend, warum – kurz, Hans Bauer, ich frage Sie nun dienstlich und offiziell, ob Sie sich nachhaltig zu verwandeln wünschen."

„In einen Käfer oder was?"

„Nein", sagte Q., „in einen deutlich verjüngten Mann", wobei er sich seine vollen schwarzen Haare, lächelnd und kokett, aus der Stirn strich, was ihm einen koketten, spitzbübischen, ja mädchenartigen, man könnte fast sagen: ephebenhaften Ausdruck verlieh.

„Um wie viel jünger?", fragte Bauer knapp.

„Eine Generation!", antworte Q. noch knapper.

„Und dabei derselbe Mensch?"

„Natürlich. Oder glauben Sie, wir könnten hier zaubern?"

„Und das kostet –"

„– nichts. Gar nichts. Nada. Rien. Niente. Sie bleiben sieben Tage und sieben Nächte bei uns –"

„– den sieben Zwergen –"

„– sieben Tage und sieben Nächte bleiben Sie, und wenn Sie in diesen sieben Tagen und sieben Nächten *die Struktur der Welt* begriffen haben, dann sind Sie frei und können sich selbst taufen, frisch und verjüngend. Wenn nicht, fliegen Sie einfach wieder hinaus, so, als ob nichts gewesen wäre, steigen in Ihren Saab, beschäftigen sich weiter mit der Zubereitung von Fischstäbchen, altern, verblöden und sterben dann irgendwann einfach weg, was die Welt auch keineswegs bedauerlich fände, denn Sie haben die Welt überhaupt nicht erkannt, obwohl Sie ja immerhin schon 53 Jahre dafür Zeit gehabt hätten, was soll es, ein netter Trottel mehr, der nicht mehr da ist. Dann kommt eine neue Biomasse, und man muss sehen, wie es mit der dann so läuft."

„Und wo soll die Show starten? Hinter den sieben Bergen, oder wo –"

„Na, gleich hier", sagte der sichtlich entgeisterte Q., eine wirklich dumme Frage, denn Bauer musste sich nur kurz umdrehen und schon sah er durch das hagere Föhren- und Birkengewirr ein blütenweißes Sanatorium namens *Seeblick* in seinem Rücken schimmern, einen Apfelwurf weit von beiden entfernt.

3. Das Erhabene

Hans Bauer wäre, offen gesagt, dann doch lieber bei den sieben Zwergen hinter den sieben Bergen gelandet als ausgerechnet hier. Er hatte vergessen, wie die sieben Zwerge nun so im Detail eingerichtet waren. Aber gemütlicher jedenfalls als in diesem komplett verfliesten Raum, wobei komplett verfliest hieß, dass auch an Wänden und der Decke hellblaue Kacheln hingen, ein völlig lichtloser, in etwa zehn Quadratmeter großer Raum, der wenig mehr Schmuck bot als einen an die Decke gehängten Fernseher, dessen Programm offensichtlich liegend genossen werden musste, was Hans Bauer, auf einer Luftmatratze ruhend, auch gerne getan hätte, allein, es fehlte eine Fernbedienung, und das alte Röhrenteil, das prekär genug direkt über seinem Kopf hing, schien ihm zentral gesteuert. Ansonsten hatte der *Horror vacui* das Zimmer möbliert, denn neben der Luftmatratze, einer alten Militärdecke und einer aufblasbaren Palme, die man mitunter und rein so als Gag zum Baden mitnimmt, war der Raum dunkel und leer.

Nur eine Menora, ein siebenarmiger jüdischer Leuchter, stand in einer verschließbaren und auch verschlossenen massiven Hartplastikbox und hing, herrgottswinkelgleich, in der dem verstörten Bauer gegenüber liegenden Ecke.

Dass das Zimmer abends zellenartig von außen abgeschlossen wurde, machte dem Insassen die Sache nicht unbedenklicher.

Ja, aber wenn er müsse, meinte Hans Bauer naheliegend und durchaus verständig. Wer richtig lebe, sagte Z 2, ein netter und dem Bauer wohlgesonnener Pfleger, wer richtig lebe, habe überhaupt keine Ausscheidungen mehr, denn Ausscheidungen seien immer das sichere Indiz für ein völlig falsches und kaputtes Leben, je mehr, desto stärker, könne man sagen, eine nahezu unglaubliche Behauptung, die aber, vorgreifend gesagt, tatsächlich stimmte, denn Bauer, der zwar wenig essen, aber sehr viel trinken sollte, hatte in den ganzen sieben Tagen keinen Anlass, derart niederen Körperfunktionen nachgehen zu müssen, ja selbst das Bedürfnis oder vage Gefühl daran verlor sich völlig mit der Zeit.

Der Empfangsbereich des Sanatoriums, von dem eben schon kurz die Rede ging, war ein heller freundlicher lichtstarker Raum mit einem weißen Counter, hinter dem ein weiß gekleideter, freundlicher Mitarbeiter stand. Q., der offensichtlich nur die Akquise zu machen hatte, wurde immer einsilbiger, ärztlicher, und meinte auf die berechtigte Frage Bauers, wie dieser Aufenthalt jetzt arbeitsrechtlich abzufedern sei: kein Problem, der *Seeblick* sei eine ganz normale Psychiatrie, die Arbeitsunfähigkeitsbescheinigung nach EFZG, kurz, der gelbe Schein könne hier rechtsgültig ausgestellt werden und die Krankheit zu beteln, Boreout, Burnout oder irgendetwas ähnlich Buntes mit Prä- oder Post, sei gar kein Problem. „Z 2 macht das für Sie", sagte Q., nun dienstlich und oberärztlich einen weißen Kittel überstreifend. Bauer, dem die vielen goldgerahmten Portraits diverser Prominenter wie Barbra Streisand, Jane Fonda, Robert Redford und deutscher Weltstars wie etwa Thomas Gottschalk oder Politiker wie Gerhard Schröder natürlich sofort aufgefallen waren, einer Hall of Fame, mit der jedes Institut seinen Besucher beeindruckt haben würde, Bauer also fragte Q., der nun sehr amtlichen Schrittes den Raum schnell zu verlassen drohte, ob dies nun allesamt Kunden des Hauses gewesen seien, was dieser, wie durch Banalitäten belästigt, mit einem knappen „Ja, natürlich!" quittierte, worauf Bauer meinte, gerade Robert Redford sähe nun auch keineswegs jünger aus als ein Mann Mitte siebzig. „81!", sagte Q. beiläufig über die Schulter, „aber für einen Mann von 106 auch wiederum nicht schlecht."

Der Alltag, wenn man überhaupt ein so banales Wort für ein derart arkanes Institut verwenden möchte, der Alltag im *Seeblick* allerdings konnte nur die zäheren Naturen erfreuen. Morgens kam ein gewisser Z 1, ein bulliger Pfleger mit sorgsam geschorener Glatze, Typ: Drillsergeant, in die Zimmer und blies mit einem Feuerwehrschlauch die Gäste aus ihren luftigen Matratzen heraus. Dann stand das Zimmer unter Wasser und die Probanden durften den Raum mit ihrer Militärdecke nun säubern und aufnehmen, wobei die Decke, die jetzt und somit multifunktional auch als Putzlappen diente, in einem blaugekachelten Swimmingpool, der im Innenhof des Gebäudes stand, auszuwringen war, was den Pool tagtäglich mit neuem Wasser versorgte und den Insassen eine wohltuende Morgengymnastik verschaffen sollte, die diese selten unter zwei Stunden abzubrechen bereit waren. Dann wurde die Decke zum Trocknen über die Plastikpalme gehängt. Danach gab es Frühstück, Wasser mit Wassermelonen, eine eher diätische Kost, aber keiner hatte behauptet, dass der *Seeblick* eine Gourmetpsychiatrie sei. Gesprochen werden durfte übrigens zwischen den etwa zwanzig Gästen des Hauses kein einziges Wort. Wer sprach, der flog, und so saßen die Kurenden, allesamt Männer und Frauen zwischen 50 und 60, stumm und in sich gekehrt in einer weißen Tunika, einem Nachthemd ähnlich, am Tisch.

Abschließend war praktische Wasserlehre zu leisten, ein hochtrabendes Wort, denn alle zwanzig Besucher hatten in ihren weißen Gewändern nun den Pool zu besteigen und sich darin bis zum Mittag aufzuhalten. Spannung versprachen einzig kleinere Spiele, etwa wenn der mürrische Z 1 kleine weiße hölzerne Ringe ins Bassin warf, die jeder nun einzeln und mit dem Mund vom Beckenboden aufklauben durfte, was, nebenbei gesagt, ziemlich umständlich war, zumal man nun beißend das Holz so lange zwischen seinen Zähnen halten musste, wie es Z 1 beliebte. Und Z 1 war kein freundlicher Mann. Weitere Erkenntnisse waren zumindest für Bauer durch solche Übungen nicht zu erlangen. Irgendwann meinte er auch deutlich darauf hinweisen zu müssen, dass die lange Herumsteherei unter einem vagen aprilartigen Himmel nicht unbedingt gesundheitsfördernd sein müsse. „Falsch!", sagte Z 1 nun energisch. „Und weshalb ist das falsch?" Eine Frau, die wohl in der Wasserlehre schon erfahrener war, meinte, die Chance nutzend, es sei deshalb falsch, weil nur das falsche Leben krank mache, was offensichtlich richtig war, denn Z 1 meinte, jetzt die Begründung fordernd, „denn –"

„– falsches Leben und Krankheit sind ein und dasselbe", sagte die Frau.

„Nämlich?"

„Die Krankheit zum Tode."

„Richtig!", sagte Z 1, ging an den Beckenrand, kniete sich hin und küsste die Frau zierlich auf ihre Stirn. Sie könne jetzt gehen, was Bauer etwas verdrießlich stimmte, denn die Frau, die jetzt gehen konnte, war keineswegs schlecht gebaut und hätte ihm, der so sinnlos im Wasser herumstand, vielleicht noch manche Stunde seelisch verkürzen geholfen. Dann nahm Z 1, wohl um Bauer zu ärgern, seinen Feuerwehrschlauch, entriegelte ihn und schoss einen satten Strahl in den Himmel, der perlend, aber schwer herabfiel, wodurch die Badenden, ohnehin nass, nur noch nasser wurden, wenn dieser Komparativ hier überhaupt zu verwenden erlaubt ist. „Das ist ja völlig sinnlos", sagte Bauer empört. Z 1 schob sofort den Riegel zurück, legte den Schlauch auf den Boden und fragte: „Und wie nennt man das Sinnlose auch sonst noch?" „Schön!", sagte einer der Badenden, ein dicker Mann, für den Bauer keine erotischen Aspirationen hegte, „sinnlos und schön!" „Und wie nennt man wiederum etwas, dass sinnlos und schön ist?" „Das Erhabene!", sagte der Fettwanst, den nun Z 1 ebenfalls kurzerhand küsste und entließ, wodurch der Pool etwas geräumiger zwar, aber keineswegs angenehmer wurde.

4. Gesetz und Erlösung

Mittags sollte es immer ein einfaches Gericht geben, nämlich Wasser mit Wassersuppe aus Wassermelonen, dann konnte man sich noch ein wenig und unbeaufsichtigt in den Pool stellen und dabei dösen, und danach war theoretischer Wasserunterricht, den stets Q. im weißen Kittel leitete. Heute, und wir reden nun schon vom zweiten oder gar dritten Tag, ging es um geheime Lehren, nämlich in diesem Fall um die *Kabbalah,* was Bauer allein schon deshalb als belehrend empfand, weil er nun hörte, dass man das Wort auf der hinteren Silbe zu betonen hatte und nicht, wie er dachte, auf dem mittleren A, so wie man etwa *Kasalla* sagte, was für Bauer in etwa inhaltlich gleichbedeutend gewesen war. Da lag er aber falsch, denn Bauer stand ratlos, wie sich schnell herausstellen sollte, vor jedem ernsthaften theologischen Diskurs wie ein Schwein, das Jodelunterricht erhält und irgendwann selbst jodeln soll. Bauer war, so könnte man es wohl auch sagen, religiös völlig unmusikalisch.

Der Unterschied zwischen dem Alten und dem Neuen Testament, sagte Q., sei, verkürzt genommen, der zwischen Gesetz und Evangelium. Das Judentum kenne nur das Alte Testament, hier wiederum vor allem die ersten fünf Bücher Moses, den Pentateuch, abgeleitet vom griechischen pentá, also fünf und somit die Spanne von Gottes Erschaffung der Welt bis zur Verkündung der Zehn Gebote. Das ist die Tora. Die Tora ist das Buch der Gesetze. Das Christentum, eine eintausendjährig jüngere Religion, nimmt, weil es auch nichts anderes hatte, dieses Alte Testament, sozusagen, als Soundtrack, aber instrumentiert es neu. Es ist nun so, als ob James Last Richard Wagner frei interpretiere, nein, falsch, da ja Wagner selbst schon der James Last des 19. Jahrhunderts war, als ob irgendeine Bigband, Max Greger etwa, Alban Berg oder Schönberg spiele.

Den Juden ein Ärgernis. Was man verstehen kann. Eine Wellness- und Spaßbadreligion, in die erst Paulus, der Heilige Augustinus und, auf seine Weise, auch Luther wieder etwas mehr Zug hineinbrachte. Besonders ist ihnen das *Easy Listening*, ja, man kann schon sagen, die Fahrstuhlmusik des Neuen Testaments nicht angenehm zu hören. Kein Jude könne das lange aushalten. Denn während das Alte Testament für das Gesetz steht, kommt das Neue Testament gleich mit der Erlösung. Unschön. Meinen die Juden. Was wiederum verständlich ist, denn das Christentum setzt sich mehr oder weniger ungefragt auf alte jüdische Texte und codiert sie doch ziemlich kackfrech um. Dreist genug spräche man in christlichen Kreisen von *Präfiguration*, so als sei die frühere Lehre nichts anderes als ein vages und tastendes Bild, das sich jetzt erst durchprägt und ausmünzt. Was sollen uns der dunkle Moses und all die munkelnden Propheten sagen, wenn uns Jesus den Weg der Erlösung, also kurz: das Evangelium ohne Umschweife zeige? Was dieses höhere Esperanto gegenüber den fetten Heilsprämien der neuen Lehre? Wie fahren ohne Navi.

Den Heiden eine Torheit, den Juden allerdings ein Ärgernis. Ein Skandal, eine Unverschämtheit. Es sei, beispielhaft gesagt, so, als würde man eine der harten Parabeln Kafkas wie etwa *Vor dem Gesetz* nehmen und in *Fifty Shades of Grey* enden lassen, ins Dunkle zwar auch, aber auch ins Gefällige, in diesem Fall ins Geschlechtsgefällige.

Fifty Shades of Grey wolle er als Allererstes lesen, dachte Bauer, wenn er hier wieder raus sei. Nun, fragte Q., wie verhält es sich mit Gesetz und Erlösung?

„Dialektisch", sagte einer der Anwesenden.

Dialektisch, sagte Q., nämlich wechselseitig verschränkt. Kein Gesetz, das nicht Erlösung verspreche, keine Erlösung, das nicht nach dem Gesetz verlange.

Bauer langweilte sich. Das Problem sei nun dies, dass das Neue Testament gleich mit der Tür ins Haus falle, nämlich mit unserem Herrn Jesus Christus, den kein Jude allen Ernstes als Messias, als rechtmäßigen, von Gott eingesetzten König der Welt, zu betrachten bereit ist und der daher, jüdischerseits, nur als *der Mann* bezeichnet wird, was dem umgangssprachlichen *der Typ* doch gefährlich nahekomme. Überhaupt habe ein gläubiger Jude am Neuen Testament wenig genug zu loben. Die Geschichten seien oft genug völlig hanebüchen, was sich etwa am Wunder klar genug zeige. Denn gibt es Wunder, dann sei die uns bekannte Welt aus den Angeln gehoben, und man könne einem nicht wieder mit der Empirie kommen, so dass, rein erzählerisch, ein Problem zwischen Objekt- und Metaebene vorliege, das jedermann, der nicht völlig seelenverblödet sei, klar vor Augen stehen müsse und auch nicht durch konditionales Getue, von dem im Neuen Testament reichlich Gebrauch gemacht werde, aus der nun neuen Welt zu schaffen ist.

Asterix etwa sei – und hier wurde Bauer wieder wach – ein Musterbeispiel für dieses Durcheinander. Entweder hat er den Zaubertrank, und dann steht er außerhalb der uns bekannten Welt, oder er hat ihn nicht, und dann soll er in seinem verdammten Dorf bleiben und nicht die Römer nerven. Dass also Asterix sowohl unbesiegbar *als auch* schwach ist, ein ewiges Hin und Her aus frisch gebrautem Zaubertrank, verschüttetem Zaubertrank, einem irgendwie heiligen und hochgeistigen, aber mitunter auch ziemlich dementen Druiden, mit falschen Druiden, verschusselten Sicheln und was an raumzeitlichem, also konditionalem Klimbim sonst noch an der Figur hinge, sei allein und durchsichtigerweise dem Spannungsbogen geschuldet, sofern man dieses Wort bei einer derart klappernden Handlung überhaupt verwenden dürfe.

Theologisch gesehen mache Asterix jedenfalls gar keinen Sinn.

Obelix sei jedenfalls die theologisch wesentlich werthaltigere Figur. Er ist bereits in den Zaubertrank gefallen und kann daher alles, was er will, nur ist er etwas eigensinnig, mitunter wortkarg, nicht das allerhellste Licht und neigt zu Wutausbrüchen. Damit käme man nun direkt auf die Kabbalah zurück, eine scharfe Kurve, wie Bauer fand. Jahwe, der jüdische Gott, sei nun nicht gerade als Plaudertasche bekannt. Auch tendiere er zum Jähzorn. Wie äußert sich Gott? Genau! Auf dem Berg Sinai, und zwar zu Moses allein. Seine Anhänger müssen unten auf ihn warten und gießen bereits, sexuell übrigens durchaus enthemmt, aus ihrem alten Schmuck das Goldene Kalb, weil sie denken, Moses, ein windiger Prophet, habe sich aus dem Staub gemacht, und man wolle nun doch an etwas glauben. An irgendetwas. Warum also nicht an ein Goldenes Kalb? Das ist erzählerisch nun so hanebüchen, dass die Juden zuletzt ihre Mäuler über andere hanebüchene Geschichten zu schneiden hätten, denn Moses hat für die Bagage ja eigens das Rote Meer geteilt, was selbst den Blödesten unter ihnen klar genug gemacht haben durfte, dass der Mann über einige Qualitäten verfügen müsse.

Dann kam Moses vom Berge Sinai wieder hinab und brachte die Tafeln mit. Darauf stand alles, was Gott ihm mitgeteilt hatte. Wenig genug. Denn die Zehn Gebote kann man wirklich nicht als *deep!* ansehen, Binsenwahrheiten derart wie „An apple a day keeps the doctor away" oder „Vor dem Sex und nach dem Essen, Zähne putzen nicht vergessen!", sattsam bekanntes Zeug also, denn keiner der Anwesenden hatte jemals ernsthaft vorgehabt, mit seiner eigenen Mutter zu schlafen, was also auch nicht eigens gebotsmäßig erwähnt und pönalisiert zu werden brauchte. Die Leute waren enttäuscht. Moses auch. Er zerbrach die Gesetzestafeln und so gerieten sie schnell in Vergessenheit.

Interessant hingegen war, dass Moses überhaupt mit Gott gesprochen hatte, und da Gott unmöglich leeres Stroh gedroschen haben konnte, musste er also Moses etwas ganz anderes gesagt haben, von dem Moses nun wiederum nichts zu wissen wusste, und wenn er es wusste, dann zumindest keinem der Ziegenwämser verriet. Und genau das ist die Stunde der Kabbalah. „Was, Kriminalisten unter Ihnen aufgepasst, macht man in einer solchen Situation?"

„Man guckt, was der Täter *macht*", sagte jemand.

„Und das Problem in *diesem* Fall?", fragte Q.

„Moses legte schon kurze Zeit später den Löffel ab!", sagte ein Neuer in der Runde, der mit seinem riesigen Schnurrbart wie ein Seehund aussah, wie ein sehr belesener Seehund, denn er trug eine scharfe und vernickelte Brille.

„Genau!", sagte Q., „das ist das Problem mit Q 1, nämlich der ersten Quelle der Kabbalah." Zum Glück gab es noch eine weitere Quelle, Q 2, und zu Bauers ganz großem Glück gab es auch *nur noch* eine weitere Quelle, nämlich Q 2, und keine Quellen Q n. N wie unendlich.

„Für heute also keine Erlösung. Für heute nur Gesetz", sagte Q.

„Gott sei Dank!", meinte der Seehund.

Jetzt ging die Rede über einen gewissen Hesekiel, für Bauer insofern belehrend, als man ihn nicht, wie Bauer es getan hätte, als Hése-kiel, ähnlich wie Gänsekiel aussprach, sondern als Heséki-el, was er sich merken würde, wenn er es nicht wieder vergäße. Dieser Hesekiel jedenfalls lebte im 6. vorchristlichen Jahrhundert, eine Datierung, die Hesekiel selbst wohl verschmäht haben würde, und erging sich am mesopotamischen Fluss Kebar. Dort hatte er eine Vision. Der Fluss schien sich optisch irgendwie zu verändern, ein ungestümer Wind kam vom Norden her sowie eine mächtige Wolke, die loderndes Feuer brachte, also, und kurz gesagt, eine der vielen Feuerwolken, die in dieser Region so typisch sind. Er schaute nach oben und sah allerhand. Er sah vielflügelige Engel, nicht die typischen *nice guys* des Neuen Testaments, sondern finstere Gestalten, die insekten- und libellenartig wie Helikopter um ihre eigenen Tore kreiselten, extrem humorlose Gestalten und unschön anzusehen mit ihren stierartigen Füßen, die, jeder für sich, einen Zugang bewachten. Jeder dieser Engel musste mit seinem eigenen und extrem umständlichen Namen gleich mehrfach angesprochen werden, was Hesekiel auch schlankweg tat und so, Level für Level, auf eine höhere Spielebene kam. Dort sah er Gott auf einem saphirfarbenen Thron. Da hatte Hesekiel wieder eine Vision. Er sah, wie Gott die Welt tatsächlich erschaffen hatte – die Genesis war offensichtlich nur eine Kurzanleitung gewesen –, nämlich durch die Kombination aller 22 Buchstaben des hebräischen Alphabets, wobei vor allem die Buchstaben *Aleph*, *Beth* und *Nun* die werthaltigen Scrabblesteine waren, durch die sich, jetzt allerdings mit enorm vielen Zahlen kombiniert, praktisch alles erschaffen ließ, naheliegend, sind die Zahlen ja unendlich. Bauer dachte, vielleicht seien Fischstäbchen im Backofen doch die empfehlenswertere Variante. Wenngleich man sie bückend im heißen Ofen wenden muss und damit halb in den Herd zu kriechen habe.

Dann sagte Hesekiel, so schlau möchte er auch sein. Gott gab ihm die Tora-Rolle zu lesen, und da das dem Hesekiel zu textlastig war, gab ihm Gott die gesamte Tora-Rolle einfach zu essen. Ein ungewöhnlicher Verbrauchertipp, dachte Bauer. Vormerken.

Nun wurde er, also Hesekiel, gesättigt zwar, doch innerlich etwas zerrüttet, wieder an den Fluss Kebar verbracht. Dort lag er sieben Tage und sieben Nächte in einer Art katatonischer Starre, ähnlich wie Bauer, herum, bis Gott ihn aufforderte, dem Haus Israel zu weissagen. Wie?, sagte Hesekiel, das sind doch alles Idioten?, und Gott, der das Problem kannte, sagte zu ihm, das stimme, er wohne unter seinen Brüdern und Schwestern wie unter Skorpionen, unter Disteln und krausem Gestrüpp wohne er, die Leute hätten eine harte Stirn, trotzige Ansichten und ein sehr verstocktes Herz, Idioten eben. Deshalb dürfe er auch nur indirekt, also andeutend und in Bildern, zu ihnen sprechen, ob sie nun auf ihn hörten oder es einfach sein ließen, sei ihm, Gott, letztlich egal. Nur eines sei wichtig: Indirekt müsse er reden, rede er direkt und geradeheraus, würde ihm seine Zunge am trockenen Gaumen ankleben. Und so sprach Hesekiel und zwar ziemlich verschlüsselt, sprach er fortan, und das sei die zweite Quelle der Kabbalah, nämlich Quelle Q 2. „Und was lernen wir daraus?", fragte Q.

„Nix!", sagte der Seehund.

„Doch, doch!", sagte Q. – nur, wer die geistige Spurweite H 0 habe und daher noch nicht einmal als intellektuelle Kleinbahn durchgehen könne, werde so antworten. Denn jetzt beginne erst die Kabbalah, nämlich als Auslegung zweier Quellen, die, wenngleich empirisch etwas ungesichert, regste Interpretationen beförderten. Genau das sei die Kabbalah, wörtlich: die Überlieferung oder auch die Lehre, eine stark mystische Lehre, die ähnlich wie bei *Indiana Jones* nur den reinsten Geistern vorbehalten sei. Viele Novizen seien dabei dem Wahnsinn verfallen. Diejenigen allerdings, die nicht dem Wahnsinn verfielen, sahen, indem sie sich mit Losungsworten an den ihn bewachenden Engeln vorbeischlichen, auf einmal Gott. Gott selbst war leiblich und übrigens auch sexuell orientiert, mit Penis und allem Zipp und Zapp, ein sinnliches Wesen im doppelten Sinn. Besonders drei Rabbiner seien hier ausdrücklich zu loben, nämlich der erste Rabbi, der, von den Römern verfolgt, 13 Jahre in einer Höhle im Norden Israels verbrachte und seine hohen Visionen pflegte. Für den Unterhalt wurde gesorgt, denn pünktlich mit dem Eintreffen des Rabbi wuchs mitten in der Höhle ein Johannisbrotbaum, und auch eine Wasserquelle tat sich wohltätig auf. So konnte der erste Rabbi den *Zohar* schreiben, den Urtext der Kabbalah. Er beschreibt den Ursprung der Welt aus dem *en-sof,* dem Unendlichen. Aus dem *en-sof* entsteht das Seiende wie in einem einzigen Punkt, der sich in der Bewegung ausfächert zu den vielen Erscheinungen des Lebens. Interessant nun sei, dass der Zohar meint, die Tora enthalte viel Volksschulweisheitliches und bedürfe dringend der näheren Betrachtung. Etwa die Schöpfungsgeschichte. So werfe der Zohar die traditionelle Annahme über den Haufen, Gott habe Adam und Eva aus dem Paradies vertrieben, denn eigentlich seien es Adam und Eva selbst gewesen, die Gott vor die Türe gesetzt haben, so dass die Menschen auch heute noch, also nach wie vor, im Paradies lebten und es nur nicht merkten, weil ihnen jetzt die spirituelle Dimension fehle. Denn in Wirklichkeit lenke der Mensch Gott und nicht Gott den Menschen, eine durchaus aktivische und selbstermächtigende Lehre, die den Menschen als Treiber und den Gott als Getriebenen verstehe.

„Klar, er hat ihn ja auch erfunden", sagte der Seehund.

„Wir können hier unmöglich", sagte Q. sehr scharf, „die unzähligen *Remakes, Reboots, Sequels und erzählerischen Spin-offs* des Zohar, von dem noch nicht einmal klar ist, ob ihn der erste Rabbi überhaupt geschrieben hat, näher erläutern und müssen uns daher auf wenige *Blockbuster* beschränken." Einer dieser Blockbuster sei vom mittleren Rabbi geschaffen worden, einem spanischen Kabbalisten des frühen Mittelalters. Der nämlich habe den geheimen Namen Gottes entschlüsselt, einen 72 Buchstaben langen Namen, der sich aus den Anfangsbuchstaben dreier Verse des *Exodus*, also des zweiten Buchs Mose, zusammensetze. Wenn man nun intensiv über diese 72 Buchstaben meditiere, verbinde sich der menschliche Geist mit dem Geist Gottes. So und nicht anders habe es schon Moses selbst gehalten, um das Rote Meer zu teilen, was unter empirischen Bedingungen ansonsten auch schwer genug gewesen wäre.

Nach der christlichen Reconquista, der Wiederinbesitznahme Iberiens und der anschließenden spanischen Inquisition mussten die Juden fliehen und flohen, wenn nicht in den Osten Europas, dann zurück ins Heilige Land. Dort nun, nach Galiläa, in den Norden also, genauer nach Safed, zog es viele von ihnen, weil schon der erste Rabbi durch diesen Landstrich gezogen war. Safed, so meinte Q., müsse man sich wie Rothenburg ob der Tauber vorstellen, nur ohne Tauber natürlich. Und genau hier, in diesem jüdischen Rothenburg, erwarteten sie nun die Ankunft des Messias, der keineswegs in Jerusalem erscheinen werde, sondern genau hier, einem Städtchen, das für seine vielen Katzen bekannt ist, in Safed also, der Katzenstadt. Man bildete eine strenge religiöse Gemeinschaft, da man Gott, der ja bekanntlich hilfsbedürftig ist, helfen wolle, den Messias zu bringen. Man stand oft in der Nacht auf, ähnlich wie Christiano Ronaldo, der ja auch nie länger als eineinhalb Stunden schläft, dafür aber mehrfach und auch über Nacht und Tag verteilt.

Hier nun sei vom dritten und letzten Rabbi zu sprechen, der schon als junger Mann in die Wüste außerhalb Kairos gezogen war, den Zohar studierte und Visionen von Engeln und biblischen Propheten bekam, da er, die Schrift als eine Art Mantra nutzend, die Texte immer und immer wieder sprach, bis er sah. In diesen, man dürfe wohl sagen, tranceartigen Zuständen entwickelte der dritte Rabbi nun das *Zimzum*, seinen eigenen Beitrag zur Schöpfungsgeschichte. Das war nun absolut neu und auch originell. Denn zunächst hatte Gott keineswegs die Welt aus dem Nichts erschaffen, wie die Genesis durchaus kenntnislos, verkürzt und volksverblödend zu behaupten versucht, sondern Gott habe vielmehr in sich selbst kontrahiert, er habe sich also in sich selbst zusammengezogen, und dann erst, nachdem er alle Muskeln angespannt hatte, habe er sich erleichtert und in dieser Erleichterung sei die Welt geschaffen worden. Dieser Vorgang nenne sich *Zimzum*: Erst war also Gott Gott selbst und nur Gott selbst, dann zog er sich zusammen, er zog also, bildlich gesagt, seinen Bauch ein, dadurch entstand Platz und Raum und in diesen Raum setzte Gott die Welt. So war es.

Und nicht anders.

„Das also sind die drei Rabbis", sagte Q. und meinte, nun schnell über all die anderen Rebben und Unterrebben hinweghechtend, man könne eigentlich noch den Chassidismus erwähnen, der aber lebenspraktisch ausgerichtet und daher unbedeutend sei, sowie die Popsängerin Madonna, sozusagen die Kabbalistin heutiger Zeit, die nun schwer einen auf mystisch mache und die Hauptvertreterin der sogenannten Feel-Good-Kabbalah ist, mit Wasserkuren gedünsteten Kohlrabischeiben und Ingwerkeksen, sowie ihre Jüngerin, nämlich Britney Spears, die allerdings die dümmste Nudel des Betriebs sei und deshalb nur am Rand erwähnt werden solle. Was aber, fragte Q. nun, heiße das alles? Er bitte um Antworten. Gratifikationen stünden bereit. „Also, Herrschaften, Maul auf! Gott ist wie ein Platzregen. Er kommt, wenn er denn über euch kommt, nur kurz!"

„Britney Spears wird unterschätzt!", sagte jemand.

„Hm! Ingwerkekse!", schwärmte Bauer.

„Religion ist Physik bis zur 9. Klasse", sagte eine.

„Physik ist Religion für Leute, die keinen Religionsunterricht hatten", sagte ein anderer.

„Gott ist abhängig vom Menschen. Der würde auch gerne helfen, wenn er sich nicht seinerseits völlig von Gott abhängig fühlen würde. Ein Teufelskreis."

„Gott ist eine viel zu extreme Hypothese", sagte der Seehund.

„Man kann Gott nur deshalb lieben, weil er sehr schwach ist. Wie etwa ein Tamagotchi oder ein Katzenbaby", sagte eine Frau.

„Gott ist wiederlegt", sagte der Seehund, „der Teufel aber nicht."

„Um Gott zu verstehen, muss man bereits auf einer schiefen Bahn sein. Denn jedes echte Verständnis beruht auf einem falschen Glauben."

„Keine Religion kann den Schmerz des Sinns irgendwie schließen. Sondern sie pult, indem sie ihn zu schließen nur vorgibt, die Wunde immer wieder neu auf."

„Die religiösen Probleme sollten einfach vergessen werden. Und dieses Vergessen wäre dann zugleich auch die Lösung", meinte jemand, eine Ansicht, die wiederum Bauers Ansicht sehr nahestand, weshalb sich dieser, wie durch diese Art von geistiger Anschubfinanzierung, berechtigt glaubte, zu sagen:

„Wir sind nicht erlösungsbedürftig und leben deshalb schon im Paradies."

„Wie?", meinte Q. jetzt, „Sie sind nicht erlösungsbedürftig? Ausgerechnet Sie, Bauer? Ich kenne überhaupt keinen anderen, der noch erlösungsbedürftiger wäre als Sie! Andere Vorschläge!"

Doch es gab keine anderen Vorschläge mehr, zumindest keine anderen nennenswerten Vorschläge, und so schloss Q. diesen Nachmittag, indem er meinte: alles schön und gut und auch teilweise richtig, aber den Gedanken fehle die nötige geistige Gestaltungshöhe, deshalb könne er auch keinen dispensieren, man möge nun gehen und einfach so weiter leben. Das brachte den Seehund gegen ihn auf, und er sagte: „Aha! Weiterleben! Mehr fällt euch nicht ein? Immer so leben, dass es keinen Sinn hat, zu leben. Und dieses durch und durch Sinnlose wird dann seinerseits *zum Sinn des Lebens*. Klasse!"

„Schnauze!", sagte jetzt Q. ziemlich unvermittelt und rüde und hob die Runde, die so hoffnungsvoll begonnen hatte, mit einer wischenden Armbewegung kurzerhand auf. „Und morgen machen wir die Gnosis!", meinte er im Hinausgehen drohend. „Die übliche Dosis Gnosis", rief ihm der Seehund bösartig nach.

5. Man sieht nur das, was man braucht. Klar. Aber warum braucht man überhaupt das, was man nun sieht? Das ist doch die Frage!

Am Abend gab es immer Wassermelonen. Gedünstete Wassermelonen mit Wasser. Man hätte den *Seeblick* glatt für ein Spa halten können, so wasserfreudig, wie er ausgerichtet war. Zumal auch die Abendunterhaltung aquarischer Natur war. Man lag nämlich flach auf seiner wabbelnden Liege und konnte oder vielmehr musste sich sämtliche Folgen von *Flipper* anschauen, die, zentral gesteuert, kopfüber in einer Endlosschleife von der Decke herab liefen. Dann endete irgendwann das Programm, wiederum zentral gesteuert, jäh und mitten im Film, und Z 2, der Nachtpfleger, betrat den Raum. Z 2 war ein netter Mann, groß, schlaksig, freundlich, leicht melancholische Art. Nun fragte er den Bauer, was er denn tagsüber gelernt habe, ob er der Lösung schon näher sei, doch Bauer, der frech war und obstinat tat, sagte entweder gar nichts oder freches Zeug, etwa dies, dass er zu der Meinung gekommen sei, *Flipper* sei schwul, und dergleichen Belanglosigkeiten mehr. Dann ging Z 2 bekümmert zur Menora und drückte ein Licht mit einer speziellen Zange beidseitig aus, jeden Tag ein Lichtlein mehr. Dann war Ruhe.

So verging die Zeit. Bauer hatte keine Antworten. Auch naheliegende Antworten fanden andere vor ihm. Dass etwa die vormittägliche Berieselung mit dem herabfallenden Strahl eines Feuerwehrschlauchs ein religiöses Ritual war, hätte auch er erkennen können. Aber es war ein anderer Gast, ein Nachkömmling, der völlig richtig sagte, dass jedes Ritual sinnlos sei und nur die Kontingenz, die absolute Zufälligkeit des Lebens kompensieren helfe, eine nicht überragend schwer zu erlangende Einsicht. Aber Bauer wurde immer verbockter und in dieser Verbocktheit zugleich auch blöder, eindimensionaler, verplappert zwar, letztlich aber tunnelartig im Ego befangen wie eigentlich jeder, der nichts mehr leistet und nun sein Ich pflegt, kein anderes Ego also als jenes, das ihn überhaupt erst in diesen toten Winkel gestellt hatte und das es zu überwinden, zu zerstören, zu überspringen gegolten hätte. Kurz, er verschanzte sich mehr und mehr in eine Person, die er überhaupt nicht war.

Bauer hatte, blöde gesagt, ein Genderproblem, ein, noch blöder gesagt, metaphysisches Genderproblem, denn er kultivierte und prolongierte eine Gestalt, die nicht seine eigene war. „Sie müssen einfach mal raus!", sagte Q. hilfreich zu Bauer, doch ohne Erfolg, der vieles, was hier zur Lehre kam, ungenügend nur begriff.

Denn die nachmittäglichen Stunden mit Q. boten auch viel objektive Belehrung. Könne man, fragte Q. durchaus scholastisch, im Lauf der Jahre der Frau – oder dem Mann – seines Lebens begegnet sein, ohne sie überhaupt kennengelernt zu haben? Ein interessantes philosophisches Problem! Bauer, dem es auch an diesem letzten der zu berichtenden Tage an Meinungsfreude nicht fehlte, sagte frei heraus, dass man das in klarer Weise bejahen könne, ja er selbst, Bauer, sei hier Zeuge in eigener Sache. Er, niemand anders als wiederum Bauer persönlich, habe, aus einem Kino gehend, als junger Mann eine junge Frau aus demselben Film kommen gesehen, die, ebenso wie er, noch mitten im inneren Nachlachen gewesen sei, einem, wie gesagt, inneren und seelischen Nachlachen, einem Lachen der Augen, einem weltliebenden Lachen der Augen, einem sehr großen, simultanen und beiderseitigen weltliebenden Lachen der Augen, die lachend für einen sehr großen Augenblick, man könne von einem Wimpernschlag, man könne aber genauso gut von der Ewigkeit sprechen, sich vermählt hielten, und die sich, wenn das zweideutige Wort hier erlaubt sei, lachend erkannten und zu einem einzigen lachenden Auge verschmolzen, einem Weltauge, wenn man so wolle, das sich, den Anderen und eben auch die Welt umfasste, und alles, was getrennt und in diesem Fall drei war, ward eins und dieses lachende Eins war seinerseits stimmig und ewig, sehr kurz und richtig und gut.

Was daraus denn so geworden sei, wollte Q. aus reiner Neugier nun wissen.

„Nichts", sagte Bauer, „nichts." Die Frau sei mit irgendeinem Begleiter aus dem Film gekommen, und er, Bauer, sei mit einem schwulen Freund im Kino gewesen, wobei man damals wechselseitig weder wusste, dass der Freund schwul, noch dass Bauer nicht schwul sei, und so der Freund auf ein geselliges Getränk in irgendeiner Bar gedrungen habe. „Aha!", sagte Q., „das Kairos ist nun nicht so Ihre Stärke, aber, wie ich sehe, das Denken auch nicht, und das gleicht sich dann irgendwie auch wieder aus." Denn die Frage sei nicht die, ob man eine wie auch immer geartete Begegnung versemmelt oder nicht versemmelt habe, was ja in den Bereich der Empirie falle und hier keinen Menschen interessiere, sondern ob es eine Essenz außerhalb der Existenz gebe – und sei sie noch so farbenfroh, mondän und verfilmenswert wie offenbar die Bauersche Existenz. Man sei ja hier nicht in einer Vorschulgruppe, wo man einen Erzählstein erhalte und nun jeder freiweg einen Schwank darbieten könne.

„Nein", meinte nun ein anderer Eleve, sein Glück versuchend, die Antwort sei Nein! Und weshalb, fragte Q. scheinheilig. Nun, sagte der

Schüler in einer gewissen oberschlauen Art, die dem Bauer, wir dürfen wohl sagen: schwer auf den Sack ging, die Antwort sei nicht deshalb Nein, weil man Dinge, die man nicht wahrgenommen hat, naheliegenderweise auch nicht kennenlernen und somit vermissen kann – was ja banal und auf der Ebene der Einlassung seines Vorredners liege –, sondern vielmehr deshalb, weil man Sachen, die man nicht vermisst, auch nicht kennenlernen und somit auch nicht wahrnehmen kann.

„Und wie kann man Dinge überhaupt vermissen?", fragte Q. „Ja, ganz einfach", sagte die enervierende Laberschwalbe naseweis und besserwisserisch, „weil man nur das vermissen kann, was man innerlich und ohne es zu wissen *bereits besitzt* und somit eigentlich immer schon *ist*." „Und das Fazit daraus?", fragte Q. „Na", meinte der Typ nun arrogant und lässig: „Das Andere ist nichts anderes als das eigentlich Eigene!" Nun kam Q. ins Gestühl, hob die miese Streberbacke empor, küsste ihr auf die Stirn und sagte, er habe die Lösung gefunden, sei frei und könne wandeln oder Ähnliches tun, jedenfalls könne er jetzt gehen.

Denn die Sache verhielt sich so: Das Leben hat *immer bereits* mehrere Ebenen, Schichten, Dimensionen, könnte man sagen, die *nie,* und Q. betonte dieses *Nie* mit großem Nachdruck, *gleichzeitig z*u sehen seien. Nur, wenn man eine Ebene beiseite räume oder, was technisch gesehen dasselbe sei, wenn eine Ebene beiseite geräumt worden sei, sähe man überhaupt diese andere Ebene. Er wolle nun nicht sagen: eine *bessere* Ebene, sondern eben eine *andere*. Die Verliebtheit zeige andere Räume als die normalen, die Krankheit wiederum andere als die Gesundheit, hier vermutlich höhere Ebenen, dort vermutlich tiefere, hier Elevationen, dort Vegetabilisches, hier Räume, die überhaupt noch nicht da sind, dort Räume, die immer schon anwesend sind, er könne dies nun lebenszyklisch durchdeklinieren, was aber jeder der Anwesenden für sich machen möge, wichtig allein bleibe, dass die normale Ebene von verschiedenen anderen Ebenen über- und auch unterlagert sei. Das war das Pensum, also das zu Denkende des für Bauer letzten Nachmittags.

„Ach!", sagte Q. schon im Hinausgehen, „weiß eigentlich jemand von Ihnen ein geläufiges Beispiel für einen Abgrund zu nennen?" „Der Tod ist ein Abgrund", wusste Bauer zu vermuten. „Hundert Punkte", sagte Q., „hundert von hundert möglichen." Ob er jetzt gehen könne, fragte Bauer. „Nicht ganz", sagte Q. Wodurch sich denn ein Abgrund auszeichne? „Na, dadurch, dass es sturzgleich abwärts geht", sagte Bauer. „Keineswegs!", sagte Q. „Durch die Abwesenheit eines jegliches Grundes für diesen Abgrund", meinte der Seehund. „Falsch! Wie immer mal wieder vitalistisch gedacht", sagte Q. Der Abgrund sei, genau genommen, nichts anderes als die versteckte *Anwesenheit* eines Grundes, ein nur *vermeintlicher* Abgrund, ein Abgrund, der als Abgrund nur so *erscheint*, und somit – paradox zwar – auf einen Grund verweist, der im Vollzug des Lebens nur nicht *erkannt* wird, wodurch das sich so vollziehende Leben eindeutig – *„Meine Herrschaften! Absolut eindeutig!"* – als das *falsche Leben* ausweist. „Sie verstehen?", fragte Q. „Ja, ja", sagte Bauer, nur um seine Ruhe zu haben.

Dann war wieder *Flipper* zu sehen. Die Folge „Feuchtes Vergnügen" erinnerte in ihrer sehr gewagten Doppeldeutigkeit flashartig Bauer daran, dass er Flipper nicht der eigentlich beliebigen Handlungen wegen als Heranwachsender gerne gesehen habe, sondern, und das fiel ihm nach 40 Jahren erstmals wieder ein, so wie jemandem eine Kokosnuss von einer schwer geschüttelten Palme direkt aufs Haupt fällt, weil sein heranwachsender Penis, glatt und poliert und lustig, wie er in der Hand lag, ihm wie Flipper selbst erschien, eine vermutlich naheliegende Assoziation vieler Jugendlicher, also auch von Mädchen, die so und somit pubertär vom Posterpony zum Posterboy sanft und tiernah begleitet werden, was nicht zuletzt den enormen Erfolg dieser an sich krausen Serie absolut erklärlich machen würde. Und deshalb war seine Antwort, als Z 2 letztmalig Bauers Zimmer betrat und nach einer Lösung fragte, direkt genug:

„Flipper ist der eigene Penis!"

„Flipper ist – was?", fragte der freundliche Z 2 nach. „Der eigene Penis!", sagte Bauer auftrumpfend, „natürlich nur von einem gewissen Neigungswinkel an aufwärts." „Sie holen sich bei *Flipper* einen runter?", fragte Z 2 mit einer gewissen klösterlichen Entgeisterung, „bei *Flipper*?" Und das solle die Botschaft nach sieben Tagen und sieben Nächten in einem der besten Institute der Welt sein? „Ich bitte Sie, Bauer, was, zum letzten Mal und damit final gefragt, ist nun die Botschaft?"

„Ach, leck mich doch am Arsch", sagte Bauer nun sehr schroff, „es gibt überhaupt keine Botschaft. Du dumme Sau!" „Richtig!", sagte Z 2 auf einmal hocherfreut und so, als habe er selbst das Geheimnis geknackt, „es gibt keine Botschaft." „Und warum gibt es keine Botschaft und *kann* es auch, streng genommen, überhaupt keine Botschaft geben?" „Keine Ahnung", meinte Bauer entnervt, „weil wir beide hier in einer Klapse sind?" „Es gibt keine Botschaft und kann auch keine Botschaft geben, denn …", sagte Z 2 sehr langsam, pädagogisierend und um einen ernsten Ton bemüht, denn …", „denn, was?", fragte Bauer höhnisch.

„Denn das …"

„Denn das Ganze ist eine total abgewichste Nummer."

„Denn das M…", sagte Z 2, wobei er sich bemühte, sauber wie mit einem vorschulalterlichen Kind zu sprechen.

„… Marsupilami ist gelb mit schwarzen Punkten und hat einen enorm langen Schwanz."

„… denn das ME…"

„… menopausierende Mammut macht milde Männer müder …", riet Bauer weiter in frei dadaistischer Absicht dahin.

„… denn das MED…"

„… Medocgebiet liegt nicht in Italien."

„… denn das MEDI…"

„… Medi-, Mini-, Maxicola, alles ist in Africola!"

„… das MEDIU…"

„… denn das Medium …, denn das Medium …, denn das Medium ist bereits die Botschaft!"

Richtig, völlig richtig, meinte Z 2 beglückt. Eine tiefe Weisheit, fand auch Bauer, wenn er nur ungenau zu sagen gewusst hätte, was sie bedeutete. Das sei doch sehr einfach, meinte Z 2. Man könne *die Präsenz* niemals oder zumindest kaum oder doch nur selten eigens bedenken. Oder mitbedenken. Das sei der Zauber. Der profane, alltägliche und durchaus hundsübliche Zauber. *Das, und nichts anderes.* „Aha!", sagte Bauer. „Sie verstehen?", sagte Z 2. „Aha!", sagte Bauer, erneut vage genug.

An sich, sagte Z 2, sei die Welt von höchster Wunderhaftigkeit und besitze keineswegs jenes glatte touchpadartige Bedienerfeld, also eine vermeintlich objektivistische Oberflächenstruktur, *die im Vollzug des Lebens fortschreitend verlängert und zugleich dabei auch immer stärker verschleiert wird.* Er möchte hier in einer rhetorischen Zuspitzung dieser Struktur von einem *designten Seinsverhältnis* sprechen, was natürlich eine famose Sache sei, denn nur so können wir als Schnupperkursteilnehmer des Lebens die Dinge ziemlich vereinfacht sehen, in ihnen recht geläufig handeln und gleichsam auf einem Ozean von Fragen leichthändig navigieren und uns dabei auch noch als Kapitän aufspielen, wir, die wir ja bestenfalls Leichtmatrosen sind. Das Ganze ist also, kurz gesagt: *eine doppelte* Simulation, recht nett zu befahren, aber natürlich grundfalsch, grundfaul und vor allem abgründig. Denn ob wir überhaupt in einer Art von kumpelhafter Nähe mit der Welt und namentlich mit dem sogenannten Sein auf einem vermeintlichen Duzfuß stehen, und wenn ja, wie und vor allem warum, scheint doch einer näheren Betrachtung wert. Und dazu habe Bauer jetzt eine ganze Generation mehr Zeit als noch wenige Minuten zuvor.

„Aber passen Sie auf!", sagte er in ermahnendem Ton, „man sieht letztlich nur das, was man braucht." „Und was braucht man?", fragte Bauer nicht unschlau.

Genau das, sagte Z 2, sei jetzt die Frage, „c'est la quéstion, mon cher capitaine!" Denn normalerweise und üblich wird das *Framing* nie mitbedacht, wenn man, was an sich ja bereits selten genug vorkomme, an die Welt denke, psychologisch ein Figur-Grund-Problem, bei dem man – durchaus denkfaul – auf die naheliegende naturalistische Ebene „rutscht", naheliegend und denkfaul deshalb, weil es einer gewissen „unnatürlichen" Anstrengung bedarf, die *Präsenz* eigens zu denken, also eine Art philosophischer *Duning-Kruger-Effekt*, denn sehr dumme Leute können bekanntlich nicht wissen, *dass sie dumm sind*, denn sonst wären sie es ja nicht. „Verstehen Sie, Bauer? Duning-Kruger-Effekt?" „Natürlich!", sagte Bauer: „*Man sieht nur das, was man braucht. Aber warum braucht man das, was man brauchend nun sieht? Das war doch die Frage!*" Klar, der Bauer! Immer mit offenen Augen dahinträumen, und dann auch noch dumme Fragen stellen. „Ein Vierteljahrhundert dürfte zu ihrer Beantwortung ja wohl ausreichen", sagte spöttelnd Z 2. „Kann ich jetzt gehen?", fragte Bauer. „Mehr als das", sagte Z 2, „Sie *müssen* sogar."

6. Wagalaweia

Bauer ging, von Z 2 begleitet, zu einer Ausgabestelle, legte die weiße Tunika ab und zog seine Sachen sowie die Uhr wieder an, die sauber in einem Pappkarton verwahrt wurden, und quittierte den Empfang. Dann schritten beide zum Zimmer des Anstaltsleiters, Z 2 verabschiedete sich freundschaftlich, Bauer klopfte an und trat ein. Dr. M. schien durch seine viele parapsychologische Arbeit etwas überanstrengt und wirr zu sein. Er saß unrasiert und mit krausen grauen Haaren hinter einem alten Schreibtisch, auf dem ein altes schwarzes Bakelittelefon stand. Vor ihm lag eine ebenfalls alte und ziemlich dicke Kladde.

„Bauer", sagte Bauer militärisch knapp, „Bauer?", fragte Dr. M. zurück, und als Bauer wiederum „Bauer" sagte, meinte Dr. M. mürrisch: „Gut, Bauer, kommen Sie her und blättern Sie eine Seite zurück", was dieser, naheliegenderweise, auch tat.

„Gut, Bauer, ich sehe: Bauer, Hans, gut, gut", sagte Dr. M. Nun, nachdem Bauer, wie aktenmäßig ersichtlich, seine Promotion und Beförderung „gerade mal so", mit der schlechtesten noch möglichen Promotionsnote, nämlich mit *rite* bestanden, aber immerhin bestanden habe, fiel es ihm, Dr. M., nun zu, über das weitere Procedere zu informieren. Die Sache sei sehr einfach. Bauer müsse zu einer bestimmten Zeit von einem langen Steg aus in den See steigen, hineinspringen, zurückschwimmen, und von *dem* Moment an, wo er wieder Boden unter den Füßen spüre und herausschreite, sei er wie von Zauberhand – innen wie außen – leiblich um eine Generation verjüngt. Das wäre es schon. Wie lang dieser Steg denn sei, wollte Bauer argwöhnisch wissen. „Na", sagte Dr. M., „so lang, wie Seestege üblicherweise sind, 100, vielleicht 150 Meter." „Gut", meinte Bauer, doch stelle sich ihm eine noch bedeutende Frage, nämlich, dass eine derart radikale Verjüngung innerlich, nämlich medizinisch wie auch äußerlich, nämlich sozial doch überaus auffällig sei. „Klar ist das auffällig, deshalb puffern und legendieren wir das." „Aha", sagte Bauer. „Wir erstellen eine Legende. Wir hängen uns dreist an die jeweils neuesten Beautytrends. Derzeit sind Kältekammern der heißeste Scheiß. Jeder Hollywoodstar und somit auch jeder Hansel, der es sich leisten kann, geht in Kältekammern, wird für einige Minuten schockgefrostet und kommt mit angefrorenem Arsch, aber fit und jung wieder heraus. Das mit dem Arsch stimmt, der Rest ist natürlich der Mumpitz der Wellnessindustrie. Und dieser Mumpitz ist zugleich unsere Legende."

Bauer empfand es als höchst amüsant, sich nun den Redaktionsleiter wie auch die dicke Camilla in einem Gefrierhaus vorzustellen, „cool", sagte Bauer, „wirklich cool!" Dann informierte ihn Dr. M. über die Allgemeinen Geschäftsbedingungen, und das, was er jetzt hörte, war weniger cool, jedenfalls war es kompliziert. Denn Bauer durfte diesen Badegang keineswegs allein unternehmen, das heißt, er konnte es schon, doch ohne magische Wirkung, denn sie, die magische Wirkung, entfalte sich einzig und allein trinitarisch, er müsse also und weniger umständlich gesagt, zwei weitere Leute finden, die mit ihm diesen großen Sprung unternähmen, was allerdings wiederum ein Kinderspiel sein solle, denn nicht nur er selbst, sondern auch die beiden anderen Badegäste würden sich dieser radikalen Verjüngung erfreuen.

„Gebongt!", sagte Bauer, dachte schon einmal an die knusprige Eva van Ooyen sowie, etwas länger suchend, an seinen Bruder, der, ein Jahr jünger als Hans Bauer und ein sehr erfolgreicher Unternehmer zwar, allerdings mehr und mehr verpusselte, umständlicher wurde und auch modisch und von außen betrachtet, so schien es ihm jedenfalls, auf dem absteigenden Ast war. Beide gelte es nun telefonisch zu informieren, sagte Dr. M. Seine, des Bauers, Zeit sei kommenden Sonntag, und zwar genau zwischen 11 und 12 Uhr vormittags.

„High Noon", sagte Bauer. „Wenn man so will", sagte Dr. M. und ergänzte, dass das gesamte Unternehmen strikt an die sogenannte *indirekte Methode* gebunden sei. Würde er, jetzt telefonisch oder am Sonntag real, *direkt* von den Dingen sprechen, also Grund und Sinn und Art der Unternehmung ausplaudern, sei allen dreien das Badevergnügen zwar nicht zu nehmen, aber es bliebe zugleich auch bei diesem doch jahreszeitlich zweifelhaften Vergnügen, der Zauber, die Wirkung, kurz: die Magie verfalle ebenso, wie sie verfallen würde, wenn Bauer sich nur allein in das Wasser schmeiße.

Bauers Bruder, ein Trikotagenhersteller, war nur mäßig begeistert. Wenn sein Kompagnon, und sei es auch nur für einen halben Tag, den Laden führe, ginge gar nichts mehr. „Der Typ aus der Fernsehwerbung?", fragte Bauer. „Ja, wer denn sonst?", sagte sein Bruder. „Ich dachte, das sei ein ganz normaler Schauspieler", sagte Bauer. „Das denken alle", sagte sein Bruder, „und genau das ist ja das Problem." „Du *musst* aber kommen!", insistierte Bauer. Er komme, auch unter Druck, allerdings nur dann, wenn die Deutsche Bundesbahn einen Wochenend-Sparpreis anbiete, ansonsten sei mit ihm, dessen Vermögen in die Millionen gehen musste, nicht zu rechnen. Zu teuer, einfach zu teuer. „Ich verlasse mich auf dich", sagte Bauer. „Verlasse dich lieber auf die Deutsche Bundesbahn", sagte sein Bruder. „Heißen die nicht mittlerweile Deutsche Bahn?" „Da backe ich mir ein Ei drauf!", sagte sein Bruder patzig. Eva van Ooyen war vermutlich die noch Schwierigere von beiden, obwohl sie selbst in Kleinmachnow lebte. „Ich habe", sagte Bauer, „eine große Überraschung für dich!" Diese Überraschung glaubte Eva van Ooyen bereits im Vorfeld zu kennen, gingen doch Bauers sogenannte Überraschungen stets dahin, irgendein Teil in ein anderes Teil stecken zu wollen, womit sie, unter veränderten temporalen Bedingungen freilich, nicht so völlig falsch lag. Gleichwohl sagte sie zu. Halbe Miete, dachte Bauer.

Was nun bis Sonntag aus ihm selbst werden solle, fragte Bauer den Anstaltsleiter. Was komme nach der Sieben, fragte dieser. „Die Acht", sagte Bauer kenntnisreich. „Die Unendlichkeits-Acht. Nach der nickligen Sieben kommt immer die große Acht", verbesserte Dr. M. Er werde sich nun auf die Bürocouch legen, die Augen zumachen und einfach bis Sonntag durchschlafen. Er sei gar nicht müde, meinte Bauer. Werde er aber, sagte Dr. M. Und so war es dann auch. Kaum, dass sich Bauer ausgestreckt hatte, hob Dr. M. zu einem gewaltigen Gesang an. Er sang: „Weia! Waga! Woge, du Welle! Walle zur Wiege! Wagalaweia!", und schon schlief Bauer, wie auf den Grund des Rheins versetzt, tief und fest. Dr. M. war ein guter Sänger und hätte sogar zu brillieren gewusst, wenn sein Gesang gestisch noch unterstützt worden wäre. Das aber ging nun leider nicht. Wie eigentlich jeder weiß, der schon einmal in einer Zwangsjacke steckte.

7. Spieltheoretische Erwägungen

Die Spieltheorie ist ein moderner Zweig der, manche sagen: Verhaltensökonomie, andere sagen: Ethik, die in realen und rein praktischen Situationen des Lebens den *sweet spot*, den maximalen Nutzen, kurz, das Optimum einer jeweiligen Situation zu benennen und auch herzustellen weiß. Ein Optimum, so gefasst, ist immer ein *relatives* Optimum, ein auf die Situation bezogener *sweet spot*, kein absolutes und rein gedankendenkbares Optimum, das man sich in der holden Theorie zurechtlegen mag, das in der Praxis aber nicht anwendbar ist. Was ist der Unterschied? In der Theorie sind die Mittel unendlich, zumindest sehr groß, in der Praxis hingegen bleiben sie beschränkt, Bordmittel also, die zur Verfügung stehen, mehr nicht. Jeder, der, beispielhaft gesagt, in Berlin lebt, möchte gerne ein saftiges Schnitzel mit Pommes und Salat für unter zehn Euro essen, aber nach Bautzen, Chemnitz oder Hoyerswerda würde er dafür eigens nicht fahren wollen, weil, klar, der Aufwand den Nutzen weit übersteigt. Bauer etwa hätte gerne mit Eva van Ooyen geschlafen und gewiss auch ein Candle-Light-Dinner zu arrangieren gewusst, aber nun, um immer noch im Bild zu bleiben, der van Ooyen eigens ein Haus zu bauen, womöglich aus Gold, wäre ihm wiederum zu umständlich gewesen, der Nutzen hätte in keiner Beziehung zum, wenngleich vielleicht süßen, Ertrag gestanden. Das, und nun völlig unbildlich gesagt, nennt man das *Pareto-Prinzip*, benannt nach dem italienischen Ingenieur, Ökonom und Soziologen Vilfredo Pareto, wobei das *Pareto-Optimum* wiederum als die goldene Schnittmenge gilt, in der Aufwand und Ertrag maximal austariert sind, in unserem Beispiel: wenn Bauer die van Ooyen zu einem günstigen Schnitzel nach Hoyerswerda einladen würde, wo er ohnehin zu tun hat, um sie hinterher flachzulegen. Das wäre ein schulbuchartiges Pareto-Optimum.

Als Hans Bauer, pünktlich um 11 Uhr, auf die weiße Bank zuschritt, war er herzensfroh und grob erleichtert. Denn dort saß bereits Hans Bauer, sein jüngerer Bruder, und wartete mürrisch. Keiner der Brüder hätte anzugeben gewusst, weshalb *beide* Söhne den Vornamen *Hans* erhalten hatten, einen Namen, der schon für einen alleine muffig genug gewesen wäre. Um sie überhaupt auseinanderzuhalten, nannte man den einen *Hansi*, wobei es nicht minder rätselhaft blieb, dass ausgerechnet der ältere Bruder mit diesem verniedlichenden und, man darf wohl sagen: wellensittichartigen Diminutiv belegt wurde. Gewiss hätte man die Eltern fragen können, wären sie nicht kurz nach der Geburt des kleineren Hans bei einem Autounfall ums Leben gekommen. Selbst der Ältere der beiden hatte keinerlei Erinnerungen mehr an sie, und so blieb die Namensgebung ein ebenso schrulliges Faktum wie diese nicht minder befremdliche Verkleinerungsform. „Na, Hansi", sagte denn auch der jüngere Bruder, der akkurat im rechten Winkel auf der Bank saß, als er seinerseits hochschauend den älteren Bruder erblickte. Die Begrüßung fiel förmlich und ganz im Stil der 50er Jahre aus. Hans Bauer, der einen beigen Regenmantel korrekt zusammengelegt auf sei- nen Knien liegen hatte, erhob sich und gab steif dem Bruder, Jeans, weißes Hemd und graues Sakko, mit seiner ausgestreckten Geraden die Hand. „Ich hoffe", sagte der jüngere Bruder nun mahnend, „dass sich meine kleine Spritztour ins Brandenburgische auch lohnen wird. Hoffe ich *sehr*. Für dich! Hoffe ich sehr." Auch dieser trug einen grauen Anzug, allerdings in einem irgendwie matschigen Grau, einem Grün- Grau, einem, wenn man so will: Braun-Grün-Grau, kurz, einer Farbe, die stark aus der Mode gekommen war. Er wirkte, obwohl etwas gerin- ger an Jahren, forciert altmodisch und ältlich, ein Zug, der sich auch in seinem Wesen bemerkbar machte, einem tastenden, bedenkenseligen Wesen. Auch waren seine Wörter, Wendungen und Metaphern deutlich in die Jahre gekommen, sein *Tip-Top* und *steiler Zahn* schienen ihm die *letzten Heuler* und somit *genau seine Kragenweite* zu sein.

Was es denn nun so Dringliches gebe, wollte der Hans jetzt dring- lich vom Hansi erfahren. Dieser schaute fordernd auf seine Uhr und meinte, man solle warten.

„Worauf?", fragte Hans Bauer ärgerlich, dem das lästig erschien. Das Warten, sagte Hansi nun neuphilosophisch, sei in der Tat ein niedriger Modus des Daseins, eine Verfallenheit ans Man, aber in diesem Fall wendenotwendig.

„Macke, Hansi?", fragte nun sein jüngerer Bruder sehr ernsthaft, sah jetzt eine volle weibliche Gestalt durchs Geläuf streichen und sagte entsetzt: „Auf *diese Ische* etwa?" Die Ische, die da durchs Erlenholz gestrichen kam, knielanges Sommerkleid mit einem Pullover, den sie plaidartig um den Hals gelegt hatte, war niemand anderes als Eva van Ooyen. Keine Viertelstunde zu spät. Auch sie schien seelisch stark gedimmt, als sie die beiden Männer auf der Bank sitzen sah, sagte mehr als einsilbig „Tach", und auf die freundliche Vorstellung Bauers, dass dies sein jüngerer Bruder sei, meinte sie, noch kürzer: „Ach." Den mittleren Platz zwischen den beiden Männern war sie anzunehmen nicht bereit, und so musste ihr Kollege einmal mittig durchrutschen; sie nahm an der rechten Parkbankkante Sitz, und es hätte nicht viel gefehlt und sie hätte sich sogar, wie unlängst das Pferd, direkt auf den Boden platziert.

„Schön, liebe Freunde, dass wir jetzt alle zusammen sind!", meinte der ältere Bauer in einer Art von krassem *Overacting*. Blöd war der ältere Bauer nicht. Eher gewieft und wassergewaschen, denn er hatte sich ein *Treatment* zurechtgelegt, in dem die klassischen Weichmacherworte wie *lieb, schön, gerne* und *wir* keineswegs fehlen durften. Ihre Funktion bestand in nichts anderem als darin, zwei ihm gut bekannte Leute, die sich allerdings wechselseitig nicht sonderlich sympathisch schienen, an einem schwer behangenen, durchschnittlich warmen Tag Mitte April innerhalb der nächsten halben Stunde in einen See zu schicken, von dem sie annehmen mussten, dass er nichts anderes sei als ein seeartig ausgebuchteter Industriekanal. Das erforderte ein gewisses rednerisches und taktisches Geschick. Er möchte, sagte der ältere Bauer, mit einer kurzen Präambel beginnen, wobei ihn der jüngere Bruder fassungslos anschaute, und dieser Kuhblick wurde noch leerer, als jener ergänzte, es handele sich um eine erkenntnistheoretische Präambel. „Eine erkenntnistheoretische Präambel?", fragte der Jüngere nach, ja, sagte der Ältere, genau darum ginge es, um eine „erkenntnistheoretische Präambel".

8. Der Sprung

Die Wirklichkeit, sagte Bauer in durchaus altkluger Weise, sei keineswegs so, wie sie erscheine. Sie sei vielmehr eine Illusion, wenngleich eine zählebige Illusion, das wolle er schon zugestehen. „Ach!", sagte sein Bruder und pflückte sich imaginäre Fusseln von seiner scharf gebügelten Anzughose ab. „Ja, meine lieben Freunde, die sogenannte Wirklichkeit ist vielschichtig, und das, was der eine sieht, mag dem anderen neu sein." Nun drängte es den älteren Bauer, sinnliche Beispiele zu erbringen, sinnlich-übersinnliche Beispiele, muss man wohl sagen, wenn seine Präambel denn stimmen sollte.

„Dieses Gewässer", sagte Bauer mit einer mosesgleichen und großen Geste, „dieses Gewässer, das direkt vor uns liegt, müsste jeder wohl als eine bauchartige Verdickung des Teltowkanals ansehen, der irgendwann zur Kaiserzeit angelegt wurde, um billig billige Güter wie Holz oder Kohle in die schnell wachsende Hauptstadt zu bekommen. So *kann* man es sehen und müsste es vielleicht sogar auch. Ich aber sage euch, dass diese gewiss übliche Sicht der Dinge nur *eine* Sicht, und zwar die allerniedrigste Sicht auf dieses Gewässer ist, gleichsam die Hinz-und-Kunz-Sicht, denn in einer nur höher zu verstehenden Betrachtung handelt es sich um einen gigantischen See, eine Art märkisches Meer, das tief in tiefste Fernen reicht."

„Ach was?", sagte sein Bruder nun sehr überrascht.

„Um ein Meer, das den Horizont füllt, die Berge nah macht und auf dem leichthin die Segelboote kreuzen, natürlich nur bei weniger trübem Wetter als heute."

„Meise, Bauer?", sagte nun sehr nachdrücklich Eva van Ooyen. „Ich weiß nun wirklich nicht", meinte der jüngere Bruder, „was du uns sagen willst." „Irre!", ergänzte Eva van Ooyen, „absolut irre. Denn vor uns liegt ja ein riesiger See, ein horizontfüllender See, und selbst einige Segelboote kann man in sehr weiter Ferne wie hingetupft erkennen." „Also Hansi", sagte sein Bruder, „ich weiß nun absolut nicht, weshalb du mich eigens aus Rosenheim hast kommen lassen, um mir einen See zu zeigen, den jedermann als das Märkische Meer schon kennt."

„Und diese Kanalnummer, was soll das? Es gibt überhaupt keinen Teltowkanal, was bringen diese wirren und herbeifantasierten Vergleiche?" „Dann", sagte der so von Visionen Geplagte, „seht ihr auch diesen schneeweißen Steg, der mitten in diesen See führt?" „Sag mal, Hansi, hältst du uns eigentlich für blind?" „Für blind *und* blöd?", meinte Eva van Ooyen ergänzen zu müssen.

Hans Bauer war sehr überrascht, und nicht nur das, er war vor allem schwerstens erleichtert, ja, erleichtert und seelisch frei wie ein Vogel war er, der ältere Bauer. „Dann ist ja alles geritzt", meinte er, doch Eva van Ooyen fragte durchaus sprachkritisch nach, was und vor allem wer hier geritzt sei. „Nun", sagte Bauer, „dann können wir ja auf den Steg gehen und direkt ins Wasser springen!" „Meise, Bauer?", sagte die van Ooyen erneut und sein Bruder ergänzte, nun eher im familiären Ton: „Macke, Hansi?" Es mochten an diesem Tag vielleicht dreizehn oder vierzehn Grad sein, dazu ein milchiger, bedeckter Himmel, „kein Badewetter", meinte sein Bruder, „zumal ich es ohnehin nicht mehr so mit dem Baden habe. Das ist etwas für jüngere Semester." „Ja", sagte Bauer, „wir *werden* wieder jung, wir alle drei werden wieder jung, wenn wir jetzt in diesen See springen." Anders herum, sagte van Ooyen, man müsse sehr jung *sein,* auf eine richtig dumme Weise jung, um auf eine solche Irrsinnsidee überhaupt zu kommen, er verwechsele Sollen mit Sein, ein *normativer Fehlschluss*, aber geschenkt, mit dem Denken habe er es bekanntlich nicht so. „Und außerdem habe ich überhaupt keine Badesachen dabei", meinte sie trocken. „Ja, aber das ist doch das Geile, dass wir *nackt* ins Wasser springen." „Nackt?", fragte Eva van Ooyen mit scharfem Blick, „du sagtest gerade: nackt?" Bauer, der jetzt die mentalsexuellen Untertöne seiner eigenen Rede glaubte deutlich heraushören zu können, sagte, die noch frische Tafelkreide verwischend, so sei das nicht gemeint gewesen, überhaupt nicht, keineswegs, nie und never. Jamais. „Nackt oder angezogen", berichtete

sich Bauer daher eilfertig gegenüber seiner Kollegin: „Nackt oder angezogen – ich nehme alles!"

„Du nimmst alles?", fragte van Ooyen.

„Nackt oder angezogen?", fragte sein Bruder, „sieh an, Hansi!"

Bauer schaute auf seine Uhr, die nun zu gröbster Eile mahnte. Er
drängte die beiden mehr oder weniger handgreiflich von ihrer Bank
und schob sie wider Willen zum nahen Gestade des lieblichen Meeres.
Dort standen sie nun direkt vor dem schneeweißen Steg und befühlten
das Wasser. „Wunderbar!", sagte Hans Bauer, „schweinekalt!", sagte
die van Ooyen, „zehn Grad", tippte sein Bruder. „So, und jetzt ist
Badezeit!", sagte Bauer, dem die Uhr keine Redensarten, Scharaden
und feingesponnenen Wendungen mehr zu gönnen schien. „Wir rennen nun, so schnell wir können, über den Steg und springen von dort
aus ins Wasser." „Nackt?", fragte Eva van Ooyen. „Bekleidet!", sagte
Bauer anherrschend, „ach!", sagte sie geziert, „gefalle ich dir etwa nicht
mehr?" Es ging jetzt um Minuten. „Wir sind jung!", sagte Bauer. „Wir
sind alt", sagte sein Bruder. „Wir sind Jules und Jim!", sagte Bauer.
„Wer sind Jules und Jim?", fragte der Bruder. „Zwei Typen, die um
Jeanne Moreau kämpfen." „Ach, du findest, ich sei so fett wie Jeanne
Moreau?", sagte Eva van Ooyen. „Um die *junge* Jeanne Moreau, jung
wie wir, herzensjung, gefühlsjung, seelenjung wie diese anderen drei,
die Drei von der Tankstelle, die drei Musketiere, die drei Fragezeichen,
irgendetwas halt mit drei, richtig jung jedenfalls und fröhlich und
badelustig und grundgeil!"

„Grundgeil? Ich glaube, ich gehe jetzt", sagte Eva van Ooyen. Sie
nahm den Pullover von ihrem Dekolleté und zog ihn sich über. Es
schien etwas kühler geworden zu sein. Auch der Bruder nahm seinen
Trenchcoat, zog ihn sich an und stellte verwegen den Mantelkragen
hoch. Dann kam – von rechts nach links laufend – ein weißer Pudel,
umkreiste die kleine Gruppe und verschwand dann nach links, offensichtlich vielbeschäftigt seinen interessanten Pudelgeschäften nachgehend. Eva van Ooyen folgte dem Pudel in Richtung der Kirche

und war offensichtlich derart in den Bann des Tieres geraten, dass sie ihm tranceartig nachlief, mochte Bauer nun brüllen und drohen und schmeicheln und In-Aussicht stellen, was ihm beliebte, es half gar nichts mehr und brandete nur noch an des Bruders zugeklappte Ohren. „Scheiße!", rief Bauer nun mehr als laut und hätte diesen Fluch wohl auch noch mehrfach zu wiederholen gewusst, doch die Kirchturmglocke hinter ihrer pizzaförmigen Pappuhr hob jetzt zum großen Geläut an, und Bauer war sich mit dem ersten Schlag völlig sicher, was zu tun sei. Das ist ja das Schöne an einer ausweglosen Situation, dass man in ihr faktisch *alles* tun kann, und so tat Bauer auch alles, rannte unter den hohen Schlägen der Kirche über den schneeweißen Steg und sprang mit dem letzten Nachklang der Glocke mitten hinein in den See.

9. Spieltheoretische Erwägungen, zweiter Teil

Bauer dachte, er stürbe. Sicherlich nicht die schlechteste Lösung. Er tauchte tief hinein in schmerzend kaltes, jegliche Besinnung raubendes, schneidendes Wasser, aus dem er, und er hätte unmöglich sagen können: wie, auftauchte.

Elend, dieses Auftauchen, dachte er im Auftauchen bereits und somit einfachster Gefühlsregungen wie *schön und gut* oder eben *elend*, wie hier wieder zugänglich, er strampelte, weil auch dies ihm das Naheliegendste war, wild im Wasser herum und schwamm, sofern man das Fuchteln bei voller Bekleidung und mit Schuhen überhaupt so bezeichnen kann, an das schnell seichtere Ufer. Auftretend merkte er gar nichts. Er schaute an sich herunter und fand sich unverändert, nur eben klatschnass, klamm und, wie gesagt, elend. Auch hatte er seit Tagen nun wieder den Eindruck, pissen zu müssen, und zwar wie ein Pferd. Sein Bruder saß oben auf der weißen Bank und rauchte eine Zigarette.

Hochhumpelnd rief er ihm zu, jetzt müsse er auch eine rauchen. Der Bruder reichte ihm die Packung hin, Bauer fischte sich mit seiner triefnassen Fingerspitze eine Zigarette heraus, bekam Feuer, zog tief ein und tief wieder aus und sagte dann: „Du Riesenarschloch!" Dann kam eine im schreienden Ton vorgetragene Suade, in der die Wörter *Vollidiot, blöde Sau, Schwachkopf, Affe, Honk* wie auch die eher seltene *Butterbirne* reichlich Verwendung fanden, eine Suade, die dem so Angesprochenen Unterweisung bot und ihn somit in etwa auf den Stand der Dinge brachte. „Aha!", sagte deshalb belehrt und seelenruhig auch der jüngere Bauer, „und es waren also magische Gründe, die es dir verboten, gleich das deutlichere Wort zu wählen." „Absolut, du Arschgeige!", erwiderte dieser. „Verstehe!", sagte der Erste, und dieses *Verstehe!,* das ja in aller Regel gar kein Verstehen ist, sondern eine reine Phrase, die ein Verstehen nur simuliert und somit nichts anderes als pure Gleichgültigkeit ausdrückt, schien jetzt deutlich mehr zu sein, denn der jüngere Bruder machte den Eindruck, als verstünde er tatsächlich. Er dachte nach und sagte dann endlich:

„Magische Gründe. Gibt es. Aber es gibt sie, wenn ich so sagen darf, auch umgekehrt." „Umgekehrt?", fragte der triefende Bauer.

„Nun", sagte der Bruder, „ich denke, das Beste wäre es, wenn ich mit einer kurzen Präambel beginne", wobei ihn der ältere Bauer fassungslos anschaute, und dieser triefende Hundeblick wurde noch feuchter, als er ergänzte, es handele sich um eine erkenntnistheoretische Präambel. „Eine erkenntnistheoretische Präambel?", fragte der Ältere nach, ja, sagte der Jüngere, genau darum ginge es, um eine „erkenntnistheoretische Präambel". Die Wirklichkeit, sagte Bauer in durchaus altkluger Weise, sei keineswegs so, wie sie erscheine. Sie sei vielmehr eine Illusion, wenngleich eine zählebige Illusion, das wolle er schon zugestehen. „Ach!", sagte der ältere Bruder und zog sich mit seinen flachen Händen das Wasser von seiner klatschnassen Jeanshose ab. „Ja, mein lieber Freund, die sogenannte Wirklichkeit ist vielschichtig, und das, was der eine sieht, mag dem anderen neu sein."

Es könne, sagte der Jüngere, nun zumindest theoretisch so sein, dass auch andere Leute dieses vorderhand goldene Angebot erhalten haben oder *hatten*, um hier die korrekte Zeitform zu wählen. Auch mag es vorgekommen sein, dass diese Leute ihre Chance nicht so gnadenlos versenkt hätten, wie er es gerade getan habe, kurz gesagt, Leute, die das, was er nur gewollt und gewünscht habe, tatsächlich auch zu realisieren und umzusetzen vermochten. Natürlich nur theoretisch gesprochen. Was passiere mit diesen Leuten, nur so zum Vergnügen gefragt. Vermutlich wären sie exzellent, in irgendeinem Bereich hervorragend, da sie viel mehr wüssten, als sie an ihren äußeren Jahren überhaupt wissen können. Manche von ihnen mögen vielleicht erfolgreiche Unternehmer geworden sein, andere wiederum belesen wie eine Leihbibliothek, Dritte, um ein willkürliches Beispiel zu wählen, amourös beschlagen, erotisch erfolgreich und sexuell so aktiv wie ein Mungo. Er wisse es nicht. Gewiss eine tolle Sache. Was aber wären, so frei herumgeredet, wohl die Nachteile dieser Operation? Vielleicht eine gewisse Weltklebrigkeit, ein Überhandnehmen der empirischen Dinge, ein Gesehen und Gesehen und Nochmalsgesehen, ein großes Gähnen, eine Müdigkeit. *Die* große Müdigkeit.

Denn an der Struktur selbst ändere sich nichts: Man werde ungefragt geboren und ungefragt wieder abgesägt und wisse unmöglich zu sagen, welchen inneren Nutzen dieser Vorgang haben solle. Daran könne auch ein Vierteljahrhundert nichts ändern, mehr noch: Gerade dieses Vierteljahrhundert, das man, wenn er so sagen dürfe, zusätzlich aufgebrummt bekommen hat, lasse das Beliebige und Hingewürfelte des Lebens sehr stark vor das innere Auge treten. Und dieses innere Auge sei nichts anderes als die Seele, und die Seele, wenn er so deutlich sprechen dürfe, wolle nur eines, nämlich heim.

Und so könne es Leute geben, schlechtgewählte Leute, das gebe er gerne zu, die den Vorgang bereits kennen, ihn keineswegs zu erneuern gedächten und den Novizen und Jahreszahlgläubigen gleichsam auf dem Trockenen sitzen lassen. „Also dich!", sagte Bauer, von dem wir nicht mehr genau wissen, ob es nun der ältere oder jüngere Hans Bauer ist. „Ich sprach", sagte der Angeredete, „ausdrücklich von magischen Gründen und verwende lieber den Konjunktiv: Es *könnte* so sein. Vielleicht wären solche Leute ja gut beraten, eine juristisch vagere Version zu wählen, denn – immer hypothetisch gesagt – ihre Lust, nochmals ein Vierteljahrhundert, gleichsam als Strafe, abzusitzen zu müssen, könnte, möglicherweise, durchaus gering sein. Nur so ins Blaue gesprochen natürlich." Naheliegend, dass es jetzt aus Hansi herausbrach. Dann kam eine im Ton größten Entsetzens vorgetragene Suade, in der die Wörter *irre, grotesk, wahnsinnig, abgedreht, abartig* wie auch das eher seltene *malle* reichlich Verwendung fanden, eine Suade, die dem so Angesprochenen wenig Neues bot. Jetzt schaute er auf seine Armbanduhr und sagte, er müsse, denn sein Supersonnenschein-Wochenendsparpreisticket der Deutschen Bundesbahn würde hinfällig werden, wenn er nicht den Zug um 13 Uhr 08 vom Potsdamer Hauptbahnhof erreiche.

„Das ist ja komplett irre!", sagte Hansi. „Genau das ist es", meinte Hans: „Absolut irre! Eine Fahrt von Rosenheim nach Potsdam und zurück für ganze 52 Euro. Das schafft nur die Deutsche Bundesbahn!" „Irre!", sagte Hansi erneut. „Ja", sagte sein Bruder, das sei das Problem bei den Schnäppchenangeboten der Deutschen Bundesbahn, dass man nur zwei oder drei Stunden am Zielort bleiben könne. Leider. Der Bruder stand also kurzerhand auf, legte die angebrochene Packung *Lullen*, Zigaretten also, und ein Feuerzeug an die weiße Parkbank, klatschte kurz beschwichtigend auf das klamme Knie des Ratlosen, sagte, er müsse nun wirklich, und ging. Schon aus einiger Distanz drehte er sich noch einmal um, und da er den Bruder hilfebedürftig, fröstelnd und in sich versunken und gleichsam weltzerbrochen auf der Parkbank sitzen sah, suchte er nach einem verbindlichen Wort, einem freundlichen und aufmunternden Wort, und so rief er ihm zurück: „Mache es gut, mein Sohn!"

10. Wish me luck as you wave me goodbye

Dann kam von links nach rechts eine blonde, junge Frau mit langem, weißem Kleid, die barfuß auf einem Schimmel saß. Sie sagte, unverfänglich genug: „Entschuldigung", Bauer sagte „Ja?", und dann sagte sie zu Bauer doch sehr direkt, dass sie Visionen habe. „Schlecht", sagte Bauer, der es nicht eilig zu haben schien, aber wer Visionen habe, solle zum Arzt gehen. Ein gutes Klinikum sei direkt um die Ecke. Er wendete seinen Kopf, doch bis auf ein lausiges Wäldchen, das leicht zu grünen anhob, war nichts zu sehen. Ob die *Rheingold* schon vorbeigekommen sei, wollte die junge Frau nun wissen. „Keine Ahnung", sagte Bauer, doch so, als ob allein schon der Name eine höhere Wirklichkeit besäße oder zumindest das Nennen irgendwie ruft, ja, die Sprache selbst mitunter nichts anderes als dieses höhere Rufen ist, kam das Schiff den Kanal entlang, nur, dass es dieses Mal Pferde und Jungfrauen geladen hatte. „Komm, Schatz, wir gehen", sagte die Frau zu ihrem Pferd und beide gingen unter großem Hallo und echter Wiedersehensfreude zu den anderen *party people* an Bord.

Dann passierte eine ungewöhnliche Begegnung, die sich, wie alle wirklich wichtigen Begegnungen, von hinten ereignete. Bauer sah eine sehr gepflegte Männerhand auf der Banklehne liegen und kurze Zeit später auch den sehr gepflegten Mann dazu, der, die Banklehne als turnerische Stütze nutzend, mit einem weiten Schwung über die Bank segelte, vorderseitig zum Stehen kam, sich dort eigentlich wie vor einem Punktrichter verbeugen wollte, allerdings in einen wackligen Stand kam, nur noch „Ich darf doch" zu sagen vermochte, und sich, ohne die Antwort erhalten zu haben, auf die Bank fallen ließ, was, Bauers Entgegnung hin oder her, die physikalischen Gesetze ohnehin von ihm verlangt haben würden. „Q.", sagte Bauer.

„Bauer", sagte Q., „mal wieder alles versemmelt?" „Tja", meinte Q. *„Haste Scheiße am Fuß, haste Scheiße am Fuß* – ein viel zu selten verwendetes Zitat, epigrammatisch hochverdichtet." „Andy Brehme", sagte Bauer. „Bauer", sagte Q., „das war es dann wohl. Mehr ist nicht drin gewesen", und griff tief in die rechte Tasche seines Sakkos. Bauer dachte kurzzeitig, nun werde er erschossen, aber falsch, Q. holte nur einen roten und kreisrunden Apfel hervor, legte ihn auf die weiße Bank, stand auf und ging mit dem saloppen Hinweis: „Falls Sie anderen mal eine Freude machen wollen." Bauer sagte nun nichts und schaute nur noch stumm hinaus auf das Wasser. Mehr passierte nicht.

Und so verlassen wir, etwas traurig wohl, doch auch seelisch erhoben, den Bauer, einen immer noch 53-jährigen Mann, der ein zwar reger und auch nicht ungebildeter Zeitgenosse war, ihn aber mit einer besonderen Begabung erzählerisch auszuschmücken wäre, wie nun gesehen, Blendwerk und niederer Schmu gewesen. Wir haben uns an die Realität zu halten gehabt, nicht an die Realität von Badetemperaturen oder Wasserstandsmeldungen, das geben wir gerne zu, sondern an stärkere Wirklichkeiten. Bauer, dem wir das Schlussbild gönnen, saß, gleich zwei Zigaretten auf einmal rauchend, auf der Parkbank und schmiss mit einem einzigen Wurf den feuerroten Apfel direkt in den See. Dort dümpelte er eine Weile im Wasser herum und zog dann sanft aus dem Blickfeld. Klar. Wie denn auch sonst? Alles andere wäre wider die Natur.

Der magische Mittwoch.

1. Hohe Tannen

Rüdiger Vogler, ein Mann von 60 Jahren, hatte eindeutig bessere Tage gesehen. Davon zeugte allein schon sein Haus, eine alte Gründerzeitvilla im vornehmen Berliner Stadtteil Schlachtensee gelegen, ein großbürgerlich gediegenes, aber durch und durch dunkles Gemäuer, das dumpf und schwer verschattet unter hohen Tannen lag. Für den frühpensionierten Sportreporter war das Haus völlig ungeeignet. Zwar hatte Vogler hier mit seiner Frau und den drei Kindern die schönste Zeit seines Lebens – ein knappes Jahrzehnt – zugebracht, bis er sich durch seine unzähligen Sportreportagen eine schwere Arthrose zugezogen hatte, wodurch er sich von Tag zu Tag weniger bewegte und dadurch deutlich zunahm, was wiederum die Gelenkprobleme verschlimmerte und die Gewichtszunahme beschleunigte, kurz: eine Abwärtsspirale, eine lehrbuchartige und idiotensichere Dyssynergie, ein Teufelskreis also, den seine Frau, eine schlanke und sportliche Erscheinung, auch deutlich genug ansprach.

Es muss ein ewiges Rätsel bleiben, wie man sich bei *Reportagen* über Sportereignisse, die ja in aller Regel sitzend kommentiert werden, überhaupt Gelenkprobleme zuziehen kann, wie es nicht minder seltsam bleibt, dass sich Vogler auf dem Reporterplatz und somit aus größerer Distanz in seine rundenrennende spätere Frau spontan verlieben sollte, deren 3000-Meter-Hindernislauf er zu kommentieren hatte, wobei es der Mysterien nicht genug ist, denn genau genommen verliebte sich Vogler in ihren sehr ungewöhnlichen, mehr oder weniger rudernden *Laufstil*, eine kuriose Technik, die späterhin in dieser Disziplin keine weitere Verwendung mehr fand, aber der damals noch jungen Frau die Deutsche Meisterschaft in einer allerdings ziemlich abseitigen Sportart einbrachte.

Nach der Hochzeit kaufte Vogler mitten in eine der vielen Berliner Immobilienkrisen hinein die alte Villa einem Ehepaar ab, das bereits tief in den Achtzigern stand. Verkäuferisch nicht überragend geschickt meinten sie, nun ginge es ans Sterben, und dies wolle man überall angehen, nur nicht gerade hier. Das Haus nämlich habe bereits viele Tote gesehen, und wenn Steine weinen könnten, dann täten es wohl diese. „Steine weinen aber nicht", entgegnete Vogler mit einem gewissen Scharfsinn. Reporter sind bereits im Allgemeinen höheren Ansichten komplett unzugänglich, was eigentlich völlig logisch ist, denn anders, könnten sie wohl kaum Reporter sein.

Sportreporter im Besonderen haben das metaphysische Niveau von Klappstühlen, denn hätten sie es nicht, wäre es ihnen unmöglich, größere seelische Energie auf die Frage zu verwenden, ob eine bestimmte Kugel nun 21 Meter 60 oder 21 Meter 63 gestoßen wurde, was der Vogler allerdings als durchaus bedeutend anzusehen gewillt war.

Auch das Zeugen von Kindern erschien ihm als rein naturaler Vorgang, wobei es bestenfalls als etwas rätselhaft anmuten mochte, dass dieser Prozess doch mit hochgradigen Lustempfindungen gratifiziert wurde, während etwa das Kugelstoßen biomechanisch, muskelphysiologisch und vor allem vom neuronalen Feedback her als reine Anstrengung gewertet werden musste, da es die Natur offenbar unterlassen hatte, hier weitere Boni großzügig zu verteilen. Kurz, Vogler zeugte, obwohl nicht mehr früh an Jahren, mit seiner Frau und in gefälliger Folge, drei schöne Kinder, die sich, genau wie die Mutter, angenehm zu bewegen wussten, und auch die zuvor etwas rudernde Gangart der Gattin verlor sich völlig mit der Zeit. Dafür aber wurde Vogler selbst von Tag zu Tag schwerfälliger und fuchtelte nun seinerseits, in der Luft nach Ausgleich und Stütze suchend, etwas wirr mit seinen Armen herum. Zunächst mahnte seine Frau zu einer Hüftoperation, später dann zu der beider Hüftgelenke, aber Vogler, der nun auch geistig immer träger und grundtraniger wurde, sagte, wie um auf Zeit zu spielen, das eine Mal zu, um das andere Mal abzusagen, er legte also die Dinge auf die Zeitachse und temporisierte sie, zu welchem Zweck, mag allein Gott wissen.

Irgendwann war bei seiner Frau der Mut der Verzweiflung soweit gediehen, dass sie Vogler zu überhaupt nichts mehr anzumahnen gedachte und seine Gangart nur noch beiläufig kommentierte, indem sie etwa müde meinte, Godzilla sei ja auch nicht einer der elegantesten Läufer gewesen. Was Vogler indes nicht wusste, aber, wäre er auch nur etwas weniger seelenträge gewesen, unbedingt hätte wissen müssen, ist dies, dass die beiläufige Beurteilung eines augenfälligen Missstandes das deutlichste Zeichen eines baldigen und endgültigen Bruchs ist. Und so kam es, dass seine Frau mit den drei schönen Kindern über Nacht auszog, und dies nicht nur sprichwörtlich und redensartlich, denn es war eine der traumstarken Rauhnächte mitten im Winter, in der sie das Haus verließ. Vogler lag breit im Ehebett, das er seit Jahren nur noch allein beschlief, lag totengleich in seinem schweren Reptilienschlaf und hätte, auch wenn er wider alle Wahrscheinlichkeit aufgewacht wäre und aus dem Fenster schauen mögen, überhaupt nichts von dem Auszug mitbekommen, denn der Schnee fiel in dieser Nacht so dicht, dass man noch nicht einmal seine eigene Hand vor Augen sah.

So war Vogler von Frau und Kindern getrennt. Mal was anderes. Er kaufte sich jetzt häufiger Kartoffelsalat vom Discounter, riesige Packungen, die wochenlang hielten, und brachte, um sich selbst zu überraschen, mitunter den einen oder anderen Blumenstrauß mit. Auch das Brot blieb jetzt immer frisch. Wurde es hart, hielt er es kurz unter den Wasserhahn und toastete es sich auf. Es schmeckte wie eben gerade vom Bäcker geholt. Dieser Vorgang ließ sich beliebig oft wiederholen – natürlich nur, solange überhaupt noch Brot im Haus war. Ihm fehlte eigentlich nichts, ein erstaunliches Phänomen, denn wenn nicht dies oder das, sondern *alles* fehlt, dann fehlt einem, erstaunlicherweise, wiederum nichts. Ein sehr tiefer und interessanter psychischer Mechanismus, über den Vogler nachzudenken allerdings zu faul war.

Zumal man sich die erste Zeit noch mitunter in Restaurants traf, aber die spöttische Art, mit der ihm in den letzten Jahren seine Frau begegnet war, schien mittlerweile bruchlos auf die Kinder übergegangen zu sein. Man geht nicht fehl, der Anschaulichkeit zuliebe behaupten zu wollen, er sei wie irgendein Onkel, wie ein Großonkel, wie ein beliebiger schwachsinniger Großonkel behandelt worden, ein seniler, zum Glück sehr entfernter Verwandter, den man, obzwar streng unterhaltspflichtig, mit *Ja, Nein, Danke, schönes Wetter heute* glaubte abwickeln zu können, was selbst eine träge Haut wie ihn schwer genug ankam. Und als er eines Tages übel eiernd auf einen Restauranttisch zuging, an dem seine Familie bereits saß, und sein jüngstes Kind, zu dem Rüdiger Vogler glaubte eine gewisse seelische Nähe reklamieren zu können, lauthals und in den Raum gesprochen rief: „Da kommt ja King Kong in Flip-Flops!", eine Bemerkung, die, treffend, wie sie war, brüllendes Gelächter hervorrief, setzte er sich zwar gesittet und mit ruhig sich gebender Gesamtgestik, so, wie um eine drittklassige Show zu retten, hinzu, aß, plauderte und zahlte, hatte aber hinfort kein Bedürfnis mehr nach weiteren Treffen und lebte von jetzt an allein in seiner muffigen Villa unter den bereits erwähnten turmhohen Tannen.

2. Der Hinterkopfdenker

Der einzige Besucher, den er, wie er dachte: noch gestattete, der aber, ernsthaft gesprochen, ihn überhaupt noch aufsuchen wollte, war ein alter Schulfreund, mit dem Vogler vor genau einem halben Jahrhundert aufs Gymnasium kam. Anfangs ein großes und dickes Kind, hatte der Freund sich durch strenge Askese, nächtelange Meditationen und die weltverneinenden Schriften Arthur Schopenhauers zu einem der körperlich fittesten Männer des Kontinents psychophysisch umgebaut, kein größeres Wunder daher, dass er einen Beruf fand, der seinen hohen seelischen, geistseitigen und körperlichen Fähigkeiten vollauf entsprach, und Fahrradbote wurde, eine Aufgabe, die ihm viel Renommee und großen Wohlstand einbringen sollte. Denn Kai Abel wurde mit den Jahren der wohl berühmteste Fahrradbote der Welt, eine Legende des anwendungsorientierten Radsports, eine der wenigen echten Berühmtheiten der Stadt, so dass es für jeden Auftraggeber eine echte Ehre war, genau ihn und niemanden anderes für die wirklich wichtigen Schriftstücke zu engagieren, was wiederum Abel problemlos in den Stand setzte, den zehnfachen Satz eines normalen Fahrradkuriers zu verlangen, und wäre er nicht ein moralisch tief empfindender Mensch und somit Sozialdemokrat gewesen, hätte er eine wesentlich höhere Pauschale gefordert haben können und auch wohl klaglos bekommen.

Um nur ein vages Beispiel seines Rufes zu geben, war es etwa bei der förmlichen Übergabe eines Regierungsdokuments an dem jeweiligen Bundesminister, um ein Autogramm oder Selfie nachzusuchen, und keineswegs umgekehrt. Glücklicherweise hatten die Eltern dem enorm dicken Baby, einem der seltenen Zwölfpfünder, so, als seien sie um Gutmachung bemüht, einen sehr kurzen und knackigen Vornamen gegeben, und da sein Nachname auch nicht als besonders umständlich zu bezeichnen war, konnte Kai Abel sich ohne großen Aufwand viele Freunde machen und kurzerhand alles, was man ihm darbot, seien es Kühlerhauben, aufgeknüpfte Dekolletés oder einfach Fanartikel, mit einem dicken Filzstift, den er stets griffbereit in der Hose trug, umstandslos signieren.

An jenem Mittwoch, von dem jetzt die Rede sein wird, und den man, ohne das Maul großsprecherisch vollnehmen zu müssen, als einen magischen Mittwoch bezeichnen kann, an jenem Mittwoch also fuhr Kai Abel, von seiner Villa in Pankow kommend, quer durch die Berliner Innenstadt in das nahezu gegenläufig entlegene Schlachtensee, eine Strecke von etwa 30 Kilometern, für die Abel, der seit Jahren nur noch mit dem Rad unterwegs war, kaum mehr als eine halbe Stunde brauchte, was weniger bemerkenswert ist, wenn man weiß, dass sämtliche Routen, die der Fahrradkurier nahm, von der Verkehrsleitzentrale grundsätzlich auf Grünphase geschaltet wurden. Abel nun, der geschickt genug war, aus voller Fahrt mit einem energischen Hopser seines Rades direkt über den Jägerzaun des Voglerischen Anwesens zu hüpfen, bremste stark und staubend und kam unmittelbar vor seinem leguanartigen Schulfreund zum Stehen. „Gardez!", sagte er spaßig mit der zutiefst leibfreudigen Laune eines kreislaufübergesunden Mannes, so, als wolle er die Dame des Hauses bedrohen, die es ja bekanntlich seit einiger Zeit nicht mehr gab.

Im Wohnzimmer, wo das Schachbrett schon zur mittwöchigen Partie aufgebaut war, oder besser gesagt: seit dem letzten Spiel noch unberührt herumstand, passierte etwas Ungewöhnliches. Der Freund, der schon zuvor und von Woche zu Woche über den Zustand des Hauses nachdrücklich Klage geführt hatte, das allmählich in seine völlige Verwahrlosung überging, meinte kurz und bündig, die Spielzeit einer Partie für das absolut notwendige Aufräumen nutzen zu wollen, so dass er, Rüdiger Vogler selbst, das Spiel alleine durchführen möge, nicht ohne hinzuzusetzen, dass er folglich auch mit seinem, nämlich dem Abelschen Kopf denken müsse, da er, Abel, ja bekanntlich der wesentlich bessere Schachspieler sei und sich keineswegs durch die erwiesene Minderwertigkeit der Voglerischen „Wald- und Wiesenzüge" geschlagen geben werde. Das kam Rüdiger Vogler nun denkerisch hart an. Allein die theoretische Erwägung, wie eine solche Partie nun auszusehen haben und dann letztlich auch zu spielen sein werde, brachte Vogler in ein schweres gedankliches Dilemma, das ihn – äußerlich betrachtet – in dumpfsinnigstem Brüten und – innerlich gesehen – in komplizierteste und klappbildartige Erwägungen befing, ein handfestes denkerisches Großthema also, das – und nun von oben erörtert – irgendwo zwischen der Hegelschen Subjekt-Objekt-Dialektik und dem Problem mentaler Fremdrepräsentation im Werk des späten Wittgenstein liegen mochte.

So bekam er das Klingeln an seiner Türe auch nur im Randbereich seines gleichsam tief vergrübelten inneren Blickes mit, und auch die Tatsache, dass der quirlige Abel kurzer Zeit später mit Herrn und Frau von Stappenbeek in seinem Wohnzimmer stand, ein absolut erstaunliches Ereignis, beachtete Vogler, so von Grund auf denkerisch beansprucht, in seiner schwer verdunkelten Aufmerksamkeit nur randläufig. Rüdiger Vogler kannte Herrn von Stappenbeek überhaupt nicht und hätte ihn namentlich auch gar nicht begrüßen können, wenn Frau von Stappenbeek ihn nicht als ihren Herrn und Meister ausdrücklich vorgestellt hätte. Frau von Stappenbeek war im vormaligen fünfköpfigen Haushalt der Familie die Putzfrau gewesen, schon damals eine mehr als fragwürdige Hilfe, da sie, von allen nur *Gisela* gerufen, zehn Jahre älter als Vogler selbst und eine übervolle Generation älter als die Frau des Hauses war, zudem deutlich an Morbus Bechterew leidend, eine rheumatische Erkrankung, die in aller Regel eine Verkrümmung der Wirbelsäule zur sichtbaren Folge hat, was die Putzleistungen, gerade an den heikel zu erreichenden Stellen des Hauses, sehr deutlich absenkte. Dass sie vertragliche Bindungen an die jetzige Junggesellenwirtschaft Voglers banden, schien diesem, der noch von komplizierten denkerischen Problemen spinnwebenartig umgarnt war, mit einem kurzen Seitenblick auf die arbeitsrechtliche Lage hoch unwahrscheinlich, so dass er mit einer ebenso beiläufigen wie abfälligen Handgeste, die so viel wie ein schnödes *Hinweg!* auszudrücken befähigt war, den Stappenbeeks bedeutete, sich mit Kai Abel an dem schwer reinigungsbedürftigen Altherrensitz beteiligen zu sollen.

Nun wurde Frau von Stappenbeek aber sehr böse. Zwar könne man von ihr selbst diese niederen Dienste erwarten, aber keineswegs von einem Gerd von Stappenbeek, so, als sei allein dieser Name bereits Ausweis einer höheren Befähigung, die Frau von Stappenbeek jetzt auch ausdrücklich in Anschlag brachte, indem sie sagte, ihr Herr und Meister sei, wie man ja wohl wisse, allein denkerisch unterwegs, und zwar vor allem als Hinterkopfdenker, einer der bekanntesten Hinterkopfdenker unserer Tage. Vogler wusste das nicht. Und hätte er raten müssen, wäre er bei durchschnittlich zehn Möglichkeiten, die ein überschlägiges Vermuten in grober Regel für jedermann bereithält, auf diese Variante zuletzt gekommen, um nicht zu sagen: überhaupt nicht, denn genau das ist ja das Überschlägige, dass es nur mehr und minder wahrscheinliche Optionen aufzubieten vermag. Der Ehemann dieser schlanken, zähen und gleichsam durch all die Jahrzehnte stark verlederten Frau war – und Vogler nahm sich zur Bemusterung nun doch einige Zeit – ein dicker, eher qualliger als bauchfetter Siebzigjähriger mit Vollglatze und dem hochroten Apoplektikergesicht, wie ihn nur jahrelanger Genuss von Alkohol, und zwar hochprozentigem Alkohol, in dieser klinisch eindeutigen Phänomenologie auszuweisen vermochte. Auch schien Gerd von Stappenbeek dem Vogler deutlich nach Schnaps zu riechen, und da der Denker im Hause Stappenbeek, der mit tief verschlossenen Augen mehr schwankte als stand, alle Anzeichen aufwies, in sich zusammenzufallen, erschien es als ausgezeichnete Idee, dass die Frau ihren Mann zu einer wandseitigen Sofaecke führte und ihn dort vorsichtig platzierte. Unschön an dieser sehr eleganten Lösung war allein, dass sich nun die rote Alkoholikerrübe hinterkopfartig in prekärer Nähe zu einem hundsteuren Aquarell befand, das Vogler zwar für viel Geld erworben hatte, aber wuschig genug war, es allein mit Reißzwecken an die Wand zu pinnen.

„Aber nicht dagegenkommen!", sagte nun salopp und zugleich besorgt Rüdiger Vogler zum mehr oder minder anästhesierten Gast und war sehr überrascht, als dieser mit weiterhin geschlossenen Augen und herrischer Stimme sagte: „Ach, das ist doch nur ein weiterer Paul Klee!" „Stimmt", sagte Vogler ertappt. „So ein typischer EngelScheiß!" „Stimmt wieder", sagte Vogler, jetzt wirklich erstaunt.

Nun klingelte es an diesem Mittwoch, den magisch zu nennen nicht vermessen erscheint, erneut an der Haustüre, und Frau von Stappenbeek, die in der Diele beschäftigt zu sein schien, rief quer durch den Flur: „Herr Doktor Abel, darf ich öffnen?", was Abel, der akustisch gesehen in der Küche sein musste, mit einem frischen „Jepp" beantwortete. *Doktor Abel?*, fragte sich Vogler halblaut im Sessel versunken, und Gerd von Stappenbeek, der in seinem Suff einzunicken drohte, rückte sich mit geschlossenen Augen gestisch zurecht und meldete, die angewinkelte rechte Hand militärisch korrekt an die Stirn führend: „Doktor honoris causa und Honorarprofessor in Paderborn!" Das war Vogler völlig unbekannt, wobei ihn besonders die Frage, ob und seit wann Paderborn eine Universitätsstadt sei, innerlich stark in Beschlag nahm.

Kurze Zeit später meldete Frau von Stappenbeek dem *lieben Professor Abel* in einem sehr dienstlichen Ton, dass zwei alte Leute in der Türe stünden, was Abel selbst keiner weiteren Erwiderung für würdig befand, und so führte sie die beiden ins Wohnzimmer, für Gerd von Stappenbeek offensichtlich ein Non-Event, denn er sah keinen Anlass, dösend aufzublicken, für Vogler indes eine wirklich faustdicke Überraschung und pures Entsetzen zugleich, denn Frau von Stappenbeek meldete jetzt die Anwesenheit von Herrn und Frau Vogler, dem Vogler selbst besser als seine eigenen Eltern bekannt. Vogler bekam keine Zeit, sich von diesem Schock auch nur ungefähr zu erholen, da Frau Vogler, kurz: seine Mutter ihn in deutlichen Worten grober Unhöflichkeit zichtigte, denn seine Eltern, die bei einem Mann von 60 Jahren keineswegs mehr taufrisch sein konnten, hatten eine sehr lange Reise unternommen, um dann von ihrem Sohn noch nicht einmal abgeholt zu werden, ja, mehr noch, deren Ankunft dem verwirrten Vogel völlig überraschend erschien und er somit den Besuch spurlos vergessen haben musste, was, wie Herr von Stappenbeek messerscharf schloss, nicht auf übergroße Zuneigung, von Liebe wolle er hier gar nicht erst reden, was also noch nicht einmal von ungefährer Sympathie zeuge.

Beiläufig machte Vogler jetzt eine wie hingehauchte und müd wischende Handbewegung, mit der er sie mehr oder weniger missmutig aufforderte, Platz zu nehmen. Doch seine Mutter war verärgert genug, nun deutlichere Worte zu wählen und somit coram publico festzuhalten, dass sie mit diesem „hervorkarnickelten Subjekt" keineswegs in einem Zimmer sitzen wolle, was Frau von Stappenbeek, die zwar Bechterew hatte, sich aber ansonsten einer leichtfüßigen geistigen Regsamkeit erfreute, dazu brachte, dreist und direkt den Vorschlag zu unterbreiten, ihr beim Putzen der unzähligen Zimmer, in denen ihr Sohn nun gerade nicht saß, zu helfen. Rüdiger Vogler empfand dies als eine enorme Frechheit, doch er hätte dieses Urteil mit größerem Bedacht wählen sollen, denn er war nur das Vorspiel zu einer Kaskade an Unverschämtheiten, die vor allem darin bestehen sollten, ihr als Hilfsputzfrau die anstrengenderen Arbeiten wie etwa das Feudeln unter Betten und Schränken und Kommoden anzudienen, da sie, die Siebzigjährige, in den langen Jahren des Dienstes beim Professor doch etwas ungelenk und wirbelsteif geworden sei. Doch so, als seien es lauter Selbstverständlichkeiten, sagte die alte Frau, sie freue sich, in solch einem hohen Haus wie dem Abelschen eine Anstellung gefunden zu haben, und bedankte sich dienstfertig mit einem leichten Knicks.

3. Faszinosum Zinseszins

Voglers Vater hingegen schien sehr müde und nahm ohne Weiteres den Platz an. Er ließ sich schwer und rücklings und nur aus einer leichten Hocke heraus direkt in den Sessel fallen, da seine Hände mit großem Bedacht einen kleineren Karton aus uralter Pappe umfasst hielten, der offenbar einen wertvollen Inhalt besaß und jetzt schwer genug in der Balance zu halten war. Nachdem er ausgefedert hatte, stellte er mit einer gewissen Würde den Karton auf seine akkurat zusammengezogenen Knie und sagte feierlich: „Mein Sohn!" Sei es der Kontrast zum abgegriffenen Karton, sei es die melodramatische und pausensetzende Anrede, Vogler jedenfalls mutete sein Vater ganz außergewöhnlich gravitätisch an in seinem schwarzen Anzug, dem weißen Hemd und den streng zurückgekämmten Haaren. „Mein Sohn", sagte der Vater erneut, „hier ist alles, was ich dir noch geben kann", und zeigte dabei herabnickend auf den Pappkarton, der mit Namen, Anschrift und Signet einer Königsberger Schuhfabrik nur noch vage bedruckt war. Sein Inhalt allerdings wollte nun überhaupt nicht zu dieser dramatisierten Ansprache passen, denn in dem Karton befanden sich, raumfüllend zwar und bis zur Oberkante gestrichen, vieltausende kleinere Rabattmarken. „Rabattmarken!", sagte Rüdiger Vogler denn auch, und wie um abzuwinken: „Pah!"

„Du", sagte sein Vater, „ich habe in dieser Sache kein *Want* oder gar *Need* oder *Use for*, das ist für mich kein *Must have* mehr, keineswegs, aber dir ist, rein technisch gesehen, schon bekannt", nun bruchlos und gleichsam pfingstwunderlich von einem neoanglizistischen in einen dienstlichen, anweisungsseligen und beamtendeutschen Ton wechselnd, „dass zwischenkriegsgeborene Ostpreußen, und zwar genauer jene, die unter dem volkstribunenartigen Direktorat der Landesregierung Kapp-Lüttwitz, die im Jahr 1925 in Ostpreußen und *nur* in Ostpreußen zur Welt kamen, also genau unter jenem einjährigen Direktorat Kapp-Lüttwitz geboren wurden, das, wenngleich auch nur für wenige Tage, später sogar die Reichsregierung bilden sollte und somit juristisch gesehen bindende Gesetze erlassen konnte und auch erließ, dass also jene seltenen Ostpreußen des Jahres 1925, die zudem noch die Liebe und Geduld aufbringen, alte Gesetzestexte sehr genau zu studieren und auszulegen wissen, pro abgeleisteter Lebenswoche, sie mochten in ihr gemacht haben, was ihnen beliebte, eine Rabattmarke zu beziehen berechtigt waren, die im Falle der eigenen Verrentung dem gesetzlichen – nicht: betrieblichen – Ruhegeld zugerechnet wird oder, sofern der Bezugsberechtigte, wie hier, Verzicht leisten sollte auf seine leiblichen Erben – in diesem Fall: *den* leiblichen Erben –, mit Zins und Zinseszins zur Übertragung gelangt, was, da ich 35 Jahre lang als Bundesbeamter gearbeitet habe und 35 Jahre Rentner gewesen bin –"

eine ungewöhnliche grammatikalische Zeitform, dachte Vogler durchaus wortklaubend und sprachkritisch in diese doch längere Erörterung hinein – „so dass ich ... und nun habe ich durch dein vieles

Herumgedenke und kritisches inneres Gemäkele komplett den Faden verloren", sagte sein Vater, „Bundesbeamter?", sagte Vogler, weniger, um ihn wieder auf die Trasse zu setzen, sondern durchaus in fragender Absicht, „– dass ich mit anderen Worten und ohne große Umschweife gesagt, dir eine staatliche Zusatzrente von auf den Cent genau 1300 Euro im Monat verschaffen möchte. Nur deshalb bin ich überhaupt noch einmal gekommen."

„Irre!", sagte Vogler, „absolut irre!" „Nicht wahr?", sagte sein Vater. „Aber du bist doch", entgegnete der Sohn, „in der Kurpfalz geboren, warst Hobbyjäger und hast einen Lottoladen in Lüdenscheid betrieben." „Alles Tarnung", sagte sein Vater, „ich war 35 Jahre beim BND, vormals: Amt Gehlen, davor wiederum: Fremde Heere Ost, kurz: FHO, nun nicht als James Bond oder so etwas, sondern als höherer Verwaltungsbeamter des letztlichen Bundesnachrichtendienstes, und die Hobbyjägerei war frei erfunden, denn irgendwie musste ich doch die Maschinenpistolen, Sturmgewehre, Tretminen und auch die Panzerfaust motivieren, die jahrzehntelang in unserer Wohnung herumlagen." „Ungesichert herumlagen", ergänzte Vogler. „Jedenfalls lagen sie herum", entgegnete sein Vater, um eine kurze, sachliche und nicht zu detailverliebte Beschreibung des Sachverhalts bemüht. „Wow!", sagte Vogler, in dessen waranartigen Leib jetzt so etwas wie Leben zu kommen schien, „und das ist nicht irgendein *old shit*?"

„Doch", sagte sein Vater auftrumpfend, „das ist ein ausgesprochener *old shit*, nämlich eine Übergangsverordnung von 1958, die damals aus rein staatsrechtlichen Erwägungen heraus den Kapp-Lüttwitz-Casus stillschweigend bestätigte, später dann bei den vielen Novellierungen des Rentengesetzes einfach übersehen wurde, heute als völlig entlegen erscheint und deshalb juristisch immer noch gilt." Nun sagte Rüdiger Vogler gar nichts mehr. Aber sein Vater, der durch die sehr genaue Darlegung dieses durchaus unbekannten Gesetzes und seiner Verordnungsbestimmungen sichtlich in Fahrt und Laune geraten war, meinte jetzt auch dem gesäßschweren und grundfaulen Vogler Beine machen zu müssen, um diesen Schatz heute noch bei der Bundesversicherungsanstalt einzulösen. Vogler, der so unbeweglich und sitzfreudig war, dass man hätte denken können, in seinem Hintern wohne ein erschütterungsscheues Zwergkaninchen, meinte, dieser Mittwoch sei schon munter genug gewesen, doch sein Vater gab zu bedenken, dass er nur heute da sei und keineswegs mehr morgen. Immerhin könne es ja Nachfragen geben, und dann wäre er nur noch extrem schlecht zu erreichen. Das verstand Vogler sofort. Nun allerdings mit einem Schuhkarton aus Königsberg voller Rabattmarken mitten in die Innenstadt zu fahren, sei ihm ein ziemlicher Angang, was seinem Vater allerdings sehr nach fauler Ausrede klang, die er keinesfalls gelten lassen wollte, da die Außenstelle der BfA, genau jene nämlich, die diese Fälle auch bearbeitet, nur wenige hundert Meter von Voglers Muffbau entfernt läge, nämlich direkt an der U-Bahn-Station Pacelliplatz.

„Verstehe!", sagte Vogler, „aber es gibt überhaupt keine U-Bahn-Station Pacelliplatz. Das scheint mir bereits, offen gesagt, das erste bedeutendere Problem zu sein."

4. Pacelliplatz

Nun dozierte Vogler. Da er aber ein ziemlich unbedeutender Typ war, dessen Darlegungen kein weiteres Interesse beanspruchen können, lässt sich, verkürzt, nur so viel nacherzählen: Vogler meinte, den Stadtteil Schlachtensee doch sehr gut zu kennen, ein schöner Stadtteil, der aber verkehrstechnisch nur von ungefähr an die Innenstadt gebunden sei und vor allem keine eigene U-Bahn-Station besäße und somit auch keine U-Bahn-Station mit dem in Rede stehenden Namen, wenngleich der Pacelliplatz selbst, ein verkrautetes Rondell, das er dringend dem Grünflächenamt der Stadt anempfehlen würde, in der Tat humpelläufig entfernt läge. Wolle man, nur so zum Spaß, mit der U-Bahn in die Innenstadt fahren, dann habe man irgendwie zur etwa fünf Kilometer entfernten Station *Krumme Lanke* zu gelangen, etwa, indem man das Rad nimmt, dort abstellt, seinen Geschäften nachgeht, um anschließend mit dem Taxi nach Hause zu gelangen, da Räder an einer Berliner U-Bahn-Station grundsätzlich gestohlen werden.

„Aha", sagte sein Vater. „Ja", sagte Vogler. „Nee", sagte sein Vater, und um dem etwas einsilbigen Redefluss wieder Schwung zu verleihen, verlegte er sich jetzt aufs Latinisieren und rief in rascher Folge aus: „Quod licet Jovis, non licet Bovis", „Oh Tempora, oh Mores" sowie „Oh Sancta Simplictas". Ob ihm, dem durchaus flüchtig zusammengerammelten Sausubjekt, nicht klar sei, dass es von der Krummen Lanke eine Stichstrecke gebe, die genau zum Pacelliplatz führe, dem geheimen Endpunkt der Linie, eine, wenn man so will, untergründige Untergrundbahn, eine vielbeschwiegene Station, eben eine Endstation? Sein Vater, dachte Vogler, sei entweder sehr weise geworden oder sehr senil, was genau, vermochte er nicht zu sagen, jedenfalls irgendetwas mit *sehr*. „Durchsichtig", sagte sein Vater, „nenne es einfach durchsichtig." Er sähe Licht, sagte er. Vor allem dort, wo keines sein könne. Etwa in U-Bahn-Schächten. Das konnte gut angehen, dachte Vogler. Ging ihm mitunter auch so. Wenn man beispielsweise an einer bestimmten Stelle der Endstation Krumme Lanke, und zwar nahe am Fahrerhäuschen, ausstieg, konnte man in der Tat für kaum mehr als einen Wimpernschlag ein unmögliches Licht aus dem toten Tunnel herausscheinen sehen, ein optisch unerklärliches Phänomen, das in all den Jahren nicht nur dem Vogler allein aufgefallen war, ein überreiches Licht, biblisch gesprochen ein *Taborlicht*, ein Erlösungslicht, das unmöglich aus dem mausetoten Schacht selbst kommen konnte, der ja, praktisch betrachtet, nach wenigen Metern sein Ende hätte finden müssen.

„Stimmt's?", fragte Vogler. „Was soll stimmen?", fragte sein Vater zurück.

„Dass es ein Erlösungslicht gibt?" „Noch nie davon gehört! Schon gar nicht gesehen!", sagte sein Vater, der jetzt befürchtete, sein Sohn wolle ihn in eine weitere gesäßschonende Plauderei verwickeln, so dass er, jetzt auf Russisch sprechend, „Raboti! Raboti!" sagte und ihn mit einer aufscheuchenden Handbewegung wie einen Strafgefangenen in Trab zu bringen gedachte:

„Raboti Prestupnik!", sagte er laut, was in der Tat verfing, denn Vogler, der so tief im Plüsch versunken war, dass er selbst schon etwas flauschig zu werden begann, schnellte sprungfederhaft auf, nahm den Karton und ging, seinen Blouson vom Kleiderhaken reißend, so schnell es sein watschelnder Gang nur vermochte, aus dem Haus, dessen Türe er, der Eile wegen, vollständig offenließ.

Keine halbe Stunde später stand er vor dem Pacelliplatz, ein großes Rondell, dessen mannshohe Büsche jeglichen Zutritt verwehrten. Vogler lief das weite Rund einmal im Uhrzeigersinn ab, und dann, wohl um irgendeine mystische Entdeckung zu machen, noch einmal komplett gegen den Uhrzeigersinn, und dann, nachdem es keine mystische Entdeckung zu machen gab, einmal quer durchs dichte Gestrüpp. Vogler, der bei dieser gefährlichen Passage vor allem auf den uralten Pappkarton zu achten hatte, den er schützend, körpermittig und bei geduckter Haltung mit beiden Armen umfasst hielt, Vogler selbst also wurde durch die große Fahrt ziemlich ramponiert. Der Blouson, der einiges an Kaschierungsarbeit zu leisten hatte, war hinüber, die Hose angerissen, die Arme bluteten leicht, sein Gesicht hatte Striemen, die grauen, vollen Haare lagen wirr und vogelnestartig auf dem Kopf und sein Poloshirt hing angerissen an seinem Oberkörper, eine gemeinhin verwegene Stilgeste, die bei jüngeren und auch deutlich schlankeren Männern auf einen gewissen Freibeutergeist schließen ließ und als erotisches Statement durchaus seine Berechtigung hatte.

Endlich sah er, zerrupft zwar, aber mit tadellos erhaltenem Schuhkarton, die untergründige U-Bahn-Station, sauber beschildert mit Pacelliplatz, blaue Schrift auf weißem Grund. Auch waren zwei Rolltreppen zu sehen. Ob sie hinauf und hinab oder nur hinauf oder nur hinab führten, war dem Vogler von Weitem nicht ersichtlich, da es gemeinhin ja immer Menschen bedarf, um die Richtung einer Rolltreppe auch bestimmen zu können. Zwar gab es rund um den Eingang einige Läden, allesamt im Stil der 50er Jahre erbaut, vollmundig gesprochen im Stil der Klassischen Moderne, deutlicher gesagt: flachdachartige Aquarien, frontseitig mit einer riesigen Scheibe verglast, in die, naheliegenderweise, eine Tür, gleichfalls aus Glas, eingeschnitten war. Natürlich gab es keine Kunden. Ein Uhrengeschäft schien noch nicht einmal einen Verkäufer zu haben, alle Uhren standen auf 10 nach 10, der üblichen fabrikmäßigen Standardeinstellung. Dann lief Vogler an dem ihm vertrauten Schriftzug von *Freddies Fucking Fastfood Factory* vorbei, einer Pizza- und Burgerbude, deren Dienste er als *pater familias* gerne und häufig in Anspruch genommen hatte, die er allerdings nur als Lieferservice kannte, auch dieser Laden menschenleer, wenngleich ein Aushang in der Türe mit einer gewissen *Pizza Lamartine* warb, die es heute und auch nur heute zusammen mit einem Softdrink zu D-Mark-Preisen gab. Vogler bekam sogar Hunger und wäre womöglich in den Laden hineingegangen, wenn er gewusst hätte, was eine Pizza Lamartine überhaupt ist, wobei ihn der Hinweis auf dem Plakat, sie sei *von allem etwas*, nicht gerade vertrauensbereiter zu stimmen vermochte. Auch schien ihm dieses *Heute* ein eher zeitenthobenes, kalenderweisheitliches, mementomorimäßiges und allgemeines Heute zu sein; wer wusste, wie alt die Ware war. Vogler jedenfalls wusste es nicht.

5. „Meine Damen, ich verlasse mich auf Sie!"

Dann gelangte er zu einem Geschäft, das kurioserweise gar nichts zu verkaufen hatte und schlichtum leer war bis auf einen nackten, ziemlich alten Mann, der, rücklings gesehen, in einer Kiste zu kramen schien. Es gibt fraglos schönere Anblicke. Doch Vogler hatte sich getäuscht. Stand man in einem nur gering veränderten Winkel vor dem Laden, konnte man erkennen, dass er einiges an Bekleidung vorhielt, nämlich rein durchsichtige Bekleidung, Mäntel, Sakkos, Hosen, Röcke, Blusen und Abendkleider, die nicht aus Chiffon, Voile oder ähnlich halbseidenem Zeug, sondern aus einem dem Vogler unbekannten Material gewoben waren, das nahezu transparent war, und somit nichts versprach, doch alles verriet, sicherlich eine Sache für jüngere Leute als für ihn. Einen der durchsichtigen Hüte indes hätte Vogler schon tragen können, denn alle, die ihn kannten, freundlich seine Erscheinung lobten und ihn dabei nicht grob anzulügen bereit waren, meinten, er sei der geborene Hut-Typ. Gewiss würde er darauf zurückkommen, denn einen Hut sollte ein Mann ab sechzig schon tragen, allein dieses Guten Tag und Auf Wiedersehen und Grüßen Sie Ihre Gattin, dieses durch und durch Respektable eines Hutes – und so stand er auf einmal, Schuhkarton unter dem linken Arm und mit der Rechten imaginär und probeweise den Hut gelüftet, denn wieder aufgesetzt, dabei immer fröhlich grüßend und seelisch tief in einem inneren Monolog befangen, vor der Außenstelle der BfA, was der Schriftzug über der Türe, türkisfarben und mit der geschwungenen Schreibschrift der 50er Jahre versehen, auch deutlich genug auswies.

Vogler betrat das geräumige Büro, an dessen Seitenwänden zwei enorm lange Schreibtische v-förmig standen und eingangsseitig betrachtet auf einen offenen Rollschrank zuliefen, in dem eine Reihe von grellbunt bedruckten Ordnern standen. Sofort musste Vogler an die offenen Schenkel einer schlanken Frau denken, was seltsam genug ist, denn Gott selbst könnte hier als Zeuge aufgerufen und auch hart befragt werden, um zu bestätigen, dass Rüdiger Vogler, abgefuckt, wie er mit den Jahren war, ohne absolut zwingenden Grund zuletzt an die offenen Schenkel einer schlanken Frau gedacht haben würde.

Auch luden die beiden Sachbearbeiterinnen nicht gerade zu einem mentalen Feuerwerk ein, zwei ältliche Damen, Typ Gouvernante mit hochgesteckten falben Haaren. Gleichwohl schien Vogler die verquere Erotik der Dienststelle seelisch angesprochen zu haben, und so sagte er hereingehend mit einem gewissen tranigen Altherrenhumor: „Welche der beiden Damen darf ich denn jetzt beglücken?"

„Fräulein Erika", sagte zur anderen Kollegin hinübernickend die eine, „Fräulein Iris", meinte vage zur Ersten zurücknickend Fräulein Erika, ohne dass beide von ihren Handfeilen hochgeschaut hätten, mit denen sie ihre Finger hufförmig rund zu gestalten gedachten. „Haben die beiden Amazonen vielleicht auch einen Nachnamen?", fragte Vogler, immer noch seelisch erhöht. „Vergessen, nach all den Jahren einfach vergessen", sagte Fräulein Iris. „Schauen Sie", erläuterte Fräulein Erika verständig den sozialauffälligen Sachverhalt, „warum sollen wir uns noch siezen, wir sind doch Kolleginnen, da siezt man sich nicht, wir sind ein freisinniges Büro, ein kleines, lustiges Kollektiv, was soll da die Siezerei?", was Rüdiger Vogler durchaus logisch erschien. Nun ging Vogler forsch an einen der beiden Tische, doch Fräulein Erika meinte abwehrend: „Augenblick!" und zu Fräulein Iris gewandt: „Eene, meene, meck!", wodurch die beiden den Bearbeitungsauftrag einem Abzählreim anvertrauten, auf dem Fräulein Erika letztlich aber sitzenblieb, und so schüttete Vogler kurzerhand den Inhalt des Kartons bei ihr aus, was ihm auch deshalb vorteilhaft erschien, da Fräulein Erika eine halbrunde Lesebrille trug und somit die Intellektuellere der beiden Sachbearbeiterinnen sein mochte. „Fantastisch!", sagte Fräulein Erika, „absolut irre – ich habe noch nie so erstklassige Ware gesehen, keine Zacke fehlt, zum Teil noch mit Ersttagsstempel und mitunter sogar noch hinten gummiert. Wirklich fantastisch!" Vogler war froh. Was mochte sein Vater ihm alles erzählt haben. „Komm mal rüber", sagte eine auf kennerhafte Weise begeisterte Sachbearbeiterin zur anderen Kollegin. Fräulein Iris, die vielleicht schon zu lange auf ihrem fuchsfarbenen Bürostuhl gesessen haben mochte, stand wacklig auf, fröhlich ermuntert von Fräulein Erika, hielt ein sehr fragiles Gleichgewicht auf ihren Hinterbeinen stehend, drückte ihren Rücken angestrengt durch und ging, vorsichtig Schritt für Schritt, auf den anderen Schreibtisch zu, stets von lauten

Ois und *Ohs* kollegial ermuntert, blieb, unsicher genug das Gleichgewicht haltend, vor dem Wertmarkenhaufen stehen und sagte zu Rüdiger Vogler gewandt: „Glückwunsch! Sie sind ein reicher Mann. Das ist der Vorteil des Rösselsprungs!"

„Ein Rösselsprung", ergänzte Fräulein Erika, „ist ein eher versicherungstechnischer Begriff und bedeutet, dass der Leistungsverzicht auf die Summe der angehäuften Lebenswochen, sofern sie unbeansprucht worden sind, mit dem Faktor *Hü*, dem Produkt einer Multiplikation aus Zins, Zinseszins und dem infinitesimalen Wert aller Zinsen, also Zins A, Zinseszins B, Zinseszinszins C, und so weiter, eben: infinitesimal auf das nächste Ross übergeht, daher der technische und zunächst etwas verwirrende Begriff des *Rösselsprungs*." „Und das heißt?", fragte Vogler. „Etwa 1300 Euro", sagte Fräulein Iris, „pro Monat?", fragte Vogler vorsichtig genug, „nein, nein!", sagte Fräulein Iris, „pro Woche natürlich, oder sehen Sie hier irgendwelche Monatsmarken?", meinte Fräulein Iris, die nun ebenso zierlich wie zuvor, jetzt aber auch mit angewinkelten Armen und heruntergeklappten Handgelenken hinterbeinig zu ihrem Schreibtisch zurückging. „Allerdings", sagte Fräulein Erika, die wegen ihrer Lesebrille wohl stärker zu behördlicher Besonnenheit, womöglich sogar zum Skrupolantentum zu neigen schien, allerdings müsse sie jetzt dienstlicherseits alle Jahrgangsblätter, in denen die Wertmarken ja letztlich eingeklebt werden, aushäusig besorgen lassen, was sich der Laie einfacher vorstellt, als es tatsächlich ist, denn die Manteldokumente, also die Bögen selbst, lagerten, Jahrgang für Jahrgang gesondert, an völlig unterschiedlichen und räumlich stark getrennten Orten, so, um ein Beispiel zu geben, der Jahrgang 1963 im südfinnischen Lappeenranta, der Jahrgang 1975 in Howards End, Australien, und das 91er-Blatt in einem Örtchen namens Waltzing Mathilda, mitten in den Drakensbergen, nahe Kapstadt, also in Südafrika. Mehr könne sie aus Sicherheitsgründen nicht sagen, zumal die Dislozierung der Dokumente – so gebildet war Fräulein Erika, dass sie von *Dislozierung der Dokumente* sprechen konnte – den verständlichen Sicherheitsbedenken der Anspruchsberechtigten Rechnung zu tragen habe.

„Und?", sagte Vogler gereizt: „Fedex, UPS, DHL, weiß der Geier was. Wo ist das Problem?" „Das Problem", sagte Fräulein Erika nun durchaus förmlich, „besteht darin, dass die Dokumente weder auf dem Luft- noch dem Landweg herbeigebracht werden dürfen, Flugzeugabstürze, Raubüberfälle, verreckende Motoren, Schlaglöcher, gebrochene Achsen, und da wir sie nicht beamen können, ist einzig der Seeweg behördlicherseits erlaubt, wobei wir allerdings schon seit Jahrzehnten auf die bewährten Dienste eines holländischen Schnellseglers zurückgreifen, der eigentlich auf allen Weltmeeren zu Hause ist."

„Meine Damen, ich verlasse mich auf Sie", sagte Vogler und wollte schon dem Schambereich der Büromöblierung entsteigen, als ihm der, wenn man so sagen darf, kitzligste Punkt erneut ins Auge fiel und er, so geradeaus wie möglich, sein starkes Befremden zum Ausdruck brachte, dass sämtliche Ordner mit grellbunten, wenn auch unterschiedlichen Comic-Figuren beklebt waren.

„Hm!", meinte Fräulein Iris, „ein eher dunkles Thema. Wie soll man sagen? Die Erika hat eine gewisse, wir wollen nun nicht behaupten: pathologische oder schwer klinische Dyslexie, eher eine klitzekleine Leseschwäche, und sie fand es daher hilfreich, handlabend und wohltätig, die Namensordner sinnfälliger zu machen mit A wie Asterix, B wie Batman oder K wie Hello Kitty –"

„H wie Hello Kitty", sagte Fräulein Erika jetzt steifleinern und durch die Darlegungen ihrer Kollegin wohl auch schwer angegangen und herabgesetzt, „Kermit steht für K!"

„Na, das werden ja wohl eher innerbehördliche Diskussionen sein", meinte versöhnlich Rüdiger Vogler, „meine Damen, wie gesagt: Ich verlasse mich auf Sie!", griff zur gläsernen Türklinke, und sagte zum Abschied sehr energisch:

„Und nicht vergessen: Ich bin der Goldene Reiter!" So direkt und innerseelisch angesprochen, schlugen die beiden ihre Hufe zusammen, dass es einen einzigen trockenen Schlag gab. Schon wieder außerhalb und auf dem Pacelliplatz stehend, winkten ihn die Damen noch einmal heftig durch die Verglasung hinein, und Fräulein Erika, die, trotz Dyslexie, die befähigtere Sachbearbeiterin zu sein schien, fragte mit einer gewissen Umsicht:

„Wie heißen Sie eigentlich?"

„Vogler!", sagte Vogler.

„Vogler?", fragte Fräulein Iris nach. „Vogler? – Aber dann müssen Sie ja der Sohn von James Vogler sein, dem berühmten BND-Agenten, James Vogler, der Killerlegende."

„Gut, gut", sagte Vogler gereizt.

„Wissen Sie", sagte Fräulein Iris, „Ihr Vater war oft bei uns. Er ist ein sehr netter Mann gewesen, etwas nervig vielleicht, aber nett. Ich hatte ihn gut gekannt gehabt."

Nun aber wollte Rüdiger Vogler den Fehler des Plusquamperfekts nicht noch einmal unkommentiert durchgehen lassen und sagte so frech wie nur denkbar:

„Hatte – gekannt – gehabt –, sind Sie vielleicht schon tot?", worauf Fräulein Erika durchaus schlagfertig konterte: „So, wie sie arbeitet, könnte man das in der Tat mitunter meinen." Nun brachen beide in ein wieherndes Lachen aus, in dem sich alle, auch Vogler selbst, schnaubend vor Witz und wachsendem Wahn wie auf wohligem Weidegrün wiesenfroh und gedeihlich ergingen.

6. Der ferne Spiegel

Noch innerlich nachlachend, passierte Vogler den Pacelliplatz, sah den Bekleidungsverkäufer jetzt vorderseitig, was die Sache zwar anders, aber keineswegs besser machte, und suchte den Ausgang. Er fand ihn nicht. Er schritt das weite Rund von innen ab, ein immer noch großes Rondell, dessen mannshohe Büsche jeglichen Austritt verwehrten. Vogler lief es einmal im Uhrzeigersinn ab, und dann, wohl um irgendeine mystische Entdeckung zu machen, noch einmal komplett gegen den Uhrzeigersinn, und dann, nachdem es keine mystische Entdeckung zu machen gab und die Bresche, die er zuvor ja geschlagen hatte, naheliegenderweise wieder zugewachsen war, brach er mitten durchs Gestrüpp. Dabei zerriss er sein angerissenes Poloshirt, es war mittig und brustseitig mit einem einzigen Riss geteilt, er verlor einen Schuh, blutete jetzt stark aus Gesicht, Händen und Beinen, Hose zerfleddert, kurz, die Bekleidung, die schon zuvor casual, lässig, nachlässig oder einfach nur schlampig war und nach dem Hinweg bereits ins Clowneske und Vogelscheuchenartige hinübergespielt hatte, lag ihm nun in Fetzen am massigen Körper. Kurz, er sah aus wie ein Gespenst, ein Eindruck, den seine grauen, langen und durch die Passage jetzt wirr auf dem Kopf flammenden Haare deutlich genug unterstrichen. Wie gerne hätte er nun einen Hut gehabt. Er sah aus wie ein ins Irre gekippter expressionistischer Stummfilmschauspieler, der gerade etwas ganz Entsetzliches gesehen haben musste und jetzt mit rollenden Augen und zu Berge stehenden Haaren jenseitsverblödet in die Kamera blickte. Und so war es auch nur die halbe Wahrheit, als Vogler, nun wieder auf der öffentlichen Seite des Pacelliplatzes stehend, an sich herunterschaute und dachte, *er sähe aus* wie ein Geist.

Er wollte jetzt nur noch nach Hause und machte sich auf den Heimweg. *Ach, diese endlosen Straßen von gestern,* sagte er jetzt humpelnd und laut, *dieser Lockruf des Vergessenen, ach, gedeutete Welt, Ordnungen, Redensarten, Meinungsallerlei. Titelseiten, Tagträume, Kugeln, die mehr oder weniger weit fliegen. Was bleibt, ist doch nicht mehr als irgendein Abgrund, auf dass wir ihn täglich wiedersehen, Bestätigendes, Launen, Laster, hundstreue Gewohnheiten, Charakterzüge, denen es bei uns gefiel, und so blieben sie und gingen nicht mehr weg. Ein Käfig ging einen Vogel suchen. Und fand ihn. Immerhin. Genpool, Schicksal, irre Kombinati-*

onen. Würfelwürfe, Zufälligkeiten. Seltsam, jetzt alles so lose im Raume flattern zu sehen.

Vogler, den wir als durchaus biederen Mann kennengelernt haben, schien metaphysisch stark erhöht, oder, deutlich wahrscheinlicher: dem Wahnsinn, wenn auch irgendwie seherischer Art, nahezustehen. Man darf es als klaren Vorteil mangelnder geistiger Regsamkeit ansehen, dass die seelischen Elevationen, ähnlich wie bei einem flugunfähigen Vogel, einem Nandu, einem Strauß oder, wie es uns hier am korrektesten erscheint: einem Pinguin, selten genug zu echten Höhenflügen ausreichen, sonst wäre er womöglich davongeflogen, was, orthopädisch gesehen, nicht die schlechteste Lösung hätte sein mögen. So gelangte Vogler aber zu Fuß und entengangartig zu seinem Haus. Die Türe stand genau so weit offen, wie er sie hinausgehend belassen hatte. Kein Mensch zu sehen. Tja, dachte Vogler, die Leute kommen und gehen durch geöffnete Türen, ein geradezu beschämend banaler Gedanke, der ihm aber jetzt als tiefere Weisheit erschien, er wusste nur nicht, welche. Irgendwann sind die da und dann wieder fort, dachte Vogler, belanglos und dunkel sinnierend im Flur. Und auch der an Allerseelen in weiten Teilen Deutschlands übliche Brauch, einen ganzen Tag und eine ganze Nacht die Haustüre weit geöffnet zu halten, ein Brauch, der unbequem, heizungstechnisch und auch versicherungsseitig lästig genug war, machte ihm jetzt einigen Sinn, denn die Seelen kamen wie die Menschen durch offene Haustüren, wenngleich man meinen könnte, sie seien jetzt wesentlich flexibler als jemals zuvor.

Vogler betrat das Wohnzimmer. Dort saß nicht mehr sein Vater, was ihn auch hochgradig erstaunt hätte, denn das wäre außerhalb jeglicher naturwissenschaftlichen Gesetzmäßigkeit gewesen. Nur Gerd von Stappenbeek, der seinen Rausch ausschlief, hockte, in sich versunken und mit seinem Kopf nach vorne gekippt, noch immer auf dem Sofa. Dummerweise war nun das Aquarell ruiniert, was Vogler allerdings jetzt als eher mildes und spaßiges Malheur erschien, spaßig, weil das Motiv nun nicht auf der Wand zu sehen war, sondern spiegelverkehrt auf der Rübe des dösenden Gastes lag, so dass man kurioserweise zu dem Eindruck gelangen konnte, nicht Klee habe den staunenden Engel gemalt, sondern Stappenbeek selbst, dem das Motiv gleichsam kopfentsprungen schien. Ein wirklich bedeutender Hinterkopfdenker, dachte Vogler anerkennend.

Auf dem Sessel, in dem zuvor sein Vater gesessen und dozierend das große Wort geführt hatte, saß jetzt seine Mutter, allerdings still und versunken. Vogler sprach sie an, doch obwohl sie offenen Auges dasaß, antwortete sie nicht. Vogler brüllte *Mama!,* aber sie blieb wie abgelenkt von einem stärkeren Leben. Kein Wunder, wie Vogler jetzt erkannte. Denn das, was er sah, war nun wirklich magisch zu nennen. Die Frau starrte mit ausgestreckter Hand in einen kleinen Schminkspiegel mit brüchigem Plastikrand. In diesem Spiegel sah man eine junge, kaum zwanzigjährige Frau, das blonde Haar frech zu einem Pferdeschwanz gebunden, ausgehfertig, stadtfein und lebensfordernd mit Petticoat und Trägerbluse. Irgendetwas musste sie gestört haben, denn jetzt starrte sie, stier und entsetzt, aus dem – wie soll man es ausdrücken? – Spiegel heraus. Sie sah eine alte Frau reglos in einem Plüschsessel sitzen, die sie ratlos beäugte. Nun fing die junge Frau, die eben noch forsch und abenteuerfröhlich schien, leise an zu weinen. Die alte Frau, die sich so selbst als junges Mädchen erkannt habe dürfte, weinte ebenfalls, allerdings sehr stark. Jetzt weinten beide hemmungslos. Nun bedeutete die alte Frau der jungen Frau, näher an den Spiegel heranzutreten, wodurch man besser ihr bübisch freches, aber auch maßlos enttäuschtes Gesicht sah. Dann führte sie ihre Lippen direkt an den Spiegel, so dass sich beide Frauen – wie soll man es überhaupt noch sagen? – selbst küssten.

So wird es wohl immer sein, wenn der große Tanz beginnt und endet.

Kleine Fahrt

Der Ehrenpraktikant.

Ein großes Münchner Funkhaus hatte für zwei Monate einen hohen japanischen Besucher zu Gast. Der Hospitant, ein vornehm gekleideter, stiller und nahezu vollständig ergrauter Mann Ende 50, hatte den Wunsch geäußert, den journalistischen Alltag bei einem der großen Sender Deutschlands kennenzulernen, und da es sich real um nichts anderes als um ein Praktikum handelte, er, der Gast, aufgrund seines Alters, Standes und seiner reservierten Distanz keineswegs mit den üblichen und minderwertigen Aufgaben eines Praktikanten behelligt werden durfte, erhielt er den formellen, aber etwas lächerlichen Titel eines *Ehrenpraktikanten*. Als solcher konnte er kommen und gehen, wie es ihm beliebte, Produktionen aufsuchen und auch wieder verlassen, was er oftmals auch mitten im Dreh tat, wobei er nicht selten in gelangweilter Haltung, ja sogar gähnend mitunter durch das Bild lief, eine Geste, die entweder auf hohe Vergeistigung oder auf enorme Geringschätzung deutete, womöglich gar auf beides, und die normalerweise einen Riesenärger zur Folge gehabt hätte; er konnte seine Meinungen, Ansichten und auch seine Kritik selbst den höchsten Stellen des Hauses gegenüber freimütig äußern, was er aber stets unterließ, vermutlich, weil solche Diskussionen weit unter seinem Niveau standen und ihm somit des Aufwands überhaupt nicht wert schienen. Da er selbstredend auch kein Wort Deutsch konnte, stellte man ihm eine junge Japanologin zur Seite, eine burschikose, blonde Frau mit Pferdeschwanz, die in Heidelberg und Kyoto japanische Sprache und Kultur studiert hatte und jetzt als Redakteurin im Funkhaus arbeitete.

Das Verhältnis zwischen Silke Schlechtweg und dem Ehrenpraktikanten darf man als höflich zwar, aber durchaus kühl betrachten, und so nahm es einiges Wunder, dass der ältere Japaner die Jungredakteurin an einem schönen Spätsommertag bat, sie nach Feierabend bei einem Shoppingbummel durch die Münchner Innenstadt begleiten zu dürfen. Es hieße nun, grob zu lügen, wolle man behaupten, dass die junge Frau über dieses Ansinnen besonders erfreut gewesen wäre. Denn eigentlich wollte sie mitten in den Schlussverkauf hinein diverse hippe Modegeschäfte plündern, eine Absicht, von der sie nun leider sofort Abstand nehmen musste, denn es hätte sich einigermaßen kurios ausgenommen, mit einem stocksteifen und erlesen gekleideten Japaner, der stets in handgenähten und leibgeschneiderten Dreireihern edelsten Tuches auftrat, dazu mit einer zumeist lachsfarbenen Krawatte, einem altweißen und scharf gebügelten Einstecktuch sowie einer täglich frisch geschnittenen Chrysantheme im Revers, durch die Stangenwelt deutscher Klamottenläden wie *Shrexx, Bongo-Bongo* oder *Pimp my Ass* zu tingeln.

So schlug sie vor, mit ihrem Begleiter in eine Buchhandlung zu gehen, was gleichfalls ziemlich entlegen war, da der Besucher, der einer Landessprache nicht fähig ist, an ihren Schriftwerken wenig genug Freude haben dürfte.

Immerhin war es die größte Buchhandlung der Stadt, ein Buchkaufhaus über drei Etagen mit Rolltreppen und straßenseitig vollständig verglast. Die junge Redakteurin parkte den Japaner in der Abteilung der Bildbände, denen er hoffentlich einiges Interesse abgewinnen mochte, ein glücklicher Einfall auch deshalb, weil das Regal mit Kladden in einiger Nähe war. Silke Schlechtweg nämlich hatte ein dunkles Geheimnis. Sie als Kladden-Freak zu bezeichnen, wäre eindeutig zu schwach gewesen, denn sie besaß eine geradezu fetischistische, falsch, eine magische Beziehung zu diesen DIN-A4-großen, völlig unbedruckten, grifffreundlichen Büchern, die hier, von einfachen China-Kladden bis hin zu aufwändig gebundenen Folianten, ein eigenes Regal beanspruchten.

Hätte man – von außen betrachtet – die närrische Kladdenverliebtheit der Frau beurteilen müssen, würde man wohl von einer normalen Macke gesprochen haben, aber im Inneren war es viel mehr als einer der handelsüblichen Ticks.

Denn Silke Schlechtweg war im Lauf ihres Studiums zu der festen Überzeugung gelangt, dass sämtliche *gedruckten Bücher,* oder sollte man sagen: *bereits gedruckten Bücher,* mehr oder weniger wertlos seien, ein endlos verschlungener Knäuel abgelebter Erfahrungen, ein Gewirr aus Zitaten, Verweisen, Eitelkeiten und kleinen Rechthabereien, längst erledigten Gedanken also mit ihren tausendfältigen Beziehungen und Abhängigkeiten und nur die *ungeschriebenen,* oder sollte man sagen: *die noch ungeschriebenen* Bücher die wertvollen Bücher seien, eine Ansicht, die auf ein echtes Dilemma hinausläuft, denn wenn die geschriebenen Bücher wertlos sind und die wertvollen Bücher noch nicht geschrieben, dann konnte man in der Tat von einem toten Rennen sprechen, das aber Silke Schlechtweg oder Frau Magister Schlechtweg dadurch aufzuheben gedachte, dass sie selber ein Buch schreiben wollte, und zwar genau *ein* Buch und auch *nur* eines, genau gesagt: *Das Buch* schreiben werde.

Ein Buch also, das alle wesentlichen Fragen des Lebens in praktischer Hinsicht, der Existenz unter philosophischen Aspekten sowie der Welt unter ontologischer, astrophysikalischer und seinsmäßiger Betrachtung zu beantworten befähigt wäre, *a book to end all books,* das auf exakt einhundert Seiten, und dies war die übliche Kladdengröße, sämtliche Fragen und Probleme dessen, was es heißt, zu leben, weder formalhaft verkürzt noch theoretisch weitschweifig, weder zu kurz also noch zu lang, sondern passgenau zur Darstellung und zur Lösung brächte, eine Aufgabe, die für eine 35-jährige Frau durchaus ambitioniert, aber letztlich auch leistbar erschien, zum einen objektiv, zum anderen und umso mehr aus der Sicht von Silke Schlechtweg selbst.

Der hohe Gast hatte sich, nachdem er die anderen Bildbände noch nicht einmal der Berührung für würdig befand, mit einem Prachtband in die Sitzecke zurückgezogen, betrachtete ihn mit einer gewissen Ergriffenheit jetzt Seite für Seite und schien, sofern man das bei einem Japaner überhaupt so rundheraus sagen konnte, beglückt. Der Bildband zeigte Fotografien des Lebenswegs von Martin Heidegger, einem Philosophen, der gerade in Japan extrem hohes Ansehen besitzt und dessen Hauptwerk *Sein und Zeit,* das hierzulande im Ruf eines unlesbaren Buches steht, in Japan bereits in der 50. Auflage ist – eine unglaubliche Tatsache, die man unbedingt googeln sollte – und dort so populär und auflagenstark ist wie in Deutschland bestenfalls *Die Memoiren der Fanny Hill,* Hitlers *Mein Kampf* oder *Pu, der Bär.* Der Band selbst bot fast ausnahmslos schwere, sehr konturenstarke Schwarz-Weiß-Fotografien: Heidegger mit Joppe und Lederrucksack fast bäuerisch einen Feldweg beschreitend, Heidegger andächtig und seinsversunken hinter einem Suppengericht in seiner berühmten Hütte im Schwarzwald sitzend, Heidegger mit Metalleimer vor der Tränke des kleinen Hauses Wasser schöpfend. Diese überstarke *Dinglichkeit* des einfachen Lebens schien den Japaner stark zu faszinieren. Er stand auf, nahm den Bildband, ging auf die Verkäuferin zu und sagte, indem er das Buch mit ausgestreckten Armen vor sich hielt und dabei sich tief und huldvoll verbeugte, er sagte also in einem vorzüglichen und grammatisch völlig korrekten Deutsch:

„Dieses Buch ist so schön, dass ich bereit wäre, es mir von Ihnen schenken zu lassen."

Die Verkäuferin war sehr überrascht. Vom ersten Moment an hatte sie den Eindruck des absolut Hocherstaunlichen. Allerdings flimmerte dieses starke Gefühl schnell ins Alltagspraktische hinweg und sie fragte ziemlich forsch und zugleich auch richtiggehend dumm, was das nun bedeuten solle. Der Gast wiederholte, immer noch das Buch weihevoll mit ausgestreckten Armen haltend, aber jetzt mit einer leichteren Verbeugung:

„Das Buch ist schön. Sie dürfen es mir schenken."

Nun wurde die Verkäuferin sehr unfreundlich und bezichtigte den Japaner namentlich des *Affentheaters* und, grob genug, des *schlitzäugigen Getues,* was dieser mit der schamhaften Geste des Niederschlagens seiner Augen quittierte, leise das Buch in ihre Hände legte, zur Rolltreppe ging und endlich in stocksteifer Haltung herunterfuhr.

Wäre Silke Schlechtweg nicht so träumerisch vertieft in eine prächtige Kladde gewesen, hätte sie durchaus früher einschreiten und so das Unglück verhindern können. Jetzt aber ging sie sehr zügig auf die Rolltreppe zu, auf der, gerade und grämlich, der hohe Besuch aus Japan verschwand. Sie entschied sich jedoch, ihm nicht zu folgen und stattdessen die Verkäuferin mit dem Bildband im Arm zur Rede zu stellen, was sich kurios ausnahm, da sie selbst eine Kladde mit Goldschnitt, Ledereinband und Bünden unter ihrem eigenen Arm trug. Magister Schlechtweg machte keine langen Vorreden und sagte der Verkäuferin mitten und scharf ins Gesicht hinein:

„Ihnen ist ja wohl schon klar, dass Sie den künftigen Kaiser Japans soeben tödlich beleidigt haben!"

Genau das hatte sich die Verkäuferin, so, wie man eine sehr starke Ahnung dunkel in sich trägt, bereits vage gedacht, und deshalb schien es ihr zwar als eine Bestätigung, aber als eine überflüssige Bestätigung, dass ein Bildband, der die Geschichte des japanischen Kaiserhauses dokumentierte, griffbereit im Regal stand und ihn, den Kronprinzen, mit Foto und erklärendem Kurztext auf der letzten Seite sämtlicher Gottkaiser aufführte, übrigens – und wie um sie zu äffen – modern und europäisch in einem Dreireiher gekleidet mit lachsfarbener Krawatte, altweißem Einstecktuch und Chrysantheme im Knopfloch, wobei es sie in höchste magische Bedrohlichkeit, ja geradezu in Seelenpanik versetzte, dass das Foto eben erst geschossen sein konnte, da es den künftigen Tenno mit dem Heidegger-Bildband in einem Münchner Buchkaufhaus zeigte, direkt gesagt: genau so, wie er vor wenigen Minuten noch ihr gegenübergestanden hatte. Solche Korrespondenzen gibt es, aber es gibt sie glücklicherweise nur selten, denn sie deuten zumeist auf ein schweres Verhängnis hin. Der offensichtliche Bruch der Kausalität ist zumeist final. Das weiß jeder. Nun verbeugte sich die Verkäuferin tief, formell und umständlich vor der jungen Redakteurin und sagte mit sehr großem Ernst:

„Dass ich verflucht bin, weiß ich. Doch bin ich auch verloren?"

Jetzt war es an Silke Schlechtweg, die Verzweifelte gestisch aufzuheben. Sie berührte sie leicht an der gebeugten Schulter und bedeutete ihr in leisen, fast schon singenden Worten, den Bildband über Heidegger wie auch die prachtvolle Kladde, die das gedruckte Buch bei weitem an Wert überstieg, gemeinsam und aufwändig einzupacken, das Präsent mit einem vogelnestartigen Gewirr aus Schleifen und Zierbändern zu verschnüren und dieses Geschenk als Gnadengesuch dem verärgerten Gott über sie selbst als seine Mittlerin und Götterbotin zukommen zu lassen. Unter Tränen, Klagen und halblauten Selbstbezichtigungen verpackte die Verkäuferin die beiden Bände mühevoll zu einem flauschigen Nest und überreichte endlich das Weihegeschenk mit tiefen Verbeugungen und Segenswünschen der Götterbegleitung.

Diese nahm das Geschenk mit einem halben Nicken in Empfang, einem bestenfalls halbklaren, urteilsverschleppenden und empfangsbestätigenden Nicken, das sich nichts vergab und weder Ja noch Nein zu sagen bereit war, und fuhr nun in ebenso stocksteifer Haltung die Rolltreppe hinab, wobei sie auf jeder Etage jedoch eine lässigere, man kann auch sagen: schlechtwegschere Haltung einnahm, so dass sie, auf der Einkaufsstraße angelangt, wieder jene junge Blondine mit Pferdeschwanz war, als die sie das Buchkaufhaus betreten hatte. Silke Schlechtweg schaute längere Zeit nach links, dann nach rechts, dann noch einmal nach links, und als sie so zu der Überzeugung gelangt war, dass der Ehrenpraktikant nicht mehr zu sehen war, nahm sie das Päckchen doch recht burschikos unter ihren Arm, zerdrückte dabei seinen kunstvollen Aufbau und ging nach Hause. Bereits nach wenigen Schritten wurde ihr deutlich, dass sie das Paket behalten werde, denn das Seelenheil der Verkäuferin war ihr nicht weiter des Nachdenkens wert und auch die Enttäuschung des Göttlichen selbst kümmerte sie wenig. Sie hatte jetzt zu schreiben.

Späte Einsicht.

Man will immer das, was man auch verdient hat, sagte sie, am faustgroßen Frühstückstisch sitzend. Er meinte, wie auf ein beiläufiges Kompliment hin: Ja. Erst ihr zunächst gackerndes, dann geiferndes, schließlich diabolisches Lachen zeigte ihm, dass sie in einer ganz anderen und jetzt völlig gegensätzlichen Weise absolut recht hatte. Eine späte Einsicht. Schade, dachte er, denn jetzt war es vorbei.

Ole Pedersen, Hirschpark in Kopenhagen (1885).

Nach längeren, teils verqueren, teils tiefer inspirierten Erwägungen machten sich zwei Leute in der Mitte ihres Lebens an einem schönen Sommernachmittag von Wannsee kommend auf den Weg nach Berlin-Schöneberg, um sich das teppichgroße Bild eines Freundes anzusehen, das dieser erst kürzlich auf einer Auktion erworben hatte. Das Bild zeige auf magische Weise, wie der Mann und eigentliche Freund des Sammlers nachdrücklich meinte, einen Hirschpark in Kopenhagen. Sie kenne überhaupt kein Sujet, das noch langweiliger sei als ein Hirschpark in Kopenhagen, sagte die Ehefrau, die eigentlich baden gehen wollte. Von wem das Bild sei. Es ist, sagte der Mann, die Arbeit eines nicht sehr bekannten dänischen Malers, der rasant begonnen hatte und sogar auf einer der Weltausstellungen Ende des 19. Jahrhunderts vertreten war und gewiss noch Renommee erworben hätte, wäre er nicht ziemlich früh gestorben und zwar kurioserweise, nachdem er den Hirschpark im Sommerlicht beendet hatte. Sie stehe nun überhaupt nicht auf so Hirsch-Zeugs, meinte die Frau, und wolle lieber an diesem schönen Sommertag baden gehen. Um die Kack-Hirsche, die klein und äsend irgendwo am Bildrand herumlungerten, ginge es ja auch gar nicht, sagte er, sondern um die Magie eines Sommertags. Diese Magie, sagte sie, läge ja fußläufig vor ihrer Haustüre, und genau deshalb wolle sie jetzt auch im kleinen Wannsee baden gehen. Kleiner Wannsee, großer Wannsee, das sei letztlich alles ein und dasselbe, alleralltäglichste Wirklichkeit und magisch auch völlig irrelevant. Es gehe vielmehr um das Atmen eines Sommertags an sich, gleichsam um die Idee des Atmens, das, wenn sie so wolle: Große Atmen, nur darum gehe es.

Das letzte Kapitel des großen und unvollendeten Romans *Der Mann ohne Eigenschaften* von Robert Musil, sagte nun ziemlich belehrend und beispielgebend der Ehemann, trage den Titel *Atemzüge eines Sommertags*, und diese Atemzüge eines Sommertags könne man auf dem Bild des Freundes auch spüren. Man könne, wenn man so wolle, das Bild sogar atmen hören. Und mehr noch. Man könne sogar in dieses Atmen eintauchen und es direkt miterleben.

Das, und das alleine, mache dieses Bild, das er zuvor bereits kurz gesehen hatte, so überaus interessant, einzigartig und, wenn er so sagen dürfe: weltenthoben. Was mit Robert Musil eigentlich passiert sei, nachdem er die Atemzüge eines Sommertags geschrieben habe, wollte die Frau jetzt wissen. Na, was wohl, sagte er – Musil ist mitten im Text verstorben, Herzinfarkt, Kettenraucher, Anfang 60. Immerhin sei er dann ja wohl in der Fülle des Lichts gestorben, so wie van Gogh inmitten des sommerlichen Kornfelds, ein sehr erstrebenswerter Tod, meinte die Frau, denn die meisten stürben in der Fülle der Dunkelheit, inmitten von Kram, Trott und Selbstverblödung, was, wiederum bei Licht betrachtet, gegen das endlose Abspulen von Lebensjahren spräche. Untergang oder Niedergang, meinte sie, mehr bleibe irgendwann nicht übrig. Und so ging sie letztlich dann auch mit nach Schöneberg, wo sie ansonsten an diesem schönen Sommertag wenig genug verloren hatte.

Das Haus des Freundes, ein großer ockerfarbener Altbau mit unzähligen Parteien, war sehr umtriebig. Andauernd passierten die beiden im Treppenhaus Mitbewohner mit Handwerkszeug in den Händen: Rohrzangen, Sägen, Stemmeisen, einem Schlagbohrer. Irgendwo musste ein Malheur passiert sein, dem die anderen hilfreich zustrebten, wenngleich keine der Wohnungen offen stand, was man deshalb mit Sicherheit sagen konnte, weil der Freund im vierten und zugleich letzten Stockwerk wohnte. Als sie oben waren, bemerkten sie allerdings, dass seine eigene Eingangstüre nur angelehnt war. Der Mann rief vom Flur aus kräftig in die Wohnung hinein. Keine Antwort. Dann öffnete er diebisch die Türe. Ob sie wirklich in fremde Räume eindringen sollten, meinte sie. Klar, sagte er, einen besseren Zeitpunkt werde es wohl nicht mehr geben.

Jetzt standen beide vor dem riesigen Lappen seines Freundes, der, goldgerahmt, im Wohnzimmer hing. Sie setzten sich auf zwei weiße Sessel, die v-förmig vor dem Gemälde standen, und schauten das Bild gemeinsam an. Es hatte eine magische Wirkung, und das ist noch verschleiernd und volksschulmäßig gesagt, denn irgendwann meinte sie beiläufig, so wie man eine naheliegende Beobachtung mitteilt, sie könnten doch einfach ins Bild treten.

Eindringen?, fragte er. Wer offenbar in eine fremde Wohnung eingedrungen sei, könne zugleich in ein Bild eindringen, das in dieser fremden Wohnung hänge, das mache juristisch auch nichts mehr aus. *Du musst es als Rechtsanwältin ja wissen*, sagte er, und nachdem sich beide hatten sinken lassen und kurz nur die Augen schlossen, gelangten sie mitten hinein in das Bild.

Es gibt wirklich nichts Langweiligeres als einen Hirschpark in Kopenhagen, meinte sie, nachdem sie im Hirschpark in Kopenhagen waren. *Stimmt*, sagte er enttäuscht, wie sie da im knöchelhohen Gras standen, ein paar äsende Hirsche, darunter auch ein Albinohirsch in schicklicher Ferne, ein träges Fließ, das das Areal durchzog, lustige Schäfchenwolken am Himmel, dazu flirrende Bäume im Sommerlicht. Im Hintergrund und zwischen den Bäumen sah man jedoch ein unverhofftes Blau. *Das dürfte das Meer sein*, sagte sie, und da sie ohnehin baden gehen wollte, zog sie ihn lachend und jung durch das hohe Gras direkt zum Wasser. *Was ist das für ein Gewässer?*, wollte sie jetzt wissen. *Irgendein Sund*, sagte er, *Kopenhagen liegt an irgendeinem Sund.* Ob er schon einmal in einem Sund gebadet habe, fragte sie. *Ja, sagte er, aber ich bade ungerne im Sund, denn ein Sund ist nicht sonderlich breit und man hört mitunter die Gegenseite rufen.* Da war sie aber schon ausgezogen und lag nackt und fordernd im Wasser. Er musste ihr jetzt nackt folgen, alles andere wäre feige und unromantisch und vor allem unmännlich gewesen und hätte dem hohen Moment nicht im Mindesten entsprochen. Er entkleidete sich umständlich und langsam, so, wie man sich vor einer drohenden Gefahr entkleidet. Nun schwammen beide im Sund, und zwar tief hinaus. Von einer gewissen Höhe an konnte man eine gegenüberliegende backsteinfarbene Stadt vage erkennen.

Malmö!, sagte er schwimmend, *das müsste Malmö sein. Komm, lass uns nach Malmö schwimmen*, sagte sie, von Zug zu Zug abenteuerlustig und forscher werdend, so, als habe sie jegliche Angst verloren. *Auf keinen Fall*, sagte er, euphorisiert zwar, aber immer noch verständig genug, *ich schwimme nicht nach Malmö! Du warst schon immer ein schlechter Liebhaber*, sagte sie gespielt frech, jungmädchenhaft und patzig, legte sich nun flach und kraulend ins Wasser, zog an und davon. *Wir sehen uns wieder!*, rief sie ihm fröhlich nach.

So saß er lange und wieder bekleidet an dem schmalen und buschbestandenen Meerzugang des Kopenhagener Hirschparks und lauschte dem Atem des Sommertags. Irgendwann begann es allerdings zu dämmern, und da Hirschparks an sich wirklich überaus langweilig sind, ließ er sich direkt vom Ufer aus fallen, schloss kurz die Augen und trat wieder aus dem Bild heraus. In Schöneberg war es immer noch sonniger Nachmittag. Hätte er auf eine Uhr schauen können, wäre ihm aufgefallen, dass keine Zeit vergangen war. Nicht wenig, sondern überhaupt keine Zeit. Er saß noch eine Weile auf einem der beiden v-förmigen Sessel und verließ nun allein die Wohnung des Freundes.

Unten im Haus traf er ihn dann beratschlagend stehen, während er selbst von oben die Treppe herunterkam. Ein kurzes Hallo. Er sei beschäftigt gewesen, sagte der Freund, ein Notfall. Ob er sich das Bild noch einmal anschauen möge, fragte er ihn, und da dem Mann keine passende Redensart einfiel, sagte dieser kurzerhand Ja. Hinaufsteigend fragte ihn der Freund, ob er in seiner Wohnung gewesen sei. *Keineswegs*, sagte dieser, denn er betrete keine fremden Räume. So saßen nun die beiden Freunde in den weißen v-förmigen Sesseln und während sie die gemalten Atemzüge eines Sommertags beschaulich atmend an einem Sommertag betrachteten, sagte der Freund auf einmal mitten hinein in die friedliche Stille und sehr scharf: *Du linke Sau!*

Du linke Sau warst nicht nur in meiner Wohnung, sondern auch noch in meinem Bild! Der so Angesprochene mimte nun in bunter Folge den Arglosen, den Erstaunten, den Empörten und die verfolgte Unschuld, doch es half alles nichts, denn, wie der vormalige Freund scharf zu beweisen wusste, hatte der Firnis des Bildes einen kleinen, aber sichtbaren Riss, und auch der Hinweis, dass alte Ölbilder nicht selten Schäden im Schutzanstrich haben, half hier nicht weiter, denn er, der einstige Freund, hatte das Bild erst gestern frisch gefirnisst und seine Arbeit vor dem Notfall im Haus eingehend betrachtet und für fehlerfrei befunden. Nun könne er das Bild noch einmal versiegeln und müsse es sogar, da das Bild sonst magisch ausströme. Das sei nicht ungefährlich. Nur Idioten könnten die Meinung vertreten, dass Bilder „schön" seien. Es ist vielmehr so:

Das, was als schön erscheine, sei nichts anderes als die reine Gefahr. Schönheit sei immer das, was man *gerade noch* aushalten könne. Ein Wagnis also. Eine Mutprobe. Er stand auf, nahm die tatsächlich noch angebrochene Flasche mit Firnis von einem weißen Vertiko im Wohnzimmer und strich mit einem feinen Pinsel über den Riss. Hier hätte der Eindringling unbedingt protestieren müssen, aber es gibt eine innere Schmach und niedere Form des Beschämtseins, einen Kleinmut, wenn man so will, der einen keinen Laut mehr über die Lippen bringen lässt. Wortlos saß er daneben, klamm und klein saß er dabei, wie das Bild nun geschlossen wurde, und als die kurze Arbeit getan war, packte ihn der Hausherr grob an den Schultern, zog ihn aus dem Sessel heraus und schob ihn mit festem Griff zur Wohnungstüre, die immer noch angelehnt war. In der stand jetzt allerdings einer der Mitbewohner, der unlängst noch umtriebig im Haus tätig gewesen war, und sagte in einem knappen, keineswegs empathischen, ja schnöden und mehr als beiläufigen Ton zu seinem Nachbarn: *Die Frau ist übrigens gestorben.*

Ein ganz einfacher Trick.

Widrigkeiten bereits vom Morgen an, Widrigkeiten, die mit der Temperatur anstiegen und sich mittags zu einer alles umfassenden Widerwärtigkeit summiert hatten. Da hatte sie dann genug und schlug sich mit ihrer flachen Hand einmal hart auf die Wange. Gleich danach brannte ein Schauer auf die ganze Stadt hinab, und der Tag wurde dann doch noch leicht und unabsehbar schön.

Die goldene Ente.

Sören König, so wollen wir etwas verschleiernd einen erfolgreichen Kritiker im besten Mannesalter nennen, Sören König, eine der edelsten Zungen Deutschlands und Chefredakteur eines Hamburger Gourmetblatts, das wir, allein schon aus rechtlichen Gründen, mit dem pompösen, aber frei erfundenen Titel *Goldene Ente* bezeichnen möchten, wobei wir hoffen, dass es nicht ein Publikationsorgan gleichen Namens tatsächlich auch gibt, blöde genug wäre er ja, Sören König endlich, verheiratet, zwei Kinder, hatte über Jahre hinweg eine Augenaffäre mit der isländischstämmigen Frau seines Chefs, des Herausgebers der namhaften Feinschmeckerzeitschrift *Goldene Ente*, einem kulinarischen State-of-the-Art-Magazin, das in Europa seinesgleichen sucht. Mundfertig und wie um ihm das Maul weiterhin wässrig zu halten, sprach Freija M., Ende 30 und kinderlos, bei den unzähligen Treffen beider Paare häufig genug davon, dass es nichts gäbe, was der Reinheit der isländischen Frau in einer sehr bestimmten Hinsicht auch nur entfernt entspräche, wobei der Witz dieses geselligen Double-Talks auf das Geschlechtliche zielte und Sören König, den die Frau seines Chefs bereits im groben Ungefähr und somit bekleidet stark ansprach, zu der Einsicht gelangen musste und tatsächlich auch gelangte, sie habe ein außergewöhnlich gepflegtes Geschlecht, oder, in den Worten Königs selbst gesagt: eine sahnige Muschi.

Dass ein Mann, der, auf welchen Wegen auch immer, zu dieser inneren Anschauung gelangt ist, es bei der bildstarken und somit die Sinne und letztlich den Willen stark affizierenden Attribuierung *sahnig* keineswegs belassen *kann*, dass ihn also allein das Wort *sahnig* an sich schon zur Tat und Umsetzung drängt, dieser genuin sprechtheoretische Akt, der *zwingend beweist*, dass die *Beschreibung immer schon der Wirklichkeit vorausgeht* und somit bereits die halbe Wirklichkeit ist, die sich dann einfinden und zusammenstückeln wird, mit ihren Finten, doppelten Böden, falschen Freunden und Scheinterminen, wie immer sie es vermag, ist eine so *bedeutende Einsicht in die Struktur unserer Welt*, dass man es als Glücksfall ansehen muss, das ich, der Erzähler und Schulfreund des König, eine moralphilosophische Professur an der Katholischen Universität von Senzing innehabe, Senzing am Inn, um genau zu sein. König selber, der seine lange Zunge in alles hineinsteckte, was ihm irgendwie fluffig erschien, und darüber kaum mehr als gefällig zu schreiben wusste, König also, ein Mann von durchaus durchschnittlicher Denkungsart, hätte jedenfalls diesen interessanten Gedanken nie im Leben beibringen können. Dazu fehlte ihm eigentlich alles. Was ich als alter Schulfreund auch beurteilen kann.

Wir glauben hier bereits den Leser beim Augenrollen beobachtet zu haben und müssen daher leider wieder ins Gefällige und Bumsbereite einschwenken. Denn glücklicherweise hatte Sören König schon bald Gelegenheit, diese innere Anschauung durch die äußere Wirklichkeit selbst überprüfen zu können. Der reine Zufall, von dem wir ja jetzt wissen, dass er die bereits vorgedachte Realität und somit nichts anderes als die Notwendigkeit selbst ist, *diese notwendige Zufälligkeit* oder *zufällige Notwendigkeit* also schenkte den beiden eine stille Stunde in Freijas ehelicher Wohnung und hier genau auf ihrem weinroten Sofa. Die nordische Frau gedachte die Zeit nicht mit langen Vorreden zu vergeuden, also noch eigens über Dinge zu sprechen, die ihr durch das viele Augenreden als abgemacht und spruchreif galten. Sie zog sich, wie es schien, in einer einzigen fließenden Bewegung Sommerkleid, BH und Slip herunter, spreizte ihre Beine und forderte den noch vollbekleideten Augenfreund auf, vor sie hinzuknien und ihr das Geschlecht zu lecken. Das tat Sören König umso hingebungsvoller, da sie im Intimbereich völlig enthaart war und der Gourmetkritiker, ein, offen gesagt, nur mäßig aussehender Mann Mitte vierzig, ihre sahnige Muschi mit großem Eifer ohne störendes Beiwerk verkosten konnte.

Irgendwann guckte er zwischen ihren Schenkeln hervor und meinte kennerhaft, nun wisse er um die Reinheit hochnordischer Frauen und könne sie nur bestätigen. Allerdings war er jetzt auch bis zum Zerplatzen geil geworden und entledigte sich, immer noch leckend und mit dem Kopf zwischen ihren Beinen, seines Sakkos und Hemds – so als dürfe er den Fluss ihrer Erregung keineswegs abbrechen lassen –, seiner Hose und Shorts sowie seiner Schuhe, die er an den Hacken abstreifte, und letztlich auch der Socken, die er, da er seine angenehme Position keineswegs zu verändern gedachte, auf eine fast schon slapstickartige Weise mit den Zehen des jeweils anderen Fußes umständlich abzog.

Endlich war auch er völlig nackt, richtete sich kniend auf und meinte mit Blick auf sein überhartes Geschlecht, er selber benötige keine weitere Aufmunterung und Zusprache und möchte nun, da sich beide Geschlechtsteile in trauter Nähe und gleichsam auf Augenhöhe befinden, bruchlos mit der Penetration beginnen, eine Absicht, für die

154

Sören König freilich etwas derbere, direktere und weniger technisch beschreibende Worte fand. Da aber richtete sich die hohe Frau mit einiger Entschiedenheit ruckartig auf, schwang das Bein über ihren knienden Anbeter hinweg, verbat sich im scharfen Ton weitere Zudringlichkeiten und zog sich so umständlich an, wie sie sich zuvor leichthändig entkleidet hatte, während ihr vormaliger Liebhaber völlig weltverloren in exakt derselben Stellung verhielt. Er schaute von unten kauernd und mit steifem Genital, gleichsam wie ein Schoßhund seine Herrin anblicken mag, zu der völlig Bekleideten hoch, und wenn er, entsetzt, wie er war, noch überhaupt irgendetwas hätte verstehen können, dann, dass genau dies und keineswegs irgendetwas anderes die Reinheit der nordischen Frau sei.

Das war die kleine Geschichte zwischen Freija und Sören König, die sich vor einigen Jahren abgespielt hat, selbstredend aus der Sicht Königs erzählt, wobei er sich allerdings als *ziemlich smart und gutaussehend* bezeichnen würde, was aber definitiv nicht stimmt. Er ist bei Licht betrachtet ein Allerweltstyp, ein hundsgewöhnlicher eitler Geck, der überall als Dummy durchgehen würde. Wer nun wieder die Augen zu rollen sich bemüßigt fühlt, mag die Geschichte hierbei belassen.

Den anderen erzähle ich noch kurz den Fortgang. Sören, der ein treuer Hucken und sicherlich nicht die hellste Lampe am Leuchter ist, blieb bei Frau und Kindern, Freija M. bekam Anfang 40 noch einen hübschen Sohn, der dem Herausgeber vom Aussehen her *irre unähnlich* sah und den völlig absurden Namen *Rex* erhielt. Ich wollte eigentlich das Inkognito des Ehemannes wahren, aber bei *Innozenz, Freija und vor allem: Rex* kann ich einfach nicht anders und mag mich keineswegs weiterhin zusammenreißen, da kann die *Goldene Ente* den Rechtsweg beschreiten, wann immer sie will. Auch wenn Innozenz Moosbrugger ein alter Schulfreund von mir ist. Ja, der beste. Um nicht zu sagen: der einzige.

Cape Fear.

Sebo, ein guter Freund aus früheren Tagen, dessen Spitzname sich aus *Sebastian* und irgendetwas mit *bo* im Nachnamen ableiten ließ, Sebo, ein Bekannter, mit dem ich lange Badminton gespielte hatte, Sebo, irgendein mit der Zeit allmählich verblassender Typ, der vor einigen Jahren von Dresden nach London gezogen war, Sebo nun rief mich mitten der Nacht an und sagte, ich solle ihm helfen. Das allein war schon merkwürdig genug. Ich hatte ihn seit mindestens fünf Jahren überhaupt nicht mehr gesprochen. Es sei dringend, sagte Sebo, ich solle den nächsten Flieger nehmen, so dringend sei es. Ich sagte, weshalb ausgerechnet ich? Er habe doch Frau, Kinder und sicherlich Leute, von denen ich überhaupt nichts wisse. Alle abgestürzt, alle tot, sagte Sebo. Und dann solle unbedingt ich zu ihm nach London fliegen? Nein, sagte Sebo, das wolle er mir gar nicht zumuten, er lebe jetzt in Kapstadt, Südafrika, am Chapmans Peak Drive. Ich kenne doch den Chapmans Peak Drive. Klar kannte ich den. Genau deshalb rufe er auch an.

Wie ich nach Südafrika kam, habe ich vergessen. Auch die Fahrt durch Kapstadt muss nicht besonders aufregend gewesen sein, ich erinnere mich nicht mehr.

Den Chapmans Peak Drive sehe ich allerdings sehr genau. Ich fuhr den Wagen meiner Frau, einen bulligen teufelsroten Roadster der Marke MGF. Meine Frau war nicht dabei, klar, wir waren seit fünf Jahren geschieden. Immerhin hing noch ihr weißes Strumpfband verknotet an der Heckantenne, genauso, wie wir vor fünfzehn Jahren auf unserer Hochzeitsreise an der nicht ungefährlichen Steilküste von Amalfi entlanggefahren waren. Amalfi! Der Chapmans Peak Drive war dagegen ein Kinderspiel. Ich fuhr südafrikanisch und damit links, offenbar ein Fehler, denn die entgegenkommenden Autos fuhren ihrerseits rechts, was zu kitzligen Situationen, viel Geschrei und Lichthupengetue führte. In Kapstadt selbst schienen offenbar noch die alten Verkehrsregeln zu gelten, sonst wäre ich dort unfehlbar mit jemandem zusammengerauscht. Und daran hätte ich mich wohl schon erinnert. Oder erinnern müssen.

Auch bot der Chapmans Peak Drive an seiner meergewandten Seite Raum genug. An seinen Triften weideten Kühe. Danach allerdings nur noch Ziegen. Der Chapmans Peak Drive verjüngte sich mit jedem Kilometer mehr. Da war es dann schon gefährlich, dass die Straße keine Leitplanken hatte. Denn von der Bergstraße ging er sturzgleich ins Meer. Das übrigens herrlich blau und verlockend war. Kaum, dass ich das sah, wurde mir heiß. Ich überlegte, einfach baden zu gehen. Aber ich durfte Sebo nicht enttäuschen. Warum, weiß ich selbst nicht.

Weiter oben standen nur noch Steinböcke neben dem Chapmans Peak Drive. Keine Ahnung, weshalb, sie standen so schmal wie nur möglich im handtuchbreiten Geröll. Dann hingen nur noch Affen nackt an den Felsen. An den nackten Felsen, sollte ich vielleicht genauer sagen. Endlich waren allein noch Adler zu sehen oder irgendwelche anderen großen Vögel. Ich habe es nicht so mit der Ornithologie. Ich hatte immer andere Sorgen. Zumal die Straße jetzt nicht mehr breit genug für ein einzelnes Auto war. Zum Glück war ich stabiler gebaut, denn anders hätte ich wohl nicht die kleine Berghütte erreicht, die ich zum Schluss nur noch mit dem linken Autoreifenpaar anfahren konnte. Ungeübtere Autofahrer hätten da überhaupt keine Chance mehr gehabt. Klar, dass der Anrufer da nicht besonders wählerisch sein konnte. Das immerhin verstand ich nun.

Sebo saß auf einem Schaukelstuhl mitten im knirschenden Geröll. Ich sagte: Sebo. Sehr erfreut schien er mir nicht. Er war alt geworden und stand nur mühsam auf. Nun also du, sagte er. Was immer das hieß. Nun also ich, sagte ich. Was immer das heißen mochte. Gut, sagte Sebo, du siehst das Problem. Absolut, sagte ich. Der Chapmans Peak Drive wird von Tag zu Tag schmaler, sagte Sebo. Dann müssen wir halt laufen, sagte ich. Ich bin zu steif zum Laufen geworden, sagte

Sebo. Verstehe, sagte ich. Immerhin haben wir jetzt uns, sagte Sebo. Kennen wir uns, fragte ich. Kaum, dass ich wüsste, sagte Sebo. Wir könnten doch mal eine Runde Badminton spielen. Einfach so zum Kennenlernen, sagte ich. Sie sind verrückt, sagte Sebo, merken Sie nicht den ungeheuren Wind? Doch, den Wind merkte ich jetzt. Wir sind hier direkt am Kap der guten Hoffnung, da kann man nur warten. „Und worauf?", fragte ich.

„Keine Ahnung", sagte Sebo, „worauf, weiß ich auch nicht."

Mein Vater, der Held.

1. Höhfröschen-Pirmasens

Ingo Klemm, ein mittfünfzigjähriger Mann so durchschnittlicher Erscheinung, dass es sie nicht eigens zu schildern lohnt, arbeitete als Verwaltungsbeamter der Stadt Pirmasens in der Stadt Pirmasens. Er hatte nach seinem Realschulabschluss im mittleren Dienst begonnen und stieg von dort aus, Jahrzehnt für Jahrzehnt, eine Laufbahngruppe tiefer, so dass er vom einfachen in den unteren Dienst gelangt war und sich jetzt im untersten Dienst zu bewähren hatte. Leute, die von nichts eine Ahnung, allerdings ein Smartphone haben, mögen jetzt einwenden, dass es behördlicherseits gar nichts Tieferes als den einfachen Dienst gäbe, sollte man in der Tat auch denken, aber das ist ein zusammengegoogeltes Wissen, schnell gefunden und noch schneller wieder vergessen, denn natürlich wirbt kein Amt seinen Nachwuchs mit der Stellenbeschreibung des untersten Dienstes und so steht er, naheliegenderweise, auch nirgendwo im Internet. Man muss bereits Beamter sein, also fest und lebenslang verbeamtet sein, um zu sehen, dass es unter dem einfachen Dienst einen unteren Dienst und unter dem unteren Dienst wiederum einen untersten Dienst gibt und darunter letztlich sogar die Dienstebene *six feet under*, die allerdings noch keiner gesehen hat und Klemm auch keineswegs kennenlernen wollte und sich somit ranhalten musste, denn er stand, wie eingangs erwähnt, unter Bewährung.

Nun könnte man denken, dass ein Mensch, der karrieremäßig so tief gesunken war, sich nun auch nicht totmachen müsse, aber auch das ist eine Art von herbeigeklaubter Weltkenntnis, die zwar geläufig weitergeschnattert wird, aber grundfalsch ist, ja man könnte sogar mit einer etwas bildbrüchigen Formulierung behaupten, sie sei *diametral* falsch. Denn richtig und weltkundig ist vielmehr die Tatsache zu nennen, dass mit jeder höheren Besoldungsgruppe die reale Arbeitsbelastung *sinkt*. Schon im gehobenen Bereich wird kaum noch gearbeitet, im höheren Bereich immerhin noch gemeinsam die Kantine besucht, und der Amtschef wiederum bewegte sich überhaupt nicht mehr, kam mit Breeches, einem rautenförmigen Pullunder über seinem Poloshirt und einer schottisch karierten Schiebermütze an seinen Arbeitsplatz, hielt die Füße auf den Schreibtisch und schaute werktäglich die großen Golf-Masterturniere in aller Welt an, die allerdings nicht im normalen Sky-Sportpaket enthalten waren und daher zusätzlich gebucht werden mussten.

Woher Ingo Klemm denn dies alles so genau wisse, könnte man jetzt, zum dritten Mal, scheinklug fragen. Nun, kein anderer als Klemm selbst musste mittags mit Schürze und Häubchen seinen Chef bedienen, indem er, je nach dessen wechselnden Essenswünschen, eines der vielen Restaurants der schönen Stadt aufsuchte, um das stets mehrgängige Menü abzuholen, aus der Aluverpackung mit rein goldener Servierzange auf goldgeränderte Teller zu legen hatte, das Büro in gebuckelter Haltung betrat und Seiner Exzellenz auftischte. Sein Chef, ein schlanker Mann von vierzig, war allerdings kein großer Esser. Ihm genügten wenige Bissen, dann stand er wieder an seiner Driving Range und schlug Bälle quer durchs Büro, an dessen türseitigem Ende ein Fangnetz war, das Klemm allerdings beim Auf- und Abtragen immer wieder neu auf- und zuknüpfen musste. Mehr als drei dumme Fragen sollte eigentlich niemand beantworten müssen, und so ist es reine Gefälligkeit zu sagen, dass Klemm von der asketischen Essensgewohnheit seines Vorgesetzten keineswegs profitierte, denn dieser hatte einen ziemlich dicken Labrador auf dem Bürosofa liegen, der zunächst und zumeist auch zuletzt an die Reihe kam, kein Wunder, denn der Labrador war mittlerweile in den höheren Dienst aufgestiegen und konnte, da er schon alt war, zudem auch noch Anciennitätsansprüche behördlicherseits geltend machen. Immerhin war er jetzt stellvertretender Leiter der Dienststelle und wurde in der durchaus häufigen Abwesenheit des Chefs stets als sachkundiger, verfahrenstechnisch versierter und besonnener Verwaltungsbeamter von seinen Kollegen geschätzt. Nur mit dem Golf hatte er es nicht so. Er guckte lieber Heimatfilme. Die waren kostenfrei und liefen in praktisch allen Regionalprogrammen. Eine Win-Win-Situation.

Es hieße nun Zeilen schinden, wollte man beschreiben, wie der Arbeitstag des Ingo Klemm im Einzelnen aussah. Hier mag es genügen, dass er morgens um vier bei viermaligem Schlag des Kuckucks aus seinem Klappbett stieg, am offenen Feuer einen Kessel Wasser aufsetzte, sich wusch, anschließend einige Krümel Ostfriesenmischung in das Waschwasser warf, den Tee durchziehen ließ, ihn in eine Thermoskanne füllte, Karotten und Kohlrabi aus seinem Garten holte und erst einmal ausgiebig frühstückte. Dann stellte er sich um vier Minuten vor fünf vor seine Nissenhütte, wartete auf den Romantikbus, einen cremefarben und hellrot lackierten Oldtimer aus den 50er Jahren, der eigentlich einzig und allein Touristen zu befördern hatte und nur freundschaftshalber vor der Klemmschen Wellblechbaracke stoppte. Dann hielt der Bus erneut widergesetzlich und jetzt vor dem Amt, Klemm stieg aus, betrat die Behörde und musste nun sämtliche Diensträume durchfeudeln, alle Türklinken putzen, ab gehobenem Dienst auch die Fußschemel gewissenhaft reinigen und zurechtrücken und in den höheren Amtsstuben zudem noch alle Zauberspiegel anhauchen und mit einem speziellen Lappen aus reinem Hermelin polieren. Dann durfte er in den Keller gehen, wo er, mit Schaufel und Spitzhacke, einen neuen Keller auszuheben hatte, einen Keller unter dem Keller gleichsam, den sogenannten *Six-Feet-Under-Keller,* was natürlich allen Beamten im mittleren und einfachen Dienst enorm viel Schiss machte, so dass die Pirmasenser Behörde in ihren unteren Rängen extrem arbeitsam wurde und es zu Deutschlands effizientester Behörde brachte, was besonders ihrem stellvertretenden Leiter, der mit den Jahren etwas rangverliebt, titularbedürftig und pokaleitel wurde, extrem gut gefiel.

Pünktlich um 19 Uhr und keine Minute später verließ Ingo Klemm wieder das Amt, und da im Nostalgiebus jetzt völlig korrekt auch nur noch sturzbesoffene Asiaten saßen, musste er jetzt zu Fuß den Westrand des Pfälzer Waldes hinaufschreiten, einen Weg von kaum mehr als zwei Stunden, dann war er in Höhfröschen, genauer gesagt zwischen Höhfröschen und dem Weinort Fröschen selbst. Nun schloss er sein kleines Haus auf, legte sich ins Klappbett, las, Helmlampe auf dem Kopf, ein wenig in einer geklauten Hotelbibel und schlief meistens ein.

2. München-Höhfröschen

Klemm, dem man eine gewisse Welttüchtigkeit, wie gesehen, wohl nicht absprechen kann, legte sich an einem Freitag ins Bett, und obwohl es nun Wochenende war, was ja meistens sehr beruhigend und schlaffördernd wirkt, blieb er lange wach. Hatte er alles richtig gemacht? Er stand noch einmal auf, knipste die Helmlampe an und betrachtete lange seine Kuckucksuhr, ja, sie war vorgestellt, der Holzvogel würde sieben Mal schreien und ihn somit um sieben Uhr morgens zeitgerecht wecken. Dann legte er sich wieder hin, konnte nicht einschlafen, knipste das Licht erneut an und las im Buch Hiob, was ihn nicht unbedenklicher stimmen konnte. Er mochte nur kurz, dünn und dreckig geschlafen haben, als ihn ein furzendes Geräusch weckte. Das musste seine Frau sein. Seine ehemalige Frau, muss man korrekt hinzufügen. Er rannte, noch nackt, zum bleiverglasten und geviertelten Fenster der Nissenhütte, richtig, ein Ferrari Testarossa mit sechs Auspuffrohren, an jeder Seite drei, stand blitzblank vor seinem Haus. Schon klopfte es blechern an der Türe. Klemm nahm in Windeseile irgendetwas, nämlich seine Kuckucksuhr, hielt sie sich schüchtern vors Geschlecht, merkte dabei, dass er noch seinen Helm auf dem Kopf hatte, öffnete die Türe und sagte:
„Hallo, Cherie!"

„Hallo, Arschloch!", sagte Cherie. „Ich bin nicht deine Cherie, sondern für dich immer noch Frau Kardashian, du Kröte!"

Stimmt. Monika Klamm, seine vormalige Frau, hieß jetzt nicht mehr Klemm-Klamm, sondern Kardashian, Monique Kardashian, wobei sie bei ihrer zweiten Ehe nicht mehr größeren Wert auf einen Doppelnamen zu legen schien. Jetzt stand sie in einem scharf gebügelten stahlblauen Hosenanzug vor dem etwas freier gekleideten Gefährten früherer Tage. Über seinen Helm gab es ihrerseits und eigens keine Klage zu führen, denn sie selber trug ein Headset auf dem Kopf, was ihre enorme Bedeutung nur weiter zu unterstreichen vermochte. „Wo ist Bienchen?", fragte Klemm. Bienchen hielt sich am Beifahrersitz verschanzt, klammerte sich tief in der Verschalung fest und war mit zwölf Jahren immerhin schon schlau genug, den Sitzgurt so aufwändig um sich selbst zu wickeln, dass es Monique schwer genug fiel, sie überhaupt loszubekommen, was dem Klemm Zeit genug verschaffte, sich anzuziehen, mit Trainingshose, Wanderstiefeln und einem verwaschenen Baumfällerhemd seine Tochter, ein Jahr für Jahr offensichtlich immer schöner werdendes Kind, freundlich zu begrüßen.

„Hallo, Bienchen", sagte ihr Vater.

„Fresse!", sagte Bienchen trotzig und vorpubertär.

Monique Kardashian hatte es eilig. Sie musste in zwei Stunden auf dem Franz-Josef-Strauß-Flughafen in München sein, um mit ihrem jetzigen Mann, Joe Panini Kardashian, Dressman des Jahrhunderts, Großwildjäger, früherer Harvard-Dozent für Astrophysik und Gesellschaftsspiele, zuvor Nationalmannschaftskapitän der US-Boys, Torschützenkönig der Seria A, Duzfreund von Maradona und Maldini und Messi, Intimfreund von Cristiano Ronaldo, Lochschwager von David Beckham, Entdecker der Spice Girls, Träger der Medal of Honor sowie des Pour le Mérite, hier allerdings Friedensklasse, Geschäftsgigant, Honorarbischof von München und Freising und letztlich eben auch Hauptaktionär von Pro 7 Sat 1, den Flieger rechtzeitig zu erreichen. „Aber ihr habt einen Privatjet", meinte Bienchen kundig, da komme es doch nicht auf die Minute an. „Doch", sagte Monique, „denn auch unsere eigene Concorde braucht dreieinhalb Stunden, dann aussteigen, Helikopter, Landung auf dem Roosevelt-Center, da bleibt kaum Zeit zum Shoppen in New York."

„Und was macht ihr dann abends?", wollte Bienchen nun wissen. „Na ja", sagte Klemm seelenkundig und auch erotisch etwas enttäuscht: „Shoppen und … shoppen, wie man so sagt." „Macke?", fragte Bienchen freiweg heraus. „Ich war noch niemals in New York", sagte Bienchen fordernd. „Ich auch nicht", sagte Klemm wehmütig. „Maul!", sagte Bienchen, nun wiederum zu Klemm. Die Mutter, die nun irgendwelche Codewörter ins Headset sprach, sagte zu Bienchen: „Pass auf, Sternchen! Nächstes Wochenende fliegen wir nach Hawaii, dort machen wir Kitesurfen, Paragliding und Strandlying, und du bist wieder die Nummer eins!", und zu Klemm gewandt: „Hör zu, Arschloch! Wenn bis dahin irgendetwas passiert, macht dich der Kardashian, der nicht zum Spaß Träger des schwarzen Gürtels ist, zu Fischstäbchen, verstanden, Arschloch?"

„Klar, Cherie!", sagte Klemm. Dann ging Cherie zum Ferrari Testarossa, doch Bienchen hängte sich mit aller Kraft an den Griff der Fahrertüre, die Mutter, obwohl in Eile, musste abbremsen und ließ, beide Hände am Lenkrad und über irgendeinen Satelliten offensichtlich Befehle gebend, das Fahrerfenster heruntergehen lassen – wenn man sich überhaupt so umständlich ausdrücken möchte. „Und mein goldenes I-Phone?", fragte die Tochter flehend, die Mutter sagte: „Klar doch!", schmiss eine Gucci-Bag aus dem wieder anfahrenden Auto, schrie: „Hab dich lieb!" und fuhr kickstartartig davon.

„Nun haben wir nur noch uns", meinte der Vater. „Ich könnte heulen", sagte die Tochter.

„Dann heul doch!"

„Nun eben nicht, Arschloch!"

Die Hütte war zwar klein, aber ungemütlich. Klemm klappte den einzigen Klappstuhl auf, stemmte eine Familienkiste Fanta vom

Klapptisch, setzte sich mitten darauf und bat seine Tochter auf dem Klappstuhl Platz zu nehmen, was diese auch tat und ihr goldenes Handy zwischen sich und ihrem Vater hielt. Tja, was könne man machen, meinte dieser, vielleicht ja mal aufräumen, was jedes Kind verteufelt gerne mache, oder Karotten putzen oder Erbsen auspulen, was ja auch ziemlich fancy sei. „Ja", sagte seine Tochter wie aus einer anderen Welt heraus. Er sei auch ein prima Tüftler, sagte der Vater, und wie zum Beweis seiner Fähigkeiten erläuterte er eingehend und technisch nicht uninteressant, wie man eine Kuckucksuhr zu einem Wecker umbauen könne mit Wellen, Anker und Hammer und Hemmungsrad. „Fuck!", sagte die Tochter, „verdammte Scheiße!", und lief, nach unten blickend, einmal die ganze Nissenhütte entlang.

„Wo issen bei dir der Strom?", fragte sie ernsthaft besorgt. „Es gibt keinen Strom", sagte der Vater wahrheitsgemäß. „Oder der Generator, ein Hamsterrad oder irgendetwas, wo man das Handy aufladen kann?" „Nix!", sagte der Vater, „aber ich könnte dir 'ne Fanta anbieten." „Oh Gott. Ich bin im Arsch!", sagte die Tochter. „Wir könnten mal von Höhfröschen nach Fröschen gehen!"

„Und was macht man in Fröschen?" „Da böte sich dann eine Wanderung nach Höhfröschen wiederum an."

„Oh – mein – Gott. Ich bin wirklich im Arsch!"

Eine Mittsommernacht in Suhl.

1. Unter Tage

Esch, ein in etwa vierzigjähriger Mann ohne Vornamen, wartete auf Neuigkeiten. Er stand in einem breiten Stollen, der rechts und links von roten Grubenlampen schwach beleuchtet wurde und auf eine weiße Schwingtüre zuführte, dem Ausgang einer Kinderklinik. Mit ihm warteten wortlos noch vier weitere Männer gleichen Alters, die sich an die Stollenwand lehnten, wobei ein linksseitig Beinamputierter auffiel, der mit seiner Behinderung sehr offensiv ging, sie nicht verbarg, ja sogar sein offenes Fleisch zeigte. Das mochte man heute so machen, dachte Esch, man stehe wohl mehr zu seinen Fehlern, mögen andere denken, was sie wollen.

Schön indes war es nicht. Dann kam, flotten Schrittes, ein Arzt durch die Schwingtüre, hielt fächerartig fünf Briefumschläge vor sich, ging auf die Gruppe zu und sagte zu Esch, der als einziger frei im Schacht stand, er möge jetzt ziehen. Weshalb dies, fragte Esch. Leider sei soeben ein Kind hier verstorben, man wisse nur nicht genau, welches der fünf Kinder, deshalb müssten die fünf Väter nun losen. Esch fand das nicht in Ordnung. Einer müsse ja immer der Erste sein, meinte der Arzt, er solle beginnen. Esch schaute hinab und wählte, da er ein höflicher Mann war, den mittleren Umschlag. Er öffnete ihn und bekam mit Briefkopf, Stempel und Unterschrift zu lesen, dass seine Tochter Eva-Maria Esch soeben gestorben sei.

Die anderen waren erleichtert. Der Arzt meinte zu Esch: „Sorry!", drehte sich um und sagte, er habe jetzt weiter zu arbeiten. Der Einbeinige fragte nun Esch, ob er wohl etwas zu rauchen besitze, die Verlosung habe ihn ziemlich nervös gemacht. Nur Pfeife und Tabak, sagte Esch. Mehr nicht. Er sei zwar kein Pfeifenraucher, aber als Bergmann unter Tage dürfe man nicht so wählerisch sein, griff in Eschs

Sakkotasche, sagte, er heiße Bert, stopfte sich die Pfeife und zündete sie an. Bergmann?, fragte Esch, ein einbeiniger Bergmann? Alles für den Sozialismus!, sagte Bert, er sei im Bereich einbeiniger Bergmänner der Bestarbeiter der DDR und habe schon im *Neuen Deutschland* gestanden, als ein vorbildliches Beispiel für die neue sozialistische Jugend. „Ach, Kinder", sagte Bert, genießerisch den Rauch ausatmend, „es gibt nichts Schöneres als Kinder!" „Ich glaube, ich möchte jetzt sterben", sagte Esch. „Kein Problem, ich bin Ihnen ohnehin etwas schuldig", sagte Bert, und so, wie man in etwa eine kaleidoskopartige Kugel umdreht, stand Esch nun, von einem Moment auf den anderen, in einer Plattenbausiedlung der DDR.

2. Über Tage

Esch stand inmitten von fünfstöckigen Plattenbauten. Ein sehr schöner und rein blauer Himmel, ein sonniger und lichtstarker Tag. Aus einiger Entfernung kamen ihm vier Jungpioniere entgegen, Kinder um die zehn Jahre mit blauen Schiffchen auf dem Kopf, weißen Hemden und Blusen und einem Kragentuch. Sie waren zwar noch sehr jung, aber selbstbewusst und irgendwie erwacht, zukunftsgewiss und forsch, fröhlich und sangen: „Bau auf! Bau auf! Freie deutsche Jugend bau auf!" Als sie den ratlosen Esch erreicht hatten, fragten sie, ob sie helfen könnten. „Wo bin ich?", fragte Esch. „In der schönen Stadt Suhl", sagten die Kinder. „Was soll ich hier machen?", fragte Esch. Er könne doch auf die *Erste Internationale Möbelmesse der DDR* gehen, die im Erdgeschossladen des hinter ihm gelegenen Plattenbaus abgehalten werde. Esch drehte sich um. „Und warum sind die Fensterscheiben mit schweren Pferdedecken verhängt?", fragte Esch. Das wisse man auch nicht, sagten die Jungpioniere. „Aber das ist doch für eine Ausstellung völlig unsinnig", sagte Esch. „Das stimmt!", sagten die Kinder, richteten ihre rechten Arme, militärisch grüßend, an ihre Kopfmitte und gingen.

Für eine internationale Möbelmesse stand ziemlich viel Zeug aus Pressspanplatten und Resopal herum, dachte Esch. Kein Wunder, dass Frauen in Negligees diese minderwertigen Waren intensiv bewerben mussten, indem sie Bücherregale lasziv umarmten und hauchend beküssten und sich an Schränken rücklings und stöhnend hochschubberten. Echte Models waren für diese *Erste Internationale Möbelmesse der DDR* wohl nicht zu gewinnen gewesen und so dienten ausnahmslos ältere Frauen Mitte 60, allesamt mütterliche Typen, als Blickfang. Esch kam in einen Raum, in dem ein Esszimmertisch stand. Der war nicht schlecht, doch eines der Models lag rücklings und mit gespreizten Beinen auf ihm und sagte: „Nimm mich gleich hier!" Ob das eine an das andere irgendwie geknüpft sei, wollte Esch nun wissen, doch die Frau sagte, sie könne ihm ihre Scheide von innen zeigen, was sie auch tat. „Nichts für ungut", sagte Esch, so dringend brauche er eigentlich auch keinen Esstisch, was sie bitte nicht persönlich nehmen solle. Ein, wie gesagt, höflicher Mann.

Obwohl, dachte Esch, den Raum verlassend, er habe schon längere Zeit nicht mehr gevögelt, man solle nicht immer so wählerisch sein. Im nächsten Raum gab es einen Schreibtisch mit fellbezogener Schreibplatte. Auch darauf lag neckisch und nur mit einem Nichts bekleidet eine ältere Frau. Auch sie zeigte ihre Scheide, also offensichtlich eine Art sozialistisches Werbemotiv. „Ich weiß nicht", sagte Esch nun milder, „ich weiß wirklich nicht." „Schließe einfach die Augen und denk dir was Schönes", sagte die Frau, und so ließ Esch die Hose herunter und penetrierte mit geschlossenen Augen die Frau auf dem fellüberzogenen Schreibtisch. „Gar nicht mal schlecht", dachte Esch, die Angst vor älteren Scheiden war völlig unbegründet, man stellt sich ältere Scheiden mollusk wie eine Qualle und immer extrem putzlappenartig vor, was aber falsch ist, die waren geschmeidig und doch zugleich fest. Er kam. Dann öffnete er die Augen und die Frau sagte: „Na, Schatz, wie war es?" „Großartig", sagte Esch, und wie zum Beweis brachen weiße Blumen durch den PVC-Fußboden.

„Das ist die Liebe!", sagte die im Erotischen offensichtlich sehr kundige Frau.

Dann kam, was dem Esch sofort hochbedenklich erschien, seine eigene Mutter durch die Türe und sagte stocksauer, sie suche ihn schon längere Zeit, man möge jetzt gehen. Was er vor diesem Schreibtisch tue, wollte sie wissen. Zum Glück war die Liebhaberin jetzt nicht mehr zu sehen, eine offenbar katzenhaft wendige ältere Frau. „Schau mal, Mutter, Maiglöckchen!", sagte Esch. „Kein Mensch braucht einen fellbezogenen Schreibtisch", sagte die Mutter, „hol deinen Wagen, wir wollen jetzt los."

Esch suchte in der Plattenbausiedlung sein Auto und fand es nicht. Da kam ein junges Paar, leicht und hell und sommerlich frisch bekleidet, Arm in Arm entlang, die unmöglich als Bergleute erkennbar gewesen wären, wenn sie nicht ihre Spitzhacken geschultert hätten. „Ist das nicht fantastisch?", sagte die Frau zu Esch. „Mitternacht, und noch strahlender Himmel!" Er komme mit der Zeit momentan nicht mehr so richtig klar, sagte Esch. „Das ist ja gerade das Zauberische einer Mittsommernacht in Suhl", sagte die Frau verzückt, man vergesse einfach die Zeit, „das ist doch die Magie einer Mittsommernacht, einfach märchenhaft." Was eine Mittsommernacht in Suhl überhaupt sei, fragte Esch. „Das Gegenteil von einer Mittwinternacht in Suhl", sagte der Mann, „das genaue Gegenteil." Ob sie ihm beim Suchen seines Autos befindlich sein könnten, fragte Esch. Aber das stünde doch direkt neben ihm, sagte die Frau, sein alter *Eisenach*. Mein alter *Wartburg*, sagte Esch. Ein *Eisenach*, sagte die Frau, kein Wunder, dass er sein Auto nicht finde. Sehen Sie, sagte der Mann mit Nachsicht, die *Eisenachs* würden doch nur auf der Wartburg *gebaut*, deshalb gäbe es ja auch so wenige Eisenachs in der DDR.

Esch holte seine Mutter jetzt ab. Sie hatte eine Sporttasche in der Hand. „Ich besitze überhaupt keine Sporttasche", rief Esch aus dem Fahrerfenster heraus.

„Das sagst du immer, damit ich dir dann deine Sporttasche hinterhertragen kann", meinte die Mutter gereizt. Nun warf sie die Sporttasche in den Fond des *Eisenach*. Dann setzte sie sich ins Auto. „Und nun?", fragte Esch. „Wir hauen einfach ab", sagte die Mutter verschwörerisch, „nur du und ich!" „Und wohin?", fragte Esch. „Wir fahren einfach so lange, bis wir das Meer sehen."

Die kurze Fahrt durch eine lange Nacht.

Vorrede.

Franz Kafka, frühverstorben, schrieb einmal an seinen frühverstorbenen Verleger Kurt Wolff, alle Menschen hätten in etwa gleich viele Stärken wie Schwächen. Das Geheimnis des erfolgreichen Lebens bestünde nur darin, die Stärken als ziemlich bedeutend, die Schwächen wiederum als ziemlich unbedeutend erscheinen zu lassen. Das sei alles. Wer den weiten Bereich der praktischen Philosophie betreten möchte und sich dabei keineswegs volllabern lassen will, sollte bei diesem Satz länger verweilen. Er kann auch gleich stehenbleiben. Denn eine bessere Einsicht wird er unmöglich finden.

Franz Kafka, frühverstorben, schrieb einmal an seinen frühverstorbenen Schulfreund Karl Roßmann, alle Menschen wüssten eigentlich intuitiv, wann das Leben wachse und wann es sterbe. Wenn mehr positive als negative Zufälle passierten, dann wachse es, ereigneten sich wiederum mehr negative als positive Zufälle, dann sterbe es. Das sei alles. Wer den weiten Bereich der existentiellen Philosophie betreten möchte und sich dabei keineswegs volllabern lassen will, sollte bei diesem Satz länger verweilen. Er kann auch gleich stehenbleiben. Eine bessere Einsicht wird er unmöglich finden.

1. Exposition.

Das soll nun nicht heißen, dass das Leben an sich eine überragend spaßige Angelegenheit sei, die erst mit den Jahren ins Dunkle kippt. Das tut es auch und zudem, aber diese apothekenumschauliche Sicht berührt die Dinge nur beiläufig. Sie ist nicht der Rede wert. Zumal Vincent van Damme, ein ziemlich guter und farbgefälliger Maler, bereits in seinen jungen Jahren den Eindruck erlangt hatte, das Leben wandele auf des Messers Schneide und sei *gerade einmal so*. In den letzten Jahren war Vincent van Damme von genau dieser Schneide gefallen und lief, auch weil ihm nichts anderes mehr einfiel, einfach in der Luft weiter.

Anstrengend, das Laufen im Nichts, dachte Vincent van Damme, als er an diesem 5. November gegen 17 Uhr erwachte. Immerhin wurde es schon wieder dunkel. Die Nacht ist ein vorzügliches Sujet. Van Damme drehte sich, auf seiner Matratze liegend, zur Seite und wäre wohl noch einmal eingenickt, doch ihm fiel, mitten in dieser Drehung, ein Blatt Papier ins Auge, das an die Wind gepinnt war und auf dem mit breiter, dunkler Pinselschrift, schwer genug im Restlicht des Tages zu entziffern, stand: *Happy Birthday, Vince!* Stimmt. Van Damme hatte Geburtstag. Und was für einen! Der ehren-, jubel- und festredenfordernde 50. Geburtstag stand da im Raum. Groß und schwarz.

Glücklicherweise hatte sich van Damme selbst den Glückwunsch am Morgen geschrieben, ansonsten wäre ihm dieser Gedenktag womöglich glatt durch die Lappen gegangen.

So stand Vincent van Damme, nackt, wie er war, auf, ging durch seine geräumige Einzimmerwohnung in die Küche, zog die Glaskanne vom Filterautomaten weg und trank aus ihr einen kräftigen Schluck kalten Kaffee. Dann schmierte er sich einige Scheiben Graubrot mit dunkler Waldfruchtmarmelade und kaute sie genüsslich, Füße auf dem kleinen Küchentisch, in die bleischwere Dämmerung des Novembertages hinein. Jetzt stellte er seinen Teller auf das anliegende Fensterbrett und holte sich, immer noch in ein und derselben Position verharrend, erst einmal einen runter. Das war sein Geburtstagsgeschenk. Es gibt schlechtere Geschenke. Schlechtere Geschenke als die Erinnerung an Paris, wo er für eine kurze Zeit wie besessen gezeichnet hatte, vor allem perspektivisch verkürzte Körper. Paris, sagt Humphrey Bogart in der berühmten Schlussszene von *Casablanca, Paris bleibt uns immer*. Da hatte er recht, der Humphrey Bogart. Paris bleibt immer.

So kreislauferweckt, ging er in wenigen Schritten durch seine Wohnung, die zugleich auch sein Atelier war, zog sich nicht mehr als einen alten schwarzverklecksten marinefarbenen Sweater an, griff sich einen Block aus festem Zeichenpapier sowie einen Graphitstift, ging zurück zum Küchentisch, wobei er auf seinem eigenen Ejakulat ausrutschte und fast auch noch hingefallen wäre, stellte, da die Kanne nun leer war, mürrisch einen neuen Kaffee hin und zeichnete, erneut die Füße auf den Tisch, unter dem Todesröcheln der Kaffeemaschine schraffierend eine Menge waagerechter Linien auf das Papier, wobei er mitunter den Stift absetzte und mit seinen Fingern das noch frische Linienallerlei zu einem nebulösen Gewölk verschmierte.

Was dieses Gestrichel, Gefädel und Geknäuel ausdrücken sollte, hätte Vincent van Damme unmöglich sagen können, wie auch Gerhard Richter, von dem er diese Technik ungefragt übernommen hatte, es unmöglich hätte sagen können, nur dass Gerhard Richter Deutschlands Malerfürst ist, dessen Vermögen allmählich an die Milliarde gehen mochte, während Vincent van Damme mehr oder weniger mittellos war und somit so etwas wie Deutschlands Maleridioten darstellte. Einzig im erotischen, oder, man muss genauer sagen: autoerotischen Bereich fühlte er sich dem Jahrhundertgenie doch deutlich überlegen, was allerdings ein spröder Triumph war, denn Richter ging mittlerweile auf die neunzig zu, während van Damme, wir haben es ja gerade ausführlich genug gewürdigt, seinen hohen fünfzigjährigen Fest- und Jubeltag beging.

2. Komplikation.

Über Gerhard Richter kann man denken, was man will. Vincent van Damme jedenfalls war ein großartiger Maler. Er hatte an der Kunstakademie Düsseldorf studiert, als Meisterschüler abgeschlossen und in jüngeren Jahren einige kleinere Erfolge gehabt. Seine Palette war expressiv, farbstark, bunt und überbunt: Karmesinrot, Weizenblond, Azurblau, frischestes Frühlingsgrün, ein Rausch der – gefälligen – Farben. Er malte, nun bösartig gesagt, wie Matisse, Kirchner oder Pechstein gemalt haben würden, *wenn sie es nicht bereits schon längst getan hätten,* ein gewisser zweithändiger, nachahmender, valeur- und stimmungskopierender, anlehnungsbedürftiger Stil, ein Me-too-Stil war, immer noch scharf das Problem herausarbeitend und somit etwas rhetorisch gesagt, durchaus vorhanden und erkennbar. Und auch die Bildinhalte, satte, sinnliche, überplakative Inhalte wie expressiv hingeworfene Seelandschaften mit nackten Menschen darin, badend, lässig herumstehend, dem Amourösen keineswegs abgeneigte Menschen, Frauen mit schweren Brüsten und Männer mit halbsteifem Genital, sprungbereit, sommernärrisch, seinsverliebt, fanden sich in ihnen faunmäßig und korybantenartig ein, alle bereit zu Traum und Tanz und Trunkenheit.

Es muss ein Rätsel bleiben, weshalb diese Bilder, deren Lebensfreude, faustbreite Erotik und prunkende Seinspracht, diese sonnensommerlichen und tagfetten Bilder, Bilder also, deren sinnliches Großgetue und florales Feuerwerk jede weiße Wand von San Francisco über die Ostküste, Amsterdam und Berlin bis Yokohama geschmückt haben würden, nicht den gewünschten Erfolg erzielten. Denn es ist ja so, dass, Konzeptkunst, art informel, Suprematismus hin oder her, letztlich nur die dicken Eier, sprich: das sinnlich Satte reüssiert, indem es seinen Besitzer im Lauf der Jahrzehnte über trübe Winter und dunkle Lebensphasen hinweggeleiten hilft. Aber so war es. Leider.

Mit den Jahren wurde Vincent van Damme malerisch immer einsilbiger. Das Farbliche entzog sich, wie sich auch die Menschen entzogen. Stand einmal ein Mann herum, dann schaute er ratlos und bekleidet in einen preußischblauen Abendhimmel. Man konnte den Dichter Hölderlin sehen, wie er, im Gehrock, steif seinen Turm verlässt und hinunter zum Neckar geht, wo es nichts zu entdecken geben wird, denn die Gänge sind bereits trüb und die Zeiten bleiern. Die Frauen wiederum, schmal zumeist und flach und klapprig wie

Bügelbretter, saßen still und versunken an einem Tisch und lasen gebückt im Schein einer zitronengelben Lampe ein Buch oder guckten durch Fensterscheiben in die dunkle Nacht hinaus und sahen somit verspiegelt nur sich selbst in einem wiederum zitronengelben Licht, das offenbar hinter ihnen schien und die Dinge keineswegs weicher zeichnete, als sie es waren. Mehr passierte nicht. Dann verschwanden auch die Menschen, und es kamen die Formen. Architektonische Formen, grob und wie von Kinderhand gezeichnete architektonische Formen, ein gelbes Haus irgendwo an einem nordischen Meer, eine Berghütte, plump gemalt, an einem hingewischten Abhang, kleine rote Monopolyhäuschen inmitten einer blödgrünen Hügellandschaft, die gerade aus dem Himmel gefallen schienen, zum Teil auf ihrem roten Monopolydach gelandet waren und jetzt ratlos im Boden staken, Titel: *Schöne Grüße aus dem Frankenland.* Die Verkäufe wurden durch solche nihilistischen Brachialunternehmungen nicht unbedingt befördert. Es bedurfte schon zu dieser Zeit eines erheblichen Phantasieaufwandes, den carambamäßig hingehämmerten Arbeiten eine kunsthistorische oder auch nur zeitgeschichtliche Bedeutung zuzusprechen, und wäre der Künstler nicht selbst bereits hinter den Horizont gesunken, hätte es ihn vielleicht sogar noch gestört.

Dann gingen Vincent van Damme auch real die Farben aus. Er besaß in der Zeit, von der wir jetzt berichten, nur noch drei Ölfarben: Nachtschwarz, Preußischblau und Zitronengelb. Klar, er hätte sich in jedem Geschäft für Künstlerbedarf neue Farben kaufen können, aber Vincent van Damme *wollte es nicht.* Es war, wenn man es so ausdrücken kann, sein ästhetisches Programm, nur noch mit diesen drei, keineswegs besonders kompatiblen oder gar optisch schmeichelnden, Farben zu malen. Deshalb der immer noch recht neue Rhythmus des van Damme, tagsüber zu schlafen und nachts zu malen, verständlich bei dieser doch sehr reduzierten Palette. Und so konnte, wer es denn überhaupt wollte, seit etwa einem halben Jahr Vincent van Damme nachts in Ehrenfeld gegen ein oder zwei Uhr seinen uralten Mercedes-Kombi besteigen sehen, wie er durch die Kölner Nacht fuhr, ein übrigens enorm sinnliches Erlebnis, so allein mitten in der schwarzen Nacht mit einem schwarzen Mercedes zu fahren, ins Umland hinausschob, dort an irgendeinem See oder einem stockdunklen Waldstück anhielt, den Kofferraum öffnete, einen Küchenstuhl als Staffelei herausholte, sich auf die Kante der Ladefläche seines Mercedes setzte und dunkle Dinge vor dunklem Hintergrund malte, wobei jeder Lichtreflex, sei es durch Sterne oder künstliche Beleuchtung, zitronengelb war. Es ist nur ein technisches Detail, allerdings ein *bedeutendes* technisches Detail, dass zunächst nur das Licht der Sterne gemalt wurde, und erst dann der nachtschwarze Himmel, gleichsam um dieses Licht herum, was wesentlich aufwändiger ist, als einfach nur helle Farbe auf einen schwarzen Hintergrund zu tupfen. So entstanden Bilder wie *Nacht am Baldeneysee, Nacht in Euskirchen, Nacht in der sternlosen Nacht*, wobei wir nur hoffen können, dass van Damme gerade bei diesem letzten Bild *Das schwarze Quadrat* von Kasimir Malewitsch irgendwie ästhetisch bespielte und paraphrasierte, denn sonst hätte man ihn, Vincent van Damme, glatt des Plagiats bezichtigen müssen.

3. Peripetie (Höhepunkt)

In dieser Nacht nach seinem 50. Geburtstag, in der Nacht des beginnenden 6. November, in dieser, wir wollen nun die Geschichte nicht wie eine Wasserleiche aufquillen lassen und gleich sagen: in seiner letzten Nacht, ging gegen 2 Uhr Vincent van Damme durch die kurze und dunkle Togostraße zu seinem schwarzen Mercedes und fuhr bei enorm milden Temperaturen und einem schwer verhangenen Nachthimmel mit offenem Fenster durch die menschenleeren Straßen von Köln. Er kam auf die Autobahn und fuhr northbound zunächst und dann straight east nach Bielefeld, dem Ziel seiner Reise. Seine drei Farben gingen dem Ende zu, und so brauchte er ein Motiv, das sich mit wenigen Pinselstrichen darstellen ließ, wobei sich Bielefeld bei Nacht gewissermaßen wie von selbst anbot, jenes Bielefeld, in dem van Damme vor nun 50 Jahren und einem Tag geboren wurde und das ihm eine ziemlich durchschnittliche Kindheit und unschön beginnende Jugend geboten hatte.

Kurz vor der Stadt und noch auf der Bundesautobahn bemerkte er, dass sein Wagen seit längerem schon auf Reserve gelaufen sein musste, denn das Tanklicht, in dessen maisgelbem Schein van Damme vor sich hingedämmert hatte, blinkte auf einmal stroboskopisch irre, und wäre nicht traumgleich eine Tankstelle aufgetaucht, hätte sich der Maler sein Motiv schenken können und wäre auf der ruhig rauschenden A 2 einfach liegengeblieben. Malerisch vielleicht ein Nachteil, existentiell allerdings ein bedeutender Gewinn, wenn auch, und wir glauben Vincent van Damme schon ein wenig kennengelernt zu haben, nicht mehr als bloßer Zeitgewinn.

Eine Tankstelle an der Autobahn nachts gegen drei im frühen November ist immer ein *starkes* Motiv. Denn es vermischen sich in ihm die Mystik eines leeren Ortes mit der absoluten Sachlichkeit eines Zweckbaus, eine Art von magischem Realismus, den bedeutendere Maler wie etwa Edward Hopper sich natürlich nicht haben entgehen lassen. Van Damme stand einige Zeit vor den Zapfsäulen, das kastenförmige Hauptgebäude im Hintergrund, bildete mit den Fingern seiner beiden Hände so etwas wie ein Quadrat und probte Perspektiven und Bildausschnitte durch. Hätte er nur andere Farben gehabt, vor allem Blau und Rot und ein zu Grau mischbares Weiß, wäre er sofort ins Heck seines Autos gestiegen und hätte auf der Stelle zu malen begonnen. Gestört hätte das niemanden, denn Kunden waren keine zu sehen und der Tankwart saß schwer versunken hinter seinem Kassensystem.

So aber tankte er nur, schritt frischen Ganges durch den aquariumsartigen Kassenraum und sagte zu dem Angestellten *Mahlzeit*. Der aber saß immer noch versunken, gebeugt und mit abschirmenden Händen an seiner Stirn vor dem Bildschirm seines Kassengeräts, guckte dann mit leerem, verweintem Blick hoch und meinte, er habe Krebs. *Und das sagt Ihnen Ihre Kasse, oder wie?*, fragte van Damme frech. *Nein, nein – das Internet,* meinte der Mann, der in etwa so alt wie van Damme selbst war. *Eine internetfähige Tankstellenkasse sagt Ihnen also, dass Sie Krebs haben?* Ja, so in etwa, sagte der offenbar arg zu Melancholie neigende Mann. Er möge ihn mal befühlen, und ehe noch der Kunde sagen konnte, ob er dies überhaupt wolle, nahm der Tankwart mit einer Art von seelischem Jedermannsrecht dessen Zeigefinger der rechten Hand, führte ihn an seiner linken Halspartie aufwärts entlang bis kurz unter die Ohrläppchen, wo sich in der Tat ein harter Knubbel befand. *Krebs!*, sagte der Tankwart verzweifelt. Da aber musste van Damme schäumend lachen und sagte feucht und spuckend zu ihm *Physalis!* Das sei eine stinknormale Physalis, eine Verdickung der Talgdrüsen, in etwa so lebensgefährlich wie Schnupfen.

Der Mann schien auf einmal Lazarus selbst zu sein, lachte über das immer noch verweinte Gesicht, küsste van Dammes verdutzte Hand, er habe ihm, von einer Sekunde auf die andere, ein schweres Problem genommen. Zahlen müsse er leider trotzdem, meinte der Tankwart, das liefe alles über das System, aber um ihm seine tiefe Dankbarkeit zu bekunden, schenke er ihm alle Schnecken aus der Bistrotheke, immerhin fünf. Die seien in wenigen Stunden ohnehin nicht mehr verkäuflich.

Und so ging van Damme, vier süße Schnecken in einer Papiertüte, eine kauend, aus dem Kassenraum, während ihm der Tankwart, der offenbar in van Dammes Abgang hineingegoogelt haben mochte, nun sehr böse nachrief:

„Physalis ist eine Stachelbeerart!"

„Dann eben Pharsalos oder irgendetwas anderes mit P H!", sagte van Damme hinausgehend, durch die Schnecke im Mund an einer klareren Artikulation gehindert. Van Damme stand noch für einige Zeit

gemütlich kauend an seinem aufgetankten Auto, während der Tankwart bitterböse und mit einer gewissen Mordbereitschaft in die automatischen Schiebetüren geschritten kam und ihm zubrüllte:

„Pharsalos ist eine Schlacht gewesen, die Schlacht von Pharsalos! Alexander der Große! Ihnen sind andere Leute offenbar scheißegal!"

„Nein! Nein!", sagte van Damme, der Ungemach roch und sich schleunigst auf seinen Fahrersitz schob. Doch der Tankwart rannte jetzt direkt vor das anfahrende Auto, van Damme musste bremsen, der Tankwart hob seine Arme, stand wie der Gekreuzigte selbst vor ihm und brüllte aus Leibeskräften:

„Andere Menschen sind Ihnen offenbar scheißegal! Sie hätten sogar beinahe Ihr eigenes Kind vergessen!"

Van Damme, um einen sachlichen Ton bemüht, ließ seine Fensterscheibe herunter und sagte zu dem offenbar komplett verrückten Tankwart: *„Mein Herr, ich habe überhaupt kein Kind!"* Da aber kam aus der Türe ein vielleicht zwölfjähriger Junge mit fliegenden Armen auf ihn zugestürmt und rief im freudigen Ton des Wiedersehens: *„Papa!"* Der Tankwart ließ jetzt seine Arme sinken, trat zur Seite und sagte ruhig und vernehmlich: *„Elendes Schwein!"* So hatte Vincent van Damme, der einem wildfremden Menschen von einer Sekunde auf die andere ein bedeutendes Problem nehmen wollte, nun seinerseits von einer Sekunde auf die andere von genau diesem wildfremden Menschen ein bedeutendes Problem bekommen.

4. Retardation (Verlangsamung)

Wo fahren wir denn hin?, fragte der Sohn seinen Vater, als sie wieder auf der Autobahn waren. *Nach Bielefeld*, sagte der Vater. *Ich wohne da*, sagte der Sohn. *Ich habe auch mal in Bielefeld gewohnt*, sagte der Vater. *Ich weiß*, sagte der Sohn, *ich wohne ja auch dort*, meinte er mit einer etwas wackligen Logik oder zumindest nur scheinverständlich, wie der Vater fand. Ein naseweiser Bursche, dachte van Damme, den er bestimmt nicht mitgenommen hätte, wenn er ihm nicht bis auf das Haar geglichen hätte. So aber war seine Vaterschaft schon optisch allein völlig unabweisbar. Er hätte sehr gerne gewusst, wie alt genau sein Sohn sei und vor allem, wie er denn heiße, aber das erschien ihm taktisch nicht sonderlich klug. Einen weiteren Eklat brauchte er nun mitten in der Nacht auf der A 2 wiederum auch nicht. Und so hielt er ihm nur die Tüte hin und sagte *Schnecke? Immer,* sagte sein Sohn. *Hm!,* sagte nun halblaut der Vater und dachte versonnen in die Rücklichter der Transporter hinein. Er hatte mit einigen Frauen geschlafen, auch beruflicherseits, denn zu den handfesten Nachteilen eines Malers ohne feste Galerieanbindung zählt es, dass er Maler und Galerist *in einer Person* sein muss, ein Selbstvermarkter, der potentielle Kunden durchaus hurenähnlich in Stimmung zu bringen, vollzuquatschen, die halbe Kunstgeschichte zu erklären und vollumfänglich zu befriedigen habe, was sich bei einigen von ihnen, allerdings durchweg nur Damen, und das war dann schon sein Ehrenpunkt und seine *pièce de résistance,* auch auf sexuelle Dienstbarkeiten hin erstreckte. Was also hatte er vor mehr als zehn Jahren auf diesem Wege verkauft? *Hängt bei euch noch,* fragte er seinen schneckenessenden Sohn scheinheilig, *das gelbe Haus am nordischen Meer? Nee!,* sagte der Sohn bestimmt. *Oder der ockerfarbene Bungalow inmitten der Lavendelfelder?* Der Sohn schüttelte den Kopf.

„*Oder der Leuchtturm in der Wüste?*"

„*Was soll denn ein Leuchtturm in der Wüste?*"

„*Na, leuchten!*"

„*Bei uns leuchtet nichts!*"

Ob denn in seinem Elternhaus überhaupt keine Bilder hingen, wollte der Vater nun wissen. *Wohnung,* sagte der Sohn. Nun also in dieser elterlichen Wohnung, sagte der Vater. *Ich lebe mit meiner Mutter allein, Vater unbekannt,* sagte der Sohn. *Natürlich,* sagte der Vater, *klar,* und schlug sich gespielt an die Stirn.

„*Und Bilder?*"

„*Jede Menge Bilder!*", nämlich von ihm, dem Sohn selbst. *Du kannst also malen?*, fragte der Vater. *Sag mal*, bist *du verrückt?*, sagte der Sohn. Natürlich male er, der beste Maler seiner Klasse. Er habe, sagte der Vater, gerne die Natur gemalt, Büsche, Bäume, weite Parklandschaften, Stücke am Flussufer –

– *oder Seen mit Leuten, die baden*, sagte der Sohn. *Ja*, sagte der Vater, *Seelandschaften sind immer dankbar, am besten mit Menschen darin. Da kriegt man ein Gefühl für die verschiedenen Formen. – Ja*, sagte sein Sohn, *und nicht nur das.* Er könne, sagte der Vater, streng genommen gar nichts anderes als malen, er habe jedenfalls *für den Arsch* in seinem Leben nichts Besseres kennengelernt, als zu malen. Von gewissen anderen Dingen mal abgesehen.

Malen ist Gottesdienst, sagte der Vater, *eine Art heidnischer Gottesdienst.* Ob er wisse, was ein heidnischer Gottesdienst sei, wollte der Vater nun wissen. *Ja*, sagte der Sohn, *ein Gottesdienst von Leuten, die nicht an Gott glauben.*

„*Hast du auch manchmal nackte Mädchen unter die Badenden gezeichnet?*", fragte der Sohn. *Heimlich*, sagte der Vater. *Und dann wieder herausradiert? – Ja. – Besser ist das*, meinte kundig der Sohn. *Hm! Hm!*, sagte der Vater versunken, aber der Sohn, der jetzt die Schnecke aufgegessen hatte, fragte nun seinen Vater etwas gemeinhin Verschleierungsbedürftiges sehr geradeheraus, nämlich dies:

„*Wann hast du das letzte Mal mit einer Frau geschlafen?*"

„*Vor einigen Stunden!*"

„*Ich meine: real!*"

Ach so, sagte der Vater ertappt, *so meinst du das. Also so gesehen, hm!, vor einigen Jahren. Und*, sagte der Sohn, *steht alles noch?* Er gefiel ihm, sein Sohn, dachte Vincent van Damme, freches Maul und auch noch etwas dahinter, meinte er eitel denken zu müssen. *Wie ist es*, wollte nun sein Sohn von ihm wissen, *mit einer Frau zu schlafen? Mal so, mal so,* sagte Vincent van Damme pädagogisch wertvoll genug. *Ich habe nie,* sagte sein Sohn, *mit einem Mädchen geschlafen. Und das bedauere ich wirklich!*

„*Noch nie!*"

„*Nie!*"
„*Du bist doch noch so jung*".

„*Gerade deshalb!*"
Bielefeld-Mitte würde in dreißig Kilometern erreicht sein. *Hier werde ich mein letztes Nachtbild malen,* sagte der Vater. *Und du weißt auch schon, wo!,* sagte sein Sohn. *Nein,* sagte der Vater. *Aber du ahnst es,* sagte sein Sohn. *Ich glaube schon,* sagte der Vater. Dann schwiegen beide. *Noch eine Schnecke?,* fragte der Vater. *Ja,* sagte der Sohn und gab ihm eine hinüber. *Hm, süße Schnecken!,* sagte der Sohn, *erzähle mir was von ihnen, wir haben nicht mehr viel Zeit.*

„*Wie alt bist du eigentlich?*"
„*13. Gerade geworden!*"
„*Ach ja.*"
Als er selbst 13 *oder irgendetwas in dieser Preisklasse* war, sagte der Vater, sei er schwer krank gewesen. Hirnhautentzündung, Meningitis, Zecken oder Stechmücken oder irgendwas, was mit der sommerlichen Natur im direkten Zusammenhang stünde. Wochenlang habe er im Bett gelegen, hohes Fieber, deliriumartige Nächte, erst wurde es schlimmer, dann besser, dann sehr schlimm, und dann war es vorbei. *Weißt du noch, wie du damals fühltest?,* fragte der Sohn. *Erst war es unheimlich, dann noch unheimlicher, und dann, als es ganz unheimlich war, wurde es plötzlich ganz leicht.* So sei es gewesen.

Sofern er sich richtig erinnere. Denn die Jahre sind schon weit weg. *Es ist so,* sagte belehrend der Sohn, *du liegst in deinem kleinen Kinderzimmer, es ist Nacht, und mit dem Anstieg des Fiebers dehnt sich der Raum. Das Zimmer wird größer und größer, und nur, wenn du die*

Augen fest zusammenkneifst, kannst du die Ecken des Zimmers überhaupt noch erkennen. Ein ungeheurer Raum! Ein nächtliches Meer! Und du in deinem kleinen Bett schiffbrüchig darin. Nachtmeerfahrten! Und irgendwann scheint sich selbst dieser Horizont zu lösen, er wird brüchig, er reißt, und aus diesen kleinen Rissen und Brüchen des dunklen Gewebes scheint es taghell hindurch. Das sind die Sterne. Oder genauer gesagt: Das ist das Licht. Denn das, was wie ein Stern erscheint, ist nichts anderes als ein kleiner Riss im Firmament, durch den das ewige Licht dringt.

Ich denke, wir fahren jetzt nach Sieker, sagte der Vater, als beide die Autobahn verließen. *Ja, wohin denn sonst,* sagte entgeistert der Sohn. Die Strecke nach Bielefeld-Sieker kannte van Damme noch blind. *Wir sind gleich da,* sagte der Sohn, *und ich möchte noch Schneckengeschichten hören! – Gut,* sagte der Vater, *wir haben nicht mehr viel Zeit, eine Schneckengeschichte. – Aber die beste!,* sagte ermahnend sein Sohn. *Na ja,* sagte der Vater, die lieblichste wäre jedenfalls die: Als junger Student sei er mit der Dings, einer Kommilitonin aus dem gleichen Semester, Ende Mai nach Paris gefahren in seinem alten *Golf.*

Damals, musst du wissen, haben nämlich alle jungen Studenten einen alten Golf gefahren. Das war damals gesetzlich so vorgeschrieben: Studenten mussten einen alten Golf fahren. Oder einen uralten R 4. Die R 4 aber hielten nicht mehr lange, und so fuhr irgendwann jeder Student einen alten Golf. Eine Woche seien sie in Paris gewesen, die Dings und er, sie hätten gezeichnet, Paris hoch und runter, die Tuilerien, das Seineufer, Montmartre, wer weniger als einhundert Skizzen am Tag schaffte, und das war die Ernst-Ludwig-Kirchner-Challenge, musste das Essen zahlen, das Essen und den Eintritt in die Museen, und nachts, wie soll man sagen, habe man wenig geschlafen –

„und viel gebumst",

„wir haben uns geliebt, klebten aneinander, kamen nicht los, hingen danach erschöpft mit halbem Körper aus dem Bett heraus und aßen kopfüber kaltes Fleisch und tranken verkehrtherum Wein, der ebenfalls auf dem Boden stand, kaltes Fleisch, Bratenaufschnitt also und wie gesagt: Wein,

den tranken wir kopfüber aus den Flaschen, und so erfrischt und gestärkt liebten wir uns wieder, die ganzen Nächte hindurch".

„Scheiße!", sagte der Sohn.

Schön!, sagte der Vater, aber das Schönste war ein Abend im Bois du Boulogne. Wo wieder gebumst wurde!, sagte der Sohn. Nee, nee, sagte der Vater, die Dings war vom vielen Bumsen und Zeichnen so müde, dass sie mitten im Bois du Boulogne eingeschlafen ist. Da lag sie nun da, die Dings, wunderschön und sinnlich lag sie da, die Dings, und ich, der ich vom vielen Bumsen und Zeichen auch ziemlich müde war, legte mich ein-fach dazu, und so schliefen wir gemeinsam im Bois du Boulogne. Mitten in der Nacht wurde sie wach, die Dings, und weckte mich, und das erste, was ich sah, war das Gesicht der Dings, die mich küsste, und hinter der Dings die sternenübersäte Nacht. Dann sind wir Arm in Arm nach Hause gegangen, wo wir, ich gebe es offen zu, dann allerdings wieder gebumst haben. Und zwar heftig. Wir waren ja ausgeschlafen.

„Verdammte Scheiße!!! So ein Abfuck!!!", brüllte der Sohn.

„Schön war es mit der Dings", meinte der Vater.

„Wieso sagst du immer: Dings?"

„Ich habe den Namen vergessen."

„Du kennst doch die Neumann!"

„Woher kennst du denn die Neumann?"

„Die geht doch mit mir in eine Klasse!"

„Ach!", sagte der Vater.

„Keine Spielchen mehr!", sagte der Sohn, „wir sind übrigens da."

„Das sehe ich auch!"

„Tschüss! Ich muss gehen."

5. Katastrophe.

Nun ja, was soll ich noch erzählen? Ich klingelte bei *van Damme*, dritter Stock, Vorderhaus, ging müde die Treppe hoch, meine Mutter eilte fliegend herunter, sie brüllte schon, bevor sie mich gesehen hatte, und als wir uns auf der halben Treppe zur zweiten Etage trafen, nahm sie mich in den Arm, merkte, wie heiß ich von hohem Fieber war, half mir wie eine Krankenschwester die restlichen Stufen hoch. In der Wohnung dann musste ich mich entkleiden, was mir schwer genug fiel, so dass ich, unten herum frei, aber mit einem marinefarbenen Sweater bekleidet, sofort ins nachtblau bezogene Bett geschickt wurde, das an einer bestimmten Stelle noch feucht war. Nachtblaue Bettwäsche, das wusste ich nun, ist nie so gut. *Ich rufe den Arzt*, rief meine Mutter vom Flur aus ins Kinderzimmer hinein. Zum Glück hatte ich das jetzt noch entdeckt. Den Rest, Paris und Tralala, konnte ich mir nun immerhin denken.

Ich merkte, wie sich der Raum stark vergrößerte. Ich schwamm mit meinem Bett auf einem nächtlichen Meer. Irgendwann kam ein anderes Bett vorbei, in dem meine Mutter war. Sie fragte: *Warum?* Ich sagte: *Die Sterne. Die Fänge. Das Licht. Der Himmel. Das Meer. – Welches Meer?*, fragte sie. Typisch Mama!

Treibt schiffbrüchig auf einem riesigen nachtschwarzen Meer an mir vorbei und fragt auch noch: *Welches Meer?* Ich sagte: *Das, was wie Sterne erscheint, sind Risse …* Doch ich konnte mir die Worte sparen. Meine Mutter war schon zu weit weg, sie konnte mich nicht mehr hören. Ich hätte gern einen Vater gehabt.

Kathartisches Nachwort.

Karl Roßmann, frühverstorben, schrieb an den frühverstorbenen Verleger Kurt Wolff, nun, nachdem Franz Kafka tot sei, müsse man es als unwiederbringliches Versehen betrachten, dass Max Brod, der allerdings ziemlich alt werden sollte, dem Testament Kafkas entsprochen und alle seine Schriften verbrannt habe.

Damit sei einer der wertvollsten Schätze der modernen Literatur für immer verloren und ihm, Wolff selbst, habe sich einer der größten Autoren gleichsam in Luft aufgelöst. Das sei die ungeheure Macht der Negation. Wer den weiten Bereich des Lebens betreten möchte und sich dabei nicht volllabern lassen will, sollte bei diesem Satz länger verweilen. Er kann auch gleich stehenbleiben. Eine bessere Einsicht wird er unmöglich finden.

Kurt Wolff, der frühverstorbene Verleger des frühverstorbenen Franz Kafka, schrieb dessen frühverstorbenem Schulfreund Karl Roßmann zurück, *so* sei es letztlich auch schön. Denn schön sei nicht nur das landläufig Schöne, sondern auch das Unschöne, ist es nur richtig und ganz und gar unschön, sei es auch wiederum schön, womit das Schöne sich nun nicht mehr als Kategorie im Sinne des Wohlgefälligen, sondern als schön im eigentlichen Sinne, nämlich als Scheinen der Idee offenbare. Wer den weiten Bereich der Ästhetik betreten möchte und sich dabei nicht volllabern lassen will, sollte bei diesem Satz länger verweilen. Er kann auch gleich stehenbleiben. Eine bessere Einsicht wird er unmöglich finden. Karl Roßmann hätte diesen etwas komplizierten Gedanken vielleicht sogar begriffen. Aber er war kurz vor dem Eintreffen des Briefes bereits in Oklahoma gestorben. Eine Zeit lang noch wartete Wolff auf die Antwort von Roßmann. Dann starb er auch.

Der Herr des Verkehrs.

Feierabendverkehr im Zentrum der Großstadt. Ein Junge will die stark befahrene Straße überqueren. Mehrmals setzt er den Fuß auf die Fahrbahn, doch sei es, dass er die Geschwindigkeit der herannahenden Autos nicht richtig einschätzen kann, sei es, dass er in der Technik des dreisten Drauflosschreitens noch nicht so geübt ist, stets zieht er sich wieder auf den rettenden Bürgersteig zurück, während das Fließband der Autos ungerührt vorbeirollt.

Eine Weile schaut der Junge blöde und ratlos dem gleichmütigen Rauschen zu, doch plötzlich kommt eine ungewohnte Bewegung in seine Gestik. Er nimmt den Schulranzen ab, wendet sich dem Strom der herankommenden Autos zu und winkt sie, indem er großspurige Gesten beschreibt, gönnerhaft durch. Ja, es dauert nicht lange, und er spricht sie direkt an: „Fahr jetzt!", „Los, komm!", „Mach zu!", kommandiert er nun das Gewoge, sichtlich erhöht im Besitz einer neuen und unerprobten Macht. Natürlich hören ihn die Fahrer überhaupt nicht, vermutlich nehmen sie ihn nicht einmal wahr, jedenfalls fahren sie nicht anders, als sie es auch ohne ihn täten, ihn, den Herrn des Verkehrs.

Der orangefarbene Campingstuhl.

Weshalb ich unbedingt mit einem Campingstuhl den Ätna hinaufging, weiß ich selbst nicht so genau. Irgendein dunkles Gesetz. Jeder Mensch wird von Macken beherrscht, die er dann im *Nachhinein* auch noch irgendwie erklären soll, sei es anderen, sei es sogar noch sich selbst. Ich könnte nun sagen, dass es ein leichter Campingstuhl war, Alugestänge, Sitz- und Rückenfläche aus einem aufgeschäumten orangefarbenen Plastikgeflecht, ein Modell also, das aus dem Anfang der 60er Jahre stammen dürfte und somit in etwa so alt ist wie ich selbst, Armlehne weißes Hartplastik, bereits ziemlich anbrüchig. Der Campingstuhl war nicht sonderlich schwer, zwei bis drei Kilo vielleicht. Einen Teakstuhl hätte ich garantiert nicht auf den Ätna geschleppt. Zumal ich in der anderen Hand noch zwei große Flaschen Mineralwasser, ein himmelblaues Sweatshirt und eine einige Packungen *Lucky*

Strike zu tragen hatte, die sich in einer der immer seltener verfügbaren Plastiktüten befanden. Schade.

Plastiktüten sind so praktisch. Aber ich will nichts gegen die umweltgerechte Entsorgung sagen, denn aus keinem anderen Grund als dem der ökologisch korrekten Beseitigung ging ich ja überhaupt auf den Ätna hinauf.

Als ich älter wurde, und ich wurde relativ schnell älter, so mit Ende 40, hatte ich eine bedeutende Erkenntnis. Sie bestand darin, dass egal, in welchem Alter man stirbt, man stets zur rechten Zeit stirbt. Man war – und genau das war die Erkenntnis – *schon immer am Ziel.* Man musste also den Lebensfaden nicht abspinnen und ins tief Verknäulte hinein verwickeln, sondern brauchte sich gleichsam nur umzudrehen, und schon war man da. Das war eine ungeheure Erleichterung. Man musste also nicht das erste Enkelkind abwarten, auf die Goldene Hochzeit spekulieren, nicht sagen: Diese WM nehme ich noch mit, mal sehen, wie die Fohlen am Samstag spielen werden, klar, man konnte es so machen, aber konnte es genauso gut auch sein lassen, es spielte eigentlich überhaupt keine Rolle. Es war letztlich völlig egal. Eine – wie gesagt – ungeheure Erleichterung.

Wer den Freitod sucht, hat viel zu bedenken. Zunächst muss er wissen, ob er insgeheim auf Rettung trachtet. Sollte das nicht der Fall sein, muss auf jede Form von Vergiftung verzichtet werden. Möglich, dass die Einnahme von Substanzen eine schöne Leiche hinterlässt, aber das sind liebliche Eindrücke von außen, und die sollten, ernsthaft gesprochen, unwesentlich sein. Viele Schlafmittel etwa haben ein Vomitiv. Nimmt man genügend, mag man zwar in einen todesähnlichen Schlaf fallen, der übrigens auch unangenehm und delirant genug sein dürfte, aber mitunter werden die unteren Regionen des Organischen wieder rege, man kotzt das Zeug heraus, wird umständlich gerettet, bekommt den Magen ausgepumpt, liegt auf einer Intensivstation, wird psychisch gebrainwasht und lebt fortan im Kreis seiner Familie wie ein schwachsinniger Hamster.

Gut, ich war ja bislang auch eine Art Hamster, aber kein schwachsinniger Hamster.

Handgreiflichere Todesarten haben allerdings auch ihre Nachteile. Das Erhängen ist ein dreckiger Tod. Kann man gut darauf verzichten. Sich ein Jagdgewehr in den offenen Mund zu halten und abzudrücken, verkürzt die Sache zwar ungemein, bietet aber – nun wieder von außen betrachtet – kein schönes Bild. Überhaupt ist eine Leiche kein schönes Bild, vor allem eine familiär eingebundene Leiche. Irgendwer hat einmal gesagt: Mit dem Tod habe es nichts auf sich. Denn alles Gute und Schlechte beruhe auf Empfindungen. Der Tod aber sei ja gerade die Aufhebung der Empfindung. Solange wir da sind, ist der Tod nicht da, und wenn der Tod da ist, sind wir es nicht mehr. Das mag sein, aber die Angehörigen dürften wohl vorhanden bleiben (eine, wie ich mitunter denke, keineswegs *bewiesene* Sicht der Dinge) und für die wäre eine nahestehende Leiche nicht sonderlich schön. Auch der Tod als reines Ereignis, gewissermaßen als Nachricht und *factum brutum*, ist bereits unangenehm genug, und wer es wirklich gut mit der Familie meint, wird sich nicht abräumen und einfach so herumliegen, er wird auch nicht notariell und amtlich beglaubigt sterben, sondern einfach verschwinden, so wie ein Stück Seife – erneut von außen gesehen – von Tag zu Tag kleiner wird und irgendwann mehr oder weniger unvermerkt nicht mehr da ist.

Diese smarte und, wie ich finde: umweltgerechteste Form des Abgangs zieht in ihrer Folge schwere und nahezu unlösbare Probleme nach sich. Es ist keineswegs einfach, eine größere Biomasse einfach verschwinden zu lassen, zumal dann, wenn man gar nicht mehr Herr des Verfahrens ist. Irgendwelche Spuren bleiben immer bestehen, und man muss nun nicht Profiler oder Forensiker sein, um hier ein ernstes technisches Problem zu erkennen.

Vielleicht, so dachte ich bisweilen, käme man der Lösung noch am nächsten, wenn man mitten auf hoher See über Bord ginge, aber zum einen führen Schiffe vermutlich Passagierlisten, zum anderen erschien mir das Ertrinken – nun wiederum von innen und empirisch betrachtet – als deutlich zu unkommod.

Vor einiger Zeit las ich ein lustiges und sehr anschaulich geschriebenes Buch über die Geschichte der Vorsokratiker, jener Philosophen also, die vor Sokrates gelebt hatten, zumeist dunkle Denker wie Heraklit oder Parmenides, die ich wenig genug kannte und deren Vita mitunter bereits ins Fabelhafte entrückt ist. Viele biografische Details sind kurios und völlig unglaubwürdig. Dass jemand in seiner Kindheit von einer Ziege unterrichtet wurde, um dann mit 133 Jahren von einem Eselskarren zu fallen und zu sterben, dürfte auch in weniger faktenverliebten Epochen keine große Glaubwürdigkeit besessen haben.

Interessant nun war dies, dass es für die Griechen auch überhaupt keine Rolle spielte, was ein Mensch in seinen dunklen Zeiten der frühen Jugend und des hohen Alters machte oder unterließ, sondern, was er in seiner *Hohen Zeit* tat. Für diese hohe Zeit hatten die Griechen einen eigenen Begriff, er heißt *akme* und bezeichnet die Blüte der Jahre, die Reife des Schaffens, das Hochplateau des individuellen Lebens, jene Zeit also, in der der Mensch das leistete, was er leisten zu müssen vermeinte, oder, geschichtlich gesehen, was ihm objektiv zu leisten oblag. Was davor und danach kommt, schien auch die Philosophen selbst nicht mehr sonderlich zu interessieren, weshalb ungewöhnlich viele von ihnen, landläufig gesagt: vorzeitig Feierabend machten. Die Todesarten sind dabei sehr ungewöhnlich: Einer weigerte sich einfach, weiterhin zu atmen, ein anderer erwürgte sich selbst und zwar, erstaunlich genug, mit seinen eigenen Händen. Am spannendsten hingegen war der Tod des Empedokles: Er stieg, als ihm seine Zeit gekommen schien, auf den Ätna und sprang in ihn hinein. Ein legendärer Tod. Bedichtet und vielbesungen.

Ich möchte mich nicht mit Empedokles vergleichen. Meine *akme*, müsste man sie auf *einen* Punkt hin benennen, war ein Fußballspiel in Essen Anfang des neuen Jahrtausends. Es ist das Schönste und Befriedigendste, was ich je erlebt habe. Beim Vorspiel eines größeren

Hallenturniers habe ich gegen eine niederrheinische Allstartruppe gekickt und dabei sowohl Willi „Ente" Lippens ausgespielt als auch Hacky Wimmer getunnelt und Wolfgang Kleff mit einem Heber sauber überlupft. Gut, Ente Lippens schien mir etwas getrunken zu haben, Hacky Wimmer wollte sich wohl für die eigentlichen Spiele schonen und Wolfgang Kleff stand viel zu weit vor dem Tor, aber wer kann schon von sich behaupten, gleich drei Nationalspieler – mochten sie damals auch schon auf die 60 zugehen und, wie Willi Lippens, nur in den *niederländischen* Nationalkader berufen worden zu sein – innerhalb weniger Sekunden und in einem einzigen Grundmove vernascht zu haben. Ich sagte: Das war schön und befriedigend *zugleich*, und deshalb der größte Augenblick meines Lebens, denn die meisten glücklichen Momente sind *entweder* befriedigend, man hat etwa den Führerschein bestanden, aber sie müssen nicht schön gewesen sein, *oder* sie waren schön, etwa ein Besäufnis, aber stellten sich nicht als befriedigend heraus.

Nach dem Turnier traf ich übrigens noch kurz Willi Lippens. Das Gespräch war allerdings flach. „Na, Ente, wie war ich?" „Wer sind Sie?" „Na, der Typ, der Sie beim Hallenturnier vernascht hat." „Welches Hallenturnier?", fragte Ente Lippens, dessen beste Zeit, kurz: seine eigene *akme* wohl seit einigen Jahren bereits hinter ihm lag.

Wenn man eine richtige Idee hat, ist die Umsetzung immer sehr leicht. Anders gesagt: Die Leichtigkeit der Umsetzung beweist praktisch die Richtigkeit der Idee. Ich buchte im Internet einen Flug von Düsseldorf nach Rom, ging zu unserer Bank, hob einige tausend Euro ab, legte meiner Frau eine kurze Notiz auf den Frühstückstisch, wonach ich eine kleine Auszeit bräuchte, ließ mich zum Flughafen fahren, landete in Rom, fuhr zum *stazione termini*, dem Hauptbahnhof der Stadt, kaufte *vor Ort und persönlich* (was mir wichtig erschien) ein Zugticket mit Überfahrt nach Sizilien und ging zum Tiber, der fußläufig entfernt ist. Dort machte ich ein schönes Selfie mit der Engelsburg im Hintergrund, schrieb ein gutgelauntes *Bin in der Ewigen Stadt.*

Bis bald! darunter und schickte es an meine Frau und unsere beiden erwachsenen Kinder. Dann schmiss ich das Smartphone in den Tiber.

Eine Zugfahrt von Rom nach Taormina zu schildern, scheint mir der Zeilen nicht wert. Interessant hingegen ist, wie oft ich auf meinen Campingstuhl angesprochen wurde. Ein Mann Mitte seiner fünfziger Jahre mit einem uralten orangefarbenen Campingstuhl in der Hand erregt einige Neugier. Zunächst drruckste ich herum, später dann vermochte ich flüssiger zu flunkern, zuletzt hielt ich die abenteuerliche Geschichte bereit, ich sei Facebookreisender und würde mich sitzend auf meinem alten Campingstuhl vor sämtlichen Weltsehenswürdigkeiten fotografieren. *Dann müssten Sie also Ribero del Duero, der berühmte Campingstuhlweltreisende sein,* sagte ein jüngerer Passagier auf der Überfahrt nach Sizilien. Ich musste verneinen. Dann, meinte der jüngere Passagier auf der Fähre, könne ich die Nummer gleich vergessen, denn die Idee sei gleichsam das geistige Eigentum von Ribero del Duero, der Milliarden Klicks in Milliarden Ländern ernte und somit selbst Internetmilliardär sei. Schade, sagte ich. *Und wenn man einen Hund dazu nähme? Hunde,* meinte der Gesprächspartner, *wirken immer gewollt und billig. Hm,* sagte ich.

Die letzte Nacht in Taormina wollte ich es noch einmal so richtig krachen lassen, Ich dachte dabei an außereheliche Geschlechtsverkehr. Was man halt so denkt, wenn man verheiratet in Mönchengladbach lebt. In Taormina selbst stand mir danach gar nicht mehr der Sinn. Ich setzte mich, Blick auf den Ätna, in eine Trattoria, rauchte sehr viel und betrank mich sanft. Ich hätte wetten können, dass ich einmal an Krebs sterben werde. Das konnte man jetzt allerdings ausschließen, was wieder einmal bewies, dass das Rauchen gar nicht so fürchterlich schädlich ist, wie immer behauptet wird. So gingen meine Gedanken an diesem letzten Abend dahin. Irgendwann wurde mir meine eigene Anwesenheit allerdings selbst ziemlich lästig. Immer dieselben Gänge durchs Hirn, Erinnerungen, Vorlieben, Meinungen, Ansichten, das ganze Geschnatter im Kopf – fürchterlich. Ich ging ins

Bett und schlief traumlos und schwer. Mittags warf ich einem Bettler nahezu dreitausend Euro in den Hut, um nicht auf dumme Gedanken zu kommen, nahm einen Regionalbus und kam mit einigem Umsteigen in Poggibonsi an. Poggibonsi ist der höchstgelegene Ort am Ätna, ziemlich touristisch übrigens.

Mein letztes Gespräch war lustig. Eine junge Bedienung in Poggibonsi, die den Campingstuhl nicht unkommentiert lassen wollte, fragte mich, der ich ratlos nach einem Platz suchte, ob ich *Joshua Grant* sei. Nein, sagte ich, ich sei *Cary Grant*. Ein typischer Joshua-Grant-Gag, meinte sie. Sie lese meine Blogs und fände es wirklich wunderbar, seit Jahren nur auf seinem eigenen Campingstuhl zu sitzen, bei der Arbeit, beim Zahnarzt, im Restaurant, im Bus, bei Freunden, auf Reisen, und so die Welt aus der Sicht eines Einstuhlsitzers zu schildern, einfach großartig, eine klasse Idee. Sie bewundere mich.

So hatte ausgerechnet ich jetzt einen Ruf zu verteidigen und saß, eine große Portion Spaghetti Pinocchio essend, gleichsam auf einer Art Kindersitz. Mein Kinn hing nahezu plan auf der Tischplatte, „schmeckt's?", fragte die freundliche Bedienung, „bellissimo!", sagte ich, die Spaghetti vom Teller schaufelnd. *Sie sind eine Inspiration für uns alle*, sagte sie abräumend, die Rechnung gehe aufs Haus. Was sollte ich jetzt noch mit meinen 50 Euro anfangen? *Trinkgeld!*, sagte ich. Ich musste den Schein signieren. *Grant* mit *d* oder mit *t*, fragte ich.

Amazing!, sagte die Bedienung und lachte.

Als es zu dämmern begann, verließ ich das Restaurant. Was jetzt passiere, wollte die Frau wissen. Ich sagte gutgelaunt: *Das können Sie morgen alles in meinem Blog* lesen, nahm den Campingstuhl, kaufte mit dem letzten Geld zwei große Flaschen Wasser, bekam eine Plastiktüte, und setzte mich in einen der kleinen Lavagärten außerhalb der Stadt. Disteln und Kakteen wuchsen hier, schnell schwindendes Grün auf dunklem Grund. Dann wurde es Nacht. Dunkle Pflanzen auf dunklem Grund.

Von Poggibonsi aus ist die Hälfte des Weges zum Kraterrand bereits erreicht. Das heißt: Die andere Hälfte war noch zu laufen. Der Ätna liegt 3300 Meter hoch. Kein schöner Weg. Steil und holprig. Graues Geröll. Ich musste sehr darauf achten, mir nicht den Fuß zu verstauchen. Irgendwann kam mir mitten in der Nacht ein großer schwarzer Hund mit funkelnden Augen entgegen.

Stimmt. Hunde wirken immer billig und wie gewollt. Er schaute mich finster an und ging hinab. Ich schaute ihn finster an und ging hinauf. Dann musste ich durch dünne Schleierwolken hindurch, und gegen Morgen war ich am Gipfel. Oben roch es wie eine frisch geteerte Straße. Ich roch in meiner Jugend gerne frisch geteerte Straßen. Vage begann es wieder zu dämmern. Ich stellte meinen orangefarbenen Campingstuhl direkt an einen steil abfallenden Kraterrand, trank Wasser und rauchte *Lucky Strikes*. Verschwörerisch ging die Sonne über dem Mittelmeer auf. Wie eine Nutte schien sie zu sagen: Na, Schätzchen, wie wäre es mit uns beiden? Ich sagte zur Sonne: Fick dich selbst!, und drehte den Campingstuhl um.

Es war ein guter Campingstuhl. Ich hatte ihn liebgewonnen. In all den vielen Jahren. Schon als Kind trug er mich. Klaglos trug er jeden: Eltern, Geschwister, weit entfernte Verwandte, Freunde trug er, meine eigenen Kinder und neue weit entfernte Verwandte und Freunde trug er wiederum klaglos. Gewiss gab es schönere, bessere, bequemere Campingstühle, doch sie waren fast immer schwer, sperrig, mit einer komplizierten Sitzverstellungsmechanik versehen, die irgendwie über die hochgezogenen Armlehnen zu justieren war – und ich habe tatsächlich zwei Leute in meinem Leben gesehen, die, weil irgendetwas nicht richtig eingerastet ist, sich ziemlich übel in einem zusammenfallenden Campingstuhl verletzten –, später dann hatten wir in unserem eigenen Haus schwere Teil aus Holz, die aber auf keinen Fall nass werden durften, weil sonst – ich weiß nicht was: die Welt untergehe, ein Restaurator geholt werden oder Privatinsolvenz angemeldet werden musste, kurz, jeder, der nicht völlig verrückt war, holte zunächst den kleinen orangefarbenen Campingstuhl aus dem Schuppen, klappte ihn auf uns setzte sich hin. Er war also unser Freund, ohne, dass wir es freilich wussten, denn vieles, was uns gefällt, liegt tief unter der Wahrnehmungsschwelle und läuft einfach so mit.

Auch auf dem Ätna versagte er mir nicht seinen Dienst. Ich saß einen langen Tag auf ihm. Es war ein kalter Tag im Januar, der allerdings ins Februarartige hinüberspielte, also mitten im März, im Äquinox, wo gleich sind Tag und Nacht, mit seinen wonnemonatsartigen Temperaturen, an Tagen, an denen die Nacht am kürzesten ist, also in der Glut des Hochsommers mit ihren schweren Insekten, wo die Sonnen schon schneller sinken und die Blätter fallen, der Wein geerntet wird und die Novembernebel ziehen, mithin in der Adventszeit, zu Jesu Geburt und somit unter Silvesterraketen – wie schon gesagt: im Januar selbst.

Irgendwann stand ich auf. Ich nahm den kleinen orangefarbenen Campingstuhl, küsste ihn leicht auf seinen Rücken und warf ihn im hohen Bogen direkt in den Ätna. Er fiel völlig geräuschlos hinab. Dann ging ich heim.

Vom öffentlichen Besingen ankommender Fernverkehrszüge in der Nach-Franco-Zeit.

Unmittelbar nach dem Tode des Diktators Francisco Franco lebte in Spanien für kurze Zeit eine Tradition wieder auf, die so erstaunlich, bizarr und flüchtig war, dass sie hier auf wenigen Seiten Erwähnung finden soll, da sie ansonsten womöglich der völligen Vergessenheit anheimgegeben wäre, was denjenigen, dem auch die kleineren kulturellen Leistungen der Menschheit Freude bereiten, traurig genug ankommen müsste. Leider bin ich kein ausgewiesener Kenner spanischen Brauchtums geworden, was den Wert folgender Beobachtungen, deren zufälliger Augenzeuge ich wurde, deutlich mindern dürfte. Aber gleichviel – ich schildere jetzt die Geschichte, so, wie ich sie vor vielen Jahrzehnten erlebt habe. Mag sich jeder denken, was ihm zu denken beliebt.

In der letzten Tages den Jahres 1975, Franco war erst wenige Wochen tot und die demokratische Erneuerung Spaniens, von allen Europäern mit viel Sympathie begleitet, nahm ihren Anfang, flog ich, noch als Gymnasiast, mitten in den Winterferien von Frankfurt nach Barcelona, um mein recht gutes Spanisch zu verbessern, das ich in der Nachmittags-AG einer Frankfurter Schule erworben hatte, die als eine Art hessischer Talentschmiede in gutem Ruf stand. In Barcelona angekommen bezog ich – nach ziemlich umständlichen Verhandlungen, wie mir schien – ein Zimmer, erging mich dann auf den Ramblas, der Pracht- und Promeniermeile der Stadt, im allerschönsten Wintersonnenschein und traf dabei eine junge, in etwa gleichaltrige und ungewöhnlich hübsche Katalanin. Wir freundeten uns sofort an, gingen in Cafés und Bars und in der zweiten Nacht bereits zum Tanzen, eines der wenigen wundervollen Ereignisse in meinem Leben, das später, ich wusste es damals glücklicherweise noch nicht, unspektakulär und, wenn ich es mit dem anderer Leute vergleichen müsste, sogar unterdurchschnittlich und ziemlich fußlahm verlaufen sollte.

Der einzige Schatten, der auf die Blüte unserer kaum dreitägigen kleinen Affäre fiel, war eigentlich recht harmlos und zugleich auch lustig und kurios. Denn die junge Frau hatte ihrerseits ein Jahr als Austauschschülerin in Deutschland, genauer: in Frankfurt selbst verbracht, und zwar in jenem Mädchengymnasium in Frankfurt-Sachsenhausen, das von unserem Gymnasium, das damals eine reine Jungenschule war, nur wenige hundert Meter entfernt lag und daher das ferne Ziel unseres Schmachtens blieb. So konnte die junge Frau, die ich namentlich nicht nennen möchte, da ihre sehr beglückende Bekanntschaft in der Folge ärgerliche Ereignisse nach sich zog, jene Katalanin also konnte sich ausgesprochen gut im Deutschen verständigen, und bestand geradezu darauf, da sie ihrerseits die Sprache zu üben gedachte und mich überdies schonen wolle, mit mir allein auf Deutsch zu reden, was das eigentliche Ziel meiner Reise zugleich einigermaßen hinfällig machte. Natürlich hatte auch sie noch kleinere Defizite, denn sie sagte eigentlich, sie wolle *sich* schonen, aber geschenkt, ich wusste ja, wie es gemeint war. „Sich und mich verwechsle ick mir", sagt ja scherzhaft der Berliner, und da ich seit fast 40 Jahren Berliner bin, sollte ich auch man bei anderen nicht so kleinlich sein.

Schon am zweiten Abend beim Tanzen küssten wir uns forsch, und wäre es nach mir gegangen – und hier hatte ich zum ersten Mal Gelegenheit, die Struktur des Lebens ziemlich klar zu sehen, die, kurz gesagt, darin besteht, dass es *grundsätzlich* im Leben nie um den Lebenden selbst gehen wird –, hätten die Intimitäten bruchlos in meinem kleinen Pensionszimmer weitergehen können. Doch die junge Frau meinte, ich solle sie bei ihren Eltern besuchen, wo eine direktere erotische Begegnung wesentlich einfacher stattfinden könne, eine Ansicht, die mir hochgradig widersinnig, ja geradezu abartig unlogisch erschien. Da sie aber mit großer Entschiedenheit vorgebracht wurde, nahm ich sie – auch mangels echter Alternativen – einfach so hin. Ich war ja noch jung.

So kam ich überhaupt in das kleine Dorf am Fuß der Pyrenäen mit seinem Grenzbahnhof, wo ich das bizarre, aber kurzlebige Ritual des Besingens ankommender Fernverkehrszüge mit eigenen Augen sah. Als ich am frühen Abend vom Bahnhof her die Straße betrat, in der das Elternhaus meiner Freundin liegen sollte, hatte ich blitzartig den Eindruck, schwer verladen worden zu sein. Denn in den Tagen ohne Internet und Smartphone war es durchaus üblich, einem aufdringlichen Verehrer eine falsche Adresse oder frei ersonnene Telefonnummer zu geben, einfach, um zunächst einmal Zeit und Land zu gewinnen, möge er sich später einen Wolf suchen, wie immer es ihm zu suchen beliebe. Doch ich war übertrieben misstrauisch gewesen, denn am Tor eines recht einfachen Landhauses aus Naturstein stand ihr Nachname. Ich klingelte und musste eine schöne Zeit warten. Und so stand ich grußbereit, doch recht ratlos vor ihrem Elternhaus, See-sack über der Schulter und einen kleinen Blumenstrauß in der Hand wie ein Bootsmann in der Benimmschule.

Dann öffnete sich das Fenster im ersten Stock, ein ziemlich feister Mann, offensichtlich der Vater der Freundin und zugleich der eigentliche Gastgeber, fläzte sich, Kippe in seinem fast zahnlosen Fischmaul, auf das Fensterbrett und hielt mich in recht derben landestypischen Worten an, das Weite zu suchen, mich, den er direkt als *Hurenbock*, wörtlich: *Bocca del huro* glaubte ansprechen zu müssen, was auch seine eigene Tochter nicht in ein unbedingt schmeichelndes Licht zu setzen vermochte. Da man aber gerade als junger Mensch nie zu vorschnell seine Schlüsse ziehen sollte, fragte ich die fette Qualle in ihrem Trägerunterhemd, ob ich die Beschimpfung *Hurenbock* überhaupt richtig verstanden habe, kurz, was das bedeuten solle, oder, nun wörtlich: *was das heiße*, und rief entsprechend, immer noch gutwillig, hoch: „*Quanta costa?*", was die Stimmung meines Gesprächspartners allerdings nicht unbedingt steigerte, denn er machte nun mir gegenüber, der ich pennälermäßig, ja geradezu blödsinnig vom Gartentor hochschaute, noch einige Zischlaute, mit denen man lästige Vögel wie etwa Krähen verscheucht, sagte sehr energisch „*Dawei! Dawei!*", eine mir, offen gesagt, unbekannte, vielleicht auch nur regional typische Redensart, die so viel wie: *Heute nicht, vielleicht morgen* bedeuten mochte, was ich verständnisvoll mit einem müden Okay quittierte, indem ich den Daumen und Zeigefinger meiner rechten Hand zu einem Kreis bildete und für einige Zeit mitten in das Licht der Straßenlaterne hielt, eine milde und weltabgeklärte Geste, denn man kannte ja diese saumseligen Spanier mit ihrem ewigen „Demain, demain!" Doch der Vater der Begehrten sagte nun gar nichts mehr, noch nicht einmal ein müdes „Va bene!" kam mehr hervor, er schmiss mir nur noch, stark zischend und in absolut abweisender Art, den Rücken seiner Hände zu, schloss krachend die Fenster und verschwand, was mir nun eindeutig verständlich machte, dass es für mich hier kein Morgen mehr gäbe und das hinhaltende *Dawei!* allein in taktischer und rein beschwichtigender Absicht geäußert worden war.

Da ich aber keineswegs die längere Reise von Barcelona in dieses katalonische Bergnest umsonst unternommen haben wollte, öffnete ich das Tor, ging durch den kleinen Vorgarten zur Haustüre und klingelte erneut. Auch hier dauerte es seine Zeit, bis eine sehr elegante und erotisch durchaus attraktive Frau mittleren Alters mich fragend, aber keineswegs feindselig ansah, so dass ich sie, Blumen in der Hand, Seesack auf der Schulter, im schönsten, allerdings auch etwas konventionell blassen und förmlichen Spanisch ansprechen konnte, und zwar mit:

„Bona sera, seniorita, bona sera!"

Nun nahm die Dame des Hauses eine doppelläufige Flinte hervor, die sie neben dem Türrahmen in petto und Bereitschaft gehalten haben dürfte, richtete sie mir direkt zwischen die Augen und bedeutete mir, *rückwärts* das bescheidene Anwesen zu verlassen. „*Retiremio recto la via andante allegro con brio!*", befahl sie, nun frei übersetzt – was für mich immer recht leicht war, wenn das Gegenüber Hochspanisch, also das klassische *Castellano* sprach –, meinen Hintern schleunigst von ihrem Grundstück zu schieben, und dies in sehr kurzer Zeit, nämlich bis sie bis drei gezählt habe, sie sagte also mit *sehr* großem Nachdruck:

„Io canto till tre!"

Jetzt war es also an mir, in diesem verdammten Bergziegenfickernest eine Bleibe zu suchen. Ich fand sie in einer abbruchreifen Bahnhofspension, deren einziger Gast ich war und die ihrerseits den Vorteil bot, wiederum die einzige Übernachtungsmöglichkeit im Ort zu sein und zudem günstig genug gelegen, um am nächsten Tag zurück nach Barcelona zu fahren. Ich nahm also Quartier, stellte den Blumenstrauß in ein ausgespültes Senfglas, das hier als Zahnputzbecher durchgehen sollte, legte mich ungewaschen mit ungeputzten Zähnen und unrasiert in das durchgerammelte Bett und schlief schlecht, oder, um der Wahrheit Ehre zu tun, überhaupt nicht.

Der Besitzer dieses Hundeklos war ein älterer, hagerer und hohlwangiger, ziemlich großgewachsener Mann mit Fusselbart so um die 70, der nicht nur dumm wie die Nacht, sondern auch stockstur und rechthaberisch war. Er käme eigentlich aus Zentralspanien, nämlich der sogenannten *Lamantscha*. Mir doch egal. Faul war er jedenfalls wie nichts Gutes. Wahrscheinlich ein stehender Charakterzug dieser Zentralspanier, von denen man ja wusste, dass sie schon mittags wieder im Bett liegen, um *fiesta* zu machen. Obwohl ich ihm mehrfach, dringlich und mit großem Nachdruck sagte, dass ich Seife und Rasierzeug bräuchte, tat er nichts Besseres, als wild und weitschweifend herumzutelefonieren, so, als stünde ich nicht direkt vor ihm an seinem kleinen Bürotisch. Es passierte überhaupt nichts. Dann ging ich ins Bett. Irgendwann in der Nacht stand er in meinem Zimmer, und zwar mit einer Klarinette und einem präparierten Katzenskelett auf einem Holzsockel in seinen Händen, irrsinnig lachend wie ein Psycho. Da seien die beiden Dinge, nach denen ich ja so dringend verlangt habe.

„Io?", sagte ich fragend. „Tua!", sagte er fordernd. „No, no", sagte ich, „io nio!"

„Tua sua", entgegnete er mit Nachdruck. Er könne mit dem Zeug gleich wieder abzwitschern, ich bräuchte kein „cazzo preparato", er vielleicht, ich aber nicht, „io nio." „Va bene", meinte er jetzt mit eingekniffenem Schwanz, das „giletto di cazzo" könne er in der Tat wieder dorthin zurückbringen, woher er es gekauft habe, „retiresia la cazzo vendimirlo a ho", sagte er. „Ahoi!", sagte ich entschieden, es heiße: „a hoi!", nämlich „von *dort*", wo er die Katze gekauft habe, nicht: „von *da*, wo", das sei schlechtes Spanisch. „No bono spaniolo!", sagte ich scherzhaft mit dem Zeigefinger drohend. Ansonsten habe er allerdings recht, er solle die Katze zurückbringen, von woher sie gekommen war, und zwar schleunigst, nämlich: „la via andante allegro con brio!" Ich jedenfalls bräuchte kein verschissenes Katzenskelett. Die Klarinette hingegen, „il clarinetto", sagte er, sei absolut nicht umtauschbar, ich müsse sie nun kaufen und nehmen. „Por que una clarinetto por favor al mundo la notte medio?", für was, bitte schön in aller Welt, bräuchte ich mitten in der Nacht eine Klarinette? Keine Ahnung, „no soluccion!", sagte er, immerhin habe ich es ja beides bei ihm bestellt! „Io nio", sagte ich.

Da wurde er aber extrem böse, meinte, er habe die Klarinette doch für mich umständlich genug besorgt. Dafür sei er mitten in der kalten Winternacht eigens losgeritten, „andante a Saragossa medio notte caldo di verano con hippo allegro." Das war mir egal. Wie es mir auch egal sei, was er in Saratoga getrieben habe, das sei alles nicht mein Problem. „Vendetta! Vendetta! Vendetta!", er *hatte* also, man beachte hier das Plusquamperfekt!, bereits gekauft und brüllte jetzt, außer sich vor Wut und direkt an mich gerichtet:

„Io killo!"

„Killamia?", fragte ich entgeistert zurück.

„Killertee! Killertee! Killertee!", schrie er wie von Sinnen, die Klarinette als Schlagwaffe nutzend. Aufgescheucht rannte ich in Todesangst durch das Zimmer dieses Hundepuffs und rief:

„Yo pago! Yo pago! Yo pago!", und so zahlte ich und kam in den Besitz einer Klarinette, die mir heute noch Freude macht. Manchmal, wenn es ganz still wird, zumeist mitten in der Nacht, spiele ich auf ihr und denke an meine Jugendzeit zurück. Sie war einmalig und kommt nie wieder. Was bleibt, ist ohnehin nur die Musik.

Am Morgen danach setzte ich mich an einen sonnengelegenen Campingtisch, der seitlich auf einem der beiden Bahnsteige stand, und trank, trunken vor Schlaflosigkeit, einen Milchkaffee oder *Café avec latte*, wie man hier üblicherweise sagte. Genauer betrachtet: Ich löffelte ihn, da ich den Wirt, der in der letzten Nacht zugleich auch mein Hotelier gewesen war, maximal zu schädigen gedachte, mit so viel Zucker wie nur möglich. Da passierte etwas Ungewöhnliches. Der Bahnhof, der an diesem Sonntagmorgen menschenleer gewesen war, bevölkerte sich in sehr kurzer Zeit mit hunderten von sogenannten *Freunden der Fernverkehrszüge*, was problemlos an den Bannern und Transparenten ersichtlich war, die manche von ihnen trugen und auf denen griffige Sätze wie *Amici del Treno faro* zu lesen war, Freunde von Zügen also, die von weither kommen und somit *faro* sind, oder, wesentlich subtiler und wortwitzgewandter, mit *Benvenuto longo treno agogo*, wobei die schöne Pointe dieser Wendung darin besteht, dass lange Züge zum einen typischerweise Fernverkehrszüge sind und zudem nicht nur räumlich lang, sondern gleichsam auch zeitlich lang sind, nämlich lang erwartet werden, es also lange her ist, dass solche Züge Spanien passierten, wobei das nachgestellte *agogo*, ähnlich wie im Englischen, genau diese lange Vergangenheit klagend anmahnt.

Von dem ungewöhnlichen Brauch, ankommenden Fernverkehrszügen von der Grenze des nun demokratisch gewordenen Spanien bis zum ersten Bahnhof des Landes ein aufwändiges Geleit zu geben, hatte ich schon in Frankfurt gehört, aber mangels praktischen Nutzens auch schnell wieder vergessen. Sei es, dass ich davon auf der Seite *Vermischtes* der *Frankfurter Neuen Presse* – die allerdings ein schweres Revolverblatt war – gelesen hatte, sei es, dass unser Spanischlehrer, ein kauziger, hochbetagter Mann von mindestens 80 Jahren, davon erzählt hatte, jedenfalls war die Geschichte ins passive Gedächtnis gerutscht und dort erstaunlich gut erhalten geblieben. Sie war mir jedenfalls sofort wieder präsent.

Unser Spanischlehrer war ein deutschstämmiger Jude aus Odessa, musste dort vor Lenin fliehen, dann lebte er längere Zeit in Italien, wo er vor Mussolini fliehen musste, um nach Spanien zu ziehen, wo er vor Franco floh, dann nach Frankreich, wo er vor Pétain die Flucht ergriff, dann war er für einige Jahre in Buenos Aires, wo er vor Perón floh, und irgendwann zog er nach Frankfurt, wo er endlich zur Ruhe kam und in einem Alter, das schon weit jenseits der Pensionsgrenze lag, als angestellter Lehrer sein Auskommen fand. Wir alle mochten diesen kleinen, drahtigen Spanischlehrer mit seinen aberwitzigen Geschichten aus aller Herren Länder, wobei uns besonders die Art behagte, ganz ohne schulische Mittel wie etwa lästige Bücher zu unterrichten, nämlich allein durch das gesprochene Wort. Er nannte seine Methode *native speaking, method acting.* Nur so, meinte er, würde man wahrhaft in eine Sprache eintauchen, was zumindest bei mir, der ich in anderen Sprachen deutliche Defizite aufwies, sofort anschlug, so dass man es mir nicht als Eitelkeit auslegen mag, wenn ich behaupte, dass ich im Spanischen wie ein Fisch im Wasser schwamm.

Es war also letztlich nichts anderes als meine Liebe für die Sprache des großen Dante oder Cervantes, die mich nach Spanien brachte, und so saß ich jetzt an einem Plastiktisch des Grenzbahnhofs inmitten der sichtlich euphorisierten Freunde der Fernverkehrszüge und starrte in die Pyrenäen, aus denen der hocherwartete Zug kommen musste, den man bahnhofsseitig mindestens einen halben Kilometer lang bewundern durfte, denn so lange liefen die Gleise schnurstracks ins Gebirge, bevor sie einen jähen Schlag nach rechts machten und ins Unsichtbare hineintauchten.

An meinem kleinen Tisch hatten, die Plastikstühle Richtung Gebirge gerückt, die Honoratioren Platz genommen, ältere, würdige Herren im schwarzen Sonntagsanzug und mit rot-gelb-roten Fliegen, die dem zuckersuppenlöffenden Gast mit seinem dicken Sack zwischen den Beinen nicht weitere Beachtung schenkten, denn schon bald ertönte vom unsichtbaren Rechtsknick heraus eine feierliche, hochstimmungsartige Festmusik. Die älteren und keineswegs unbeleibten Herren erhoben sich steif, hielten sich die Hand auf ihr patriotisches Herz, denn der Marsch gab sich nun als *Marcha Real,* als spanische Nationalhymne zu erkennen, und so sangen sie, zusammen mit den vielleicht fünfhundert Freunden der Fernverkehrszüge, von denen nicht wenige die typischen Eisenbahnermützen in den spanischen Nationalfarben mit Bommel und Doppeladler trugen, auf dieses rein instrumentale Stück mit Inbrunst einen ziemlich wirren Text, in dem des Segens der Fernverkehrszüge – der schon erwähnten *treno faro* – sowie namentlich der wild fauchenden Lokomotiven – der *furia loco* – ausgiebig, vielstimmig und lobend gedacht wurde.

Nun bogen ein großer Spielmannszug und danach der Fernverkehrszug, der mit französischen und spanischen Wimpeln reichlich geschmückt war, aus der Kurve hervor, die Besucher des kleinen Bahnhofs liefen freudig und johlend wie Kinder auf den Bahnschwellen hüpfend dem Ereignis zu, es wurde getanzt und gesungen, und nur die Herren an meinem Tisch blieben sichtlich gerührt sitzen, was mir die einmalige Gelegenheit verschaffen sollte, mich näher über diesen kuriosen Brauch zu informieren. Man wird es dem Primaner eines Frankfurter Gymnasiums, das nicht zu Unrecht als *Salem von Sachsenhausen* bezeichnet wurde, nachsehen können, dass er einen so schwierigen Satz wie den, ob das öffentliche Besingen ankommender Fernverkehrszüge in der Nach-Franco-Zeit nun *üblich* geworden sei, nicht völlig fehlerfrei ins Spanische bringen kann, auch dann nicht, wenn er eine fremde Sprache ziemlich gefällig zu beherrschen weiß, und so fragte ich meinen Nachbarn, einen dicken Mann mit rot-gelb-roten Hosenträgern und Clark-Gable-Bärtchen, in einer bündigen Abkürzung des in Rede stehenden Sachverhalts:

„El treno obligario?"

Si, sagte er sichtlich abweisend und einsilbig, doch da ich mich in dieser historisch besonderen Stunde nicht mit einer maulfaulen Antwort zufriedengeben wollte, fragte ich nach und wollte wissen, ob ihm dieses offensichtlich neu praktizierte, aber vermutlich zugleich uralte, kurz: dieses *wiederentdeckte* lokalkoloritartige Brauchtum des Besingens ankommender Fernverkehrszüge auch *notwendig* erschien, ein komplizierter Satz, der jedem Fragensteller einiges abverlangt haben würde. Ich musste mir im Kopf diese schwere grammatikalische Konstruktion erst einmal richtig zurechtlegen, bevor ich sagen konnte:

„El loco colorito tipico bello discovoro novo and, so to speak, also vecchio, mit anderen Worten: vecchio alto und zugleich auch irgendwo novo novissimo di treno faro cantare voudrais necessario – comprende, muchacho?"

Si, sagte mein Nachbar, der offenkundig nicht zu einem landestypischen Plausch aufgelegt zu sein schien und jetzt eine Fresse zog, als hätte man seine schrumpeligen Klöten in eiskaltes Essigwasser getaucht, und so versuchte ich ihn letztmalig um Auskunft zu bitten, indem ich wissen wollte, ob ihm, dem gesetzten Herren, auch Trubel und Tanz sowie die Musik mit dem doch sehr pathetischen Gesang *ihrerseits* geboten erschien, ich sagte also:

„El canto di treno tambien, luigi?"

"Luigi?", fragte der Typ. Ich fühlte mich ertappt. Da denkt man mitunter, man spräche ein perfektes Spanisch, und doch gibt es immer ein paar Kleinigkeiten, winzige Details nur, an denen der gebürtige Spanier unfehlbar erkennen kann, dass der Andere offensichtlich gar nicht aus Spanien stammt. So ging es mir mit *luigi*. Ich war mir schon im Sprechen nicht ganz sicher, ob man nicht besser *soi-meme* für *ihrerseits* sagen solle. Mein Fehler. Ich wollte mein Gegenüber versöhnlich stimmen und erzählte ihm, was ich gekauft hatte – „haber vendetta" – nämlich eine Klarinette, so dass ich problemlos auch musikalisch an diesem kleinen Volksfest – „la siesta piccolo di popolo" – teilnehmen könne, kurz, ich stieß ihn kumpelhaft in die Seite und sagte:

„Yo soy un clarinetto!"

Jetzt drehte sich mein Sitznachbar auf mich ein und sagte, scharf blickend und in tadellosem Deutsch:

„Sie sind ja wohl der größte Vollidiot, den die iberische Halbinsel in ihrer mehrtausendjährigen und durchaus wechselvollen Geschichte jemals gesehen hat!"

Nun hätte ich also ein Heimspiel gehabt und den schmierigen Spacko mitsamt den anderen Spanockeln in meiner Muttersprache abbügeln können, doch so, als sei mir das Deutsch durch diesen schweren Anwurf verleidet worden, fragte ich ihn nach den Gründen dieser Zurechtweisung, und da ich nun keinen Anlass mehr sah, besonders gefällig und zungenfertig zu reden, fragte ich nur einsilbig und hart nach dem Warum, nämlich:

„Cuando?"

Daraufhin standen meine Tischnachbarn wortlos zusammen auf und ließen mich allein. Ich war verärgert wie nie zuvor in meinem noch jungen Leben und beabsichtigte nun keineswegs, weiterhin die Gastfreundschaft des demokratischen Spanien zu bemühen. Ich wechselte einfach den Bahnsteig und fuhr mit dem nächsten Zug nach Frankreich, wo man meine fremdsprachlichen Fähigkeiten, die sich allerdings keinesfalls mit meinen damaligen Kenntnissen des Spanischen messen lassen konnten, kurz, mein, ich darf wohl sagen: durchaus polyglottes Wesen besser zu schätzen wusste. Im Lauf der letzten 40 Jahre hat mein Spanisch allerdings sehr gelitten. Ich bekomme kaum noch einen grammatikalisch korrekten Satz heraus. Wenn das mein alter Lehrer wüsste. Ob er noch unterrichtet? Ich weiß es nicht. Dantes *Göttliche Komödie* habe ich vor Jahren bereits einmal kurz angelesen, allerdings nicht im spanischen Original, dafür waren schon damals meine Kenntnisse viel zu schlecht geworden. Das Buch sagte mir gar nichts. Irgendwelche beliebigen Kurzgeschichten. Allein schon die Gattung gefällt mir nicht. Anders ist es hingegen mit Cervantes, der mich als Typ ziemlich ansprach, wenngleich ich offen bekennen muss, nie eine Zeile von ihm gelesen zu haben. Vermutlich finde ich ihn deshalb so gut.

Aber, wie gesagt, mit dem Spanischen bin ich schon lange durch. Ich habe mit diesem Kulturkreis abgeschlossen, kein Wunder, denn nach den schmachvollen Vorfällen in diesem kleinen katalonischen Bergdorf habe ich keinen Fuß mehr auf spanischen Boden gesetzt. Und auch der kuriose Brauch, ankommende Fernverkehrszüge zu besingen, hat sich im Lauf der Jahre leider erledigt. Eigentlich schade. Aber so ist es mit der Demokratie: Wenn man sie erringt, ist es ein großes Ereignis, besitzt man sie, dann achtet man ihrer nicht mehr. Und so sind auch diese wenigen Seiten nichts anderes als ein kleiner Bericht der alltäglichen Vergänglichkeit. Aber immerhin: ein Bericht.

Am Nullpunkt

Nullkommaneun.

Lange Zeit bin ich früh aufgewacht. Und zwar fast immer mit einer Erektion. Das scheint, sollten meine Freunde nicht böswillig lügen, für einen Mann keineswegs völlig ungewöhnlich, aber in dieser, man kann hier durchaus von einer schönen Regelmäßigkeit reden, offensichtlich selbst für Männer eher selten. Hätte man, nur so zum Spaß, mein träumendes Gehirn an einen bildgebenden Computer anschließen können, wären *Youporn* und *Pornhub* und all die vielen Karnickelseiten, die es heute im Internet gibt, zum Bersten gefüllt. Gut, jeder Mensch hat seine *sexual maps*, und da ich ein heterosexueller Träumer bin, bliebe die Landkarte des grobsinnlichen Begehrens in manchen Stellen völlig leer und müsste in der Tat aufwändig nachgedreht werden. Auch sollte man mit leichter Hand hinzugeben, dass sich die Dinge stark verändern. So, wie heute wohl kaum noch jemand zu *Neunundneunzig Luftballons* tanzen dürfte, sind auch die *scripts* und *storylines* des Imaginären, und hier insbesondere des imaginär Erotischen, deutlich in die Jahre gekommen und könnten nur noch den Liebhabern von *retro porn* ein wehmütiges Vergnügen bereiten, das hart am *memento mori* segelte. Sozusagen die größten Hits der 80er und 90er Jahre. Kein Mensch braucht das.

Mit 50 Jahren beginnt das erotische Kopfkino allerdings zunehmend zu flimmern und flackern und wird von Jahr zu Jahr unschärfer, ja: trüber. Leider. Ich bin ohnehin der Meinung, dass man ab 50 seelenruhig sterben kann. Mehr kommt nicht, wie ich heute, mit Ende 50, nur bestätigen möchte. Stattdessen werden die Träume komplizierter. Auch die sexuellen Träume werden extrem umständlich und zäh, wenn sie nicht gleich schockierend sind, Schocks, die den Träumer wohl schon einmal auf die dunkle Seite seiner Jahre mehr oder weniger höflich hinweisen wollen. Kastriert wird mit zunehmendem Alter so gut wie gar nicht mehr, das sind Kindereien, die keiner ernst nehmen würde.

Warum auch? Ich hoffe, keinen Psychoanalytiker zu beleidigen. Nein, die Träume werden mitunter auf eine derart abgründige Weise fies, dass man keine Lust mehr zum Sex hat, weder real noch gar im Traum. Ich möchte ein drastisches Beispiel dafür verschleiernd beschreiben. Irgendwann wollte ich einer nicht mehr ganz jungen Frau mit schönem Po von hinten beiwohnen. Kein Problem, meinte diese, sie stehe auf *rough sex*. Sie bot sich rückseitig dar und kurz vor der Penetration merkte ich erst, dass ihr Hintern, wie soll man es nun verbindlich genug sagen? – nicht ganz sauber war. Das ist nun überhaupt nicht mein department. Und so lag ich lange wach und schwachbrüstig im Bett. Von solchen Schocks erholt sich ein älterer Mann nicht mehr. So etwas ist immer final. Sela, Psalmenende. Zwei oder drei solcher üblen Pointen, und man liest die Bibel, was sich, wie ich jetzt übrigens weiß, ohnehin immer lohnt.

Auch wenn ein praktischer Nutzen seit einigen Jahren nicht mehr direkt gegeben ist, habe ich die Angewohnheit beibehalten, aufwachend im Bett zu liegen und für einige Minuten den eben noch geträumten Bildern und Szenen nachzuhängen. Mir macht das Spaß. Am kuriosesten und auch philosophisch erhellend finde ich immer *den* Moment des Halbschlafes, wo mir mein reales und empirisches Leben ziemlich fadenscheinig, biografisch herbeifabuliert und, wenn man so sagen darf, *ontologisch halbseiden* erscheint, während das Traum-Ich eine zwingende Dichte aufweist, die mir viel realistischer vorkommt als das tägliche *Guten Morgen, Mahlzeit, Schönen Tag noch und Gute Nacht,* das sich doch seit mehr als einem halben Jahrhundert ab- und als wahre Wirklichkeit aufspielt. *Ich habe einen sehr starken Verdacht,* und den möchte ich im Folgenden erläutern, darstellen und in einer hoffentlich nicht allzu akademischen Sprache auf den Begriff bringen.

Zunächst einmal: Selbstverständlich sind die vorliegenden Geschichten allesamt Träume. Formal müsste man sie wohl als Novellen bezeichnen, denn sie bieten Neuigkeiten, nicht zuletzt dem Autor selbst (ansonsten hätte ich sie auch gar nicht notiert). Erstaunlicherweise habe ich fast alle diese Novellen in einem sehr kurzen Zeitraum geträumt, in dem, äußerlich betrachtet, nicht sonderlich viel passiert ist, nämlich zwischen Ende März und Ende April 2018, an Tagen also, an denen ein mausgrauer Spätwinter in ein sehr lichtstarkes Frühjahr überging, das, wir wissen es heute, in einen Jahrhundertsommer mündete.

Geplant war das nicht. Ich merkte nur irgendwann, dass die Träume *extrem* bildstark wurden, dachte mir aber nichts dabei, sinnierte im Bett liegend etwas herum und vergaß sie auch allmählich wieder. Bei dem *Öffentlichen Besingen ankommender Fernverkehrszüge in der Nach-Franco-Zeit* war das allerdings nicht mehr möglich. Der Traum war hochgradig energetisch besetzt, derart bildpenetrant, leuchtete nach, wie keine Wirklichkeit nachzuleuchten vermocht hätte, hing mir den ganzen Tag über an, und zwar so stark und überdeutlich und weltverwirrend, dass ich mir selbst zur hohen Mittagszeit nicht ganz sicher war, ob ich gerade als Mann am Ende der Fünfziger mit dem Auto durch Berlin-Wilmersdorf fahre und nur von einem Oberschüler geträumt hatte, der im Winter durch Barcelona flaniert, oder ob ich ein Oberschüler in Barcelona bin, der von einem Mann Ende fünfzig träumt, der gerade durch Wilmersdorf fährt. Wenn ich hätte wählen können, hätte ich den Primaner genommen. Vielleicht, dachte ich irgendwann etwas verwegen, *kann man sogar wählen*. Frage nur: *wie?* Also notierte ich zunächst einmal den Traum, obwohl ich, offen gesagt, überhaupt keine Lust zum Schreiben hatte.

Damit begann die ganze Geschichte, die mir in der Folge eher lästig fiel und zunächst nur einen Schwall von Substantiven, relationalen Beziehungen und Pfeilverweisen, Erzählebenen und horizontalen Linien, Twists und zorromäßigen Z-Zeichen, Plots und Kreisfiguren auf jede erdenkliche Unterlage brachte, seien es Servietten, Zeitungsränder oder Werkstattrechnungen.

Irgendwann, es waren schon die letzten Tage im April und ziemlich warm, besuchte ich meine Eltern auf dem Land und brachte meine Mutter mit dem Auto zu einem Augenarzt nach Peine. Ich wartete im Wagen, und da ich nichts mehr zum Schreiben vorfand, lag ich bei offener Türe und heraushängenden Beinen, eine Zigarette rauchend im Mund, flach auf den Vordersitzen und suchte mit der rechten Hand im Handschuhfach nach einem Stück Papier, während die Linke blind auf dem Rücksitz herumtastete. Da kam ein besorgter Passant auf mich zu und sagte in die Fahrertüre hinein: „Soll ich Hilfe holen?"

„Wieso?", fragte ich echsenartig und irre von unten hochschauend. „Na, Sie sehen mir so aus, als hätten Sie gerade einen Schlaganfall gekriegt." Da wurde mir klar, diese Geschichte, *Der magische Mittwoch,* schreibe ich noch – und dann ist Feierabend. Daran habe ich mich – mit einigen Ausnahmen – auch gehalten.

Nullkommaacht.

Die Überschriften *Große Fahrt – Kleine Fahrt* bezeichnen in der Matrosensprache *Starkes Besäufnis – Normales Besäufnis.* Man könnte es hier in größere oder kleinere Trunkenheit übersetzen, was jedoch nur bedingt zulässig wäre. Denn zunächst einmal war kein Alkohol im Spiel. Außerdem ist es keineswegs so, dass die längeren Geschichten gleichsam MGM-Filme gewesen sind, die sich in Cinemascope vor dem inneren Auge ereignet hätten, während die kürzeren – wiederum beispielhaft gesagt – Abschlussarbeiten der Filmhochschule Babelsberg darstellten. Energetisch und von der inneren Prägnanz her gesehen, stimmt dies auf keinen Fall. Ich glaube, strukturell unterscheiden sich die erinnerungsstarken Träume nicht sonderlich. Es sind zumeist, drei, vier, maximal: fünf Sequenzen, die in das Morgendämmern hinüberscheinen. Der Unterschied scheint mir nur der zu sein, dass manche Träume sehr anknüpfungsfähig sind, während andere gewissermaßen sich selbst genügen und keine große erzählerische Kulissenschieberei benötigen.

Das soll heißen: Bei den längeren Geschichten habe ich keinen Aufwand gescheut und alle Erzählformen, Perspektiven und Panoramen herbeigekarrt, die mir in diesem Moment verfügbar erschienen, die kleineren Geschichten wiederum ließen sich, aufgebockt, poliert und philosophisch gepimpt zwar, einfach heruntererzählen.

Ein Beispiel: *Karl Marx auf dem Lande* hatte ich tatsächlich auf dem Lande geträumt, nämlich bei meinen Eltern, die ein älteres Haus, aber kein backsteinfarbenes Bauernhaus aus dem 19. Jahrhundert bewohnen. Ich las die Zeit über das dicke und sehr gute Buch von Jürgen Neffe über Karl Marx. Am Tag zuvor kamen etliche Leute überraschend in das Haus, und mein Vater sagte irgendwann: *Man kommt sich ja vor wie in einem Museum.* Dann fuhr ich nachmittags mit meiner Mutter an der kleinen Kirche des Dorfes vorbei und sie meinte: *Seitdem hier ein neues Storchennest auf dem Turm ist, kommen die elenden Mist-Brüder nicht mehr.* Abends sah ich noch eine ziemlich lange Dokumentation über das Nordkorea von Kim Jong-un (wobei mir besonders der riesige Aquapark in Pjöngjang starken Eindruck gemacht haben dürfte). Dann ging ich ins Bett. Als ich aufwachte, hatte ich die ganz klare und völlig unbezweifelbare innere *Gewissheit,* dass das Haus meiner Eltern eine Karl-Marx-Gedenkstätte sei, einer meiner Ahnen ein verrückter Storchenjäger (ich sah ihn überplastisch die Vögel aus ihrem Horst ballern) gewesen war und dass Kim Jong-un ein cooler Typ ist, mit dem ich mich nett unterhalten hatte. Keine sinnliche Gewissheit hätte stärker sein können.

Danach schaute ich lange gegen eine weiße Wand (oder, besser gesagt, den kleinen weißen Teil einer Wand, denn man wird bei älteren Leuten kaum eine unbehangene Wandfläche finden). Ich weiß nicht genau, was genau ein *stupor* ist, irgendeine psychotische Erkrankung vermutlich, aber ich schaute für mindestens zwei Stunden mehr oder weniger starr gegen die weiße Wandfläche im Wohnzimmer und wollte vor allem meine Ruhe haben. *Schau doch nicht immer die weiße Wand an*, sagte mein Vater, der still im Sessel Sudoku machte. *Die Wand ist nicht weiß, sie ist vielmehr sehr belebt*, sagte ich. *Geht es dir gut?*, fragte mein Vater. *Tippitoppi*, sagte ich und glotzte weiter stier zur Wand. *Lies doch was, wenn dir langweilig* ist, sagte irgendwann mein Vater. *Keine Zeit*, sagte ich, *es ist im Moment so spannend*. Etwas später dann: *Oder mach' ein Sudoku*. Ich habe nie begriffen, worum es bei Sudokus überhaupt geht. *Oder wir machen Stadt, Land, Fluss*. Genau das machte ich doch gerade, indem ich die verschiedensten Bezüge munter ineinanderschob. Ich sagte:

Vater, nerv' nich'. Mein Vater nervte nicht weiter und wurde still. Irgendwann sagte ich: *Bist du früher einmal beim Entenschießen in Bad Pfäfflingen gewesen?* Mein Vater war offenbar bei einem schwierigen Sudoku-Problem angelangt und sagte: *Jetzt nicht! Das nervt mich gerade.* So lief das.

Andere Sachen gingen wesentlich schneller. Dass ich mit einem orangefarbenen Campingstuhl auf den lavaschwarzen Ätna gehe (den ich nicht kenne), sah ich ebenso luzid und klar, wie ich ebenso klar und deutlich wusste, dass ich einen gewissen Willi Lippens bei einem Hallenturnier ausgespielt hatte und die beiden anderen Granden Wimmer und Kleff gleich mit (ich spielte tatsächlich einmal gegen einen ehemaligen Bundesligaprofi in einem Hallenturnier, ein mir unbekannter Herthaner, der für einige Zeit in den 60er Jahren erstklassig gespielt hatte, danach Sportreporter beim RIAS wurde und vor dem Anpfiff launig meinte, gleich gäbe es für mich nichts mehr zu ernten, was mir, da er deutlich älter war, angeberisch erschien, sich aber als die blanke Wahrheit herausstellen sollte). Was nun der Gang auf den Ätna mit Ente Lippens zu tun haben soll, könnte ich *inhaltlich* unmöglich sagen, da die Szenen aber äußerst prägnant waren und sequentiell hintereinander kamen, habe ich sie zusammen in einer Geschichte belassen, während andere Details, die sich gefälliger in ihre Struktur eingefügt haben mögen, völlig frei erfunden sind.

Sollte ich nun wiederum hobbypsychologisch an die Sachen herangehen, müsste ich natürlich sagen, dass ich überhaupt nicht weiß, wie Lippens, Wimmer und Kleff heute aussehen, ich musste sie mir googeln, auch um zu sehen, ob sie überhaupt noch leben, so dass es naheliegend ist, eine rein *sprachliche* Beziehung deutlich zu vermuten und zu sagen, dass man im Alter erotisch eine lahme *Ente* ist, keine *Lippen* mehr küsst, worüber man *wimmern* und *kleffen* kann, wie man will, es hilft nicht mehr viel, es sei denn, man wünscht und träumt somit, es sei anders und man habe die Zeit ausgetrickst.

Geschenkt.

Bevor ich nun formal und gedanklich das Tempo deutlich anziehen werde, möchte ich plaudernd noch ein, zwei Dinge sagen, die für andere vielleicht von Nutzen sein könnten. Es verhält sich so: Wenn man schreibt, geschieht dies zumeist bei wachem Verstand. Irgendein Erlebnis, eine Beobachtung, ein Gedanke bildet den Kern der Erzählung, vermutlich ein starkes inneres Motiv, gerne eine Verletzung aus der eigenen Wirklichkeit heraus, die nun assoziativ durchgemendelt, logisch plausibel geklammert, seelenlandschaftlich mehr oder weniger pittoresk, imaginär überhöht und geistig für bedeutsam gehalten, erzählt, entfaltet und abgegolten werden soll. Das ist okay. Man sieht den persönlichen Kern als Leser mitunter sehr deutlich an Nebensätzen: *Greg Montobello war ein Mann mit Prinzipien ...*, *Chiavara Klezmer besaß ein untrügliches Rhythmusgefühl ...* Hier erkennt man den Autor, sei es Lutz Friedemann oder sei es Beate Kleinschmied, bei der *psychischen* Arbeit, klar, sie schicken Greg Montobello oder Chiavara Klezmer nicht durch dreihundert Seiten, ohne dass für sie selbst etwas von dieser Tour abfiele. Natürlich ist Chiavara Klezmer eine immer noch attraktive Frau und Greg Montobello hat, wenn es darauf ankommt, Eier aus Stahl. Wir gönnen es allen Beteiligten.

Gleichwohl hört man den Autor an solchen Stellen laut genug *stricken*. Dieses unschöne Geräusch wird im Fortgang der Geschichte immer störender, denn natürlich kann Greg Montobello nicht endlos lange Barkeeper in Köln bleiben und auch Chiavara Klezmer muss irgendwann von ihrem Abendspaziergang in Cornwall zurückkommen. Das heißt: Die Geschichte, bislang nur sanft instrumentiert, hebt an. Nun kommt der psychische Apparat des Autors schwer ins Rödeln, denn Greg Montobello muss ja eine ungeheure Verschwörung aufdecken und Chiavara Klezmer wird irgendwann Gräfin in Transsylvanien. Das heißt: Das mehr oder weniger schöne Selbstportrait mit liebevollen Beobachtungen aus der Alltagswelt des Friedemann oder der Kleinschmied wird nun phantastisch aufgepeppt, aber da sich der ganze Szenenwechsel im wachen Verstand des Autors abspielt und er sich dabei natürlich der Empirie verpflichtet fühlt, klappern die Stricknadeln nun ganz unüberhörbar. Mit anderen Worten: Montobello und Klezmer werden in *psychisch irreale* Landschaften geschickt, die *rational* und stark absehbar zusammenfabuliert und -gegoogelt werden. Meistens kommt als Plot irgendwer in ein Zeugenschutzprogramm der CIA, begreift auf einer Nachtfahrt nach Lissabon den wahren Sinn des Lebens und schützt fortan die Wale oder klappert, formal betrachtet, die gesamte Oppositionslogik des Aristoteles ab, indem sie erkennt, dass der Mann ihres Lebens in Wahrheit eine Frau ist, die zu allem Unglück auch noch männlich orientiert ist, so dass es besser erscheint, wieder nach Cornwall zu ziehen und lange Spaziergänge zu machen.

Ich möchte daher jungen Leuten, die noch blöde genug sind, schreiben zu wollen, folgenden freundlichen Vorschlag unterbreiten: *Verratet eure Träume nicht.* Damit meine ich nicht wie Schiller, dass man die Imaginarien der Jugend bis ins Alter hinein pflegen sollte. Ich kann mit Sicherheit sagen, dass *nichts* von dem, was ich als junger Mann mir erwünscht und erträumt habe, irgendwie eingetroffen wäre. Nein, ich meine, dass ein Autor mit seinen Träumen erzählerisch *arbeiten* soll. Ein Traumbild ist immer ein exzellenter Stoff. Warum? Weil man – ohne dass man auch nur einen Finger hat krümmen müssen – immer schon in einer völlig irrealen seelischen Landschaft ist. Weshalb jemanden aus Mönchengladbach umständlich und unter Aufbietung raumzeitlicher Kasuistik nach endlosen Scheinverwicklungen auf den Ätna schicken, wenn er da bereits steht? Eine absolut absurde Situation. Absurde Situationen sind erzählerisch extrem gut. Wenn – um mit der *Verwandlung* von Franz Kafka gleich das berühmteste Beispiel einer Traumerzählung zu nehmen – ein Handlungsreisender eines Morgens als riesiger Käfer erwacht, dann steht der Plot bereits am *Anfang* der Geschichte. Technisch gesehen wird also nicht die Realität bemüht, um aus ihm einen Käfer zu machen, was immer auf ein schweres Gewürge hinauslaufen würde, nein, er *ist* bereits ein Käfer, der bewegungslos auf dem Rücken im Bett liegt. Kommt nun sein Vorgesetzter, ein Prokurist, in die Wohnung und erklärt, einem solch faulen Mitarbeiter wie ihm müsse man die Kündigung aussprechen, dann ist das natürlich hochgradig kurios. Eine normale Kündigung ist nicht kurios, die Kündigung eines Käfers allerdings schon. Die Kollision zweier völlig unterschiedlicher Ebenen erschafft immer eine gewisse Absurdität. Aus einer absurden Situation, sagte mir neulich ein Freund, *können eigentlich nur* weitere absurde Situationen folgen, nicht: Sie sollten, nein, *sie können nur* absurd bleiben, sei es, dass der Mann aus Mönchengladbach realitätstüchtig redet und handelt, was schon lustig genug wäre, da ja seine Realität selbst irre und nicht real ist, oder er bleibt weiter auf seinem Trip und die Geschichte nimmt Fahrt auf. Selbst wenn der Mann nach Mönchengladbach zurückkehrte, wäre die Geschichte ziemlich ungewöhnlich und zumindest nicht langweilig zu lesen. *Es ist*, sagte der Freund, *wie bei Billy Wilder, einmal die Vorzeichen verkehrt und schon wird alles interessant. Selbst der harmloseste und naheliegendste Scheiß.* Stimmt, sagte ich erstaunt.

Was ist ein naheliegender Scheiß? Ein naheliegender Scheiß ist zum Beispiel, wenn ein Barkeeper in Köln, nennen wir ihn Greg Montobello, einen Martini trinkt. Natürlich wird sich hier kein Autor die Frage entgehen lassen, ob er ihn gerührt oder geschüttelt zu sich nimmt. Da der Autor originell ist, trinkt Greg Montobello seinen Martini grundsätzlich nur gerührt. *Sieht* der Autor allerdings, dass dieser

Vorgang auf einem Planeten stattfindet, der sich mit Jetgeschwindigkeit um die eigene Achse dreht und dabei dem Montobello auch noch den Eindruck vermittelt, nichts würde passieren, dann ist das eine absurde Situation. Alltäglich, aber absurd. Ein Traum, den dieses Mal die Wirklichkeit selbst träumt.

Hinzu kommt folgendes: Normalerweise muss man einen rationalen Stoff mehr oder minder zäh vorantreiben. Ein geträumter Stoff treibt sich selbst voran. Klar, man muss mitunter eingreifen, aufhübschen, umstellen, kalfatern, aber im Grunde schreibt sich die Geschichte von selbst. Es ist die Dynamik des Unbewussten, eine ungeheure Produktivkraft, die noch nicht einmal Zeilengeld verlangt. Man macht sich also den ohnehin wirkenden Mechanismus der *Verschiebung* psychischer Inhalte dienstbar. Auch diese Verschiebung ist ein *creative common* und daher gratis. Terminologisch bestimmt, handelt es sich um einen *Sekundärvorgang,* wobei auch die Art und Weise, in der die Momente zusammen- und gleichsam *in Form* gebracht werden, dem Traum, wenn auch nicht zugehörig, so doch zumindest verwandt ist. In seiner Schrift *Das Ich und das Es* verwendet Freud eine schlagende Reitermetapher: Will der Reiter, der ja die überlegene Kraft des Tieres spürt, sich nicht von seinem Pferd trennen, bleibt ihm oftmals nichts anderes übrig als mit ihm zu gehen und so zu tun, als sei es ohnehin sein eigener Weg gewesen. So ist es. Und, wie gesagt, nur ein kleiner Tipp.

Am Ende dieses bequem heruntergeplauderten Kapitels möchte ich mich noch ehrlich machen: Drei Wendungen in den erzählten Texten sind direkte Zitate. Der hübsche Gedanke, dass sich jemand Blumen kauft, um sich selbst zu überraschen, stammt von der jungen schweizerischen Comedian *Hazel Brugger,* der ingeniöse Ausdruck *King Kong in Flip-Flops* vom deutschen und schon etwas deutlicher in die Jahre gekommenen, aber immer noch lässigen Autor *Max Goldt.* Die Wendung „Schmeckt's?" ist, unnötig zu erwähnen, von Loriot, ebenso wie die interessante Anzugfarbe *braun-grün-grau.* Es könnte auch etwas Rot mit anklingen.

Nullkommasieben.

Ich hatte in meinem Leben eigentlich nur zwei extrem starke intellektuelle Erweckungserlebnisse. Das eine war, als junger Student, Freuds *Traumdeutung*, das andere, als mittlerer Student, Heideggers *Die Zeit des Weltbildes*. Ich möchte beide Schriften heute nicht mehr so hoch handeln und kenne bessere, aber keine, die mich stärker umgeworfen haben. Als ich mit der *Traumdeutung* fertig war, schaute ich aus dem schmalen Studentenzimmer der widerlichen Hochhaustürme des Frankfurter Studentenwohnheims in der Ginnheimer Landstraße hinaus und in den früh sich verdunkelnden Taunus hinein und dachte einigermaßen erstaunt: *Jetzt verstehst du dich und das Leben.* Als ich einige Jahre später die kleine Schrift über die Zeit des Weltbildes beendet hatte, verließ ich mein schmales Zimmer im wunderschönen Studentendorf Berlin-Schlachtensee, legte mich auf eine der Parkbänke des Areals, schaute in die Sterne und dachte einigermaßen erstaunt: *Jetzt verstehst du auch noch die Welt im Ganzen.* Ich war, wenn ein so hohes Wort überhaupt erlaubt ist: glücklich.

Während Heidegger heute wieder im hohen Flor steht und jeden Zitierenden selbst schmückt, gilt Freud, zerrieben vom Strukturalismus auf der einen und der Neurowissenschaft auf der anderen Seite, als großer alter Plauderonkel, der den Zitierenden als introspektionsverliebten Nerd ausweist, der seit einigen Jahrzehnten den Schuss nicht gehört hat. Das ist ungerecht, hat aber seine Gründe. Heidegger profitiert, sehr kurz gesagt, von den enormen Erfolgen der Astrophysik, die mehr oder weniger zwangsläufig und wider Willen dem *Sein* zustrebt, einem Zustand, nennen wir ihn kurz: Z 2, an dem das *Seiende*, sprich: die reale, empirische Welt und ihre Gesetze – nennen wir sie: Z 1 – mit seinen milliardenfachen Planeten und milliardenfachen Galaxien *teilhat*. Anders gesagt: Die Physik strebt von sich aus ins Metaphysische. Und damit Heidegger direkt in die Arme. *Denn für ihn steht das Seiende im Sein, und dieses Sein ist ein anderer Zustand als das Seiende selbst,* so dass das vielfältige *Es gibt* – etwa Hund, Katze, Maus – nur die *Gabe* einer anderen Wirklichkeit ist, nein, wir wollen nicht: Wirklichkeit sagen, denn wir wissen gar nicht, ob hier der Begriff von Ursache und Wirkung (daher überhaupt der Begriff: *Wirklichkeit*) zulässig ist, wir wollen hier so spröde wie möglich von einem uns unbekannten Zustand sprechen, dem Zustand Z 2.

Politisch und gesellschaftlich hat Martin Heidegger dem sozialliberalen Zeitgeist bekanntlich wenig genug zu bieten gehabt. Da mittlerweile die tausendste Doktorarbeit über Heidegger und den Nationalsozialismus erschienen ist, kann man sich hier kurz fassen. Aber auch das Subjekt, das Ich, das zweite Hätschelkind der moderneren Moderne, wird von ihm über die kalte Schulter hinweg betrachtet. Sein berühmtes Zitat zu Beginn seiner Platon-Vorlesung lautet: „Platon ist geboren, er hat gelebt und ist gestorben. Kommen wir nun zu seiner Philosophie." Das kam uns selbstverliebte analoge Spiegeldenker schon früher hart genug an und dürfte in der Tinder-Generation, die keine Pose ungepostet lässt, nicht für übertrieben viele Likes sorgen.

Bei Freud liegen die Dinge genau umgekehrt. Philosophisch bietet Freud überhaupt nichts. Er bewegt sich in den Bahnen krudesten, naheliegendsten und alltagsverständlichsten Materialismus. Es gibt – aus unklaren Gründen – eine Welt, die, aus anorganischer Basis im Menschen die komplette Stufenleiter, physikalisch-chemisch-biologisch, evolutionstüchtig hinaufgestiegen ist und im Menschen einen höheren Grad der Selbstdurchsichtigkeit eingenommen hat. Er, der Mensch, muss sich in diesen komplett rätselhaften Verhältnissen irgendwie zu sich selbst verhalten, und unternimmt dies in munterer Oszillation zwischen höheren Ideen (die natürlich an sich Mumpitz sind) und einem animalischen Triebgrund (den er umzugestalten trachtet). Wenn man es gut meint, könnte man den gleichfalls schwer in die Jahre gekommenen Arthur Schopenhauer als Freuds Hausphilosophen betrachten. Auch hier ein bezeichnendes Zitat. Freud, kurz vor seinem Tod, er stank bereits so stark nach Krebs, der nach außen aufgebrochen war, dass ihm selbst sein geliebter Hund nicht mehr nahekommen wollte: „Schon bald werde ich in die ewige Ruhe des Anorganischen eingehen." Naheliegenderweise, möchte man sagen, wohin auch sonst. Philosophisch gesehen, ist das natürlich unterste Schublade.

Gesellschaftspolitisch hingegen hat Freud schnell Karriere gemacht. Codierte man seine an sich eigentlich gar nicht so flauschige Lehre nur ein wenig ins Gefälligere um, war sie anknüpfungsfähig an einen linksliberalen bis neomarxistischen Diskurs, der sich der Aufklärung verpflichtet fühlt und ihn stets mit libidinösen Energien speist. Der Erfolg ist bekannt, die Formel einfach: Spaß haben und damit noch dem Weltgeist dienen. In etwa so, als würde man Eis essen und dabei abnehmen. Cool! Auch mir erschien das angenehm. Noch mehr faszinierte mich allerdings an der Traumdeutung (und seinen angrenzenden Schriften) der ungeheure Raum des Seelischen. Jede Allerweltsexistenz, zu der ich mich zwanglos hätte zählen können, war offenbar ein Zauberkasten an Verweisen, Ideen, Symbolen, ein Wagnerisches Gesamtkunstwerk, und dabei tiefer als der Tag gedacht. Das war mir vorher völlig unbekannt gewesen und schmeichelte natürlich ungemein. Wenn normale Hysterikerinnen und frigide Gouvernanten ein gesamtästhetisches Feuerwerk anzuschießen in der Lage waren (*Studien über Hysterie*), wenn jeder Versprecher halbe Romane in seiner Rückhand hielt (*Psychopathologie des Alltagslebens*) und der Traum die *via regia* zu einem fantastischen und brunnentiefen Subjekt bildete, dann sollte es mir um meine muckelige Existenz nicht bange sein. Ein Erweckungserlebnis, wie gesagt. Eine Seligsprechung. Zu Lebzeiten schon. So etwas wird natürlich immer goutiert.

Nullkommasechs.

Der Mensch ist das symbolische Wesen. Sagt irgendwer. Ich glaube, Ernst Cassirer, ein vormals hochrenommierter Philosoph, der auf der berühmten Davoser Tagung 1929 – dem bekanntesten geisteswissenschaftlichen Shootout des 20. Jahrhunderts – von Martin Heidegger zusammengebügelt wurde, indem er ihm vorwarf, in seiner professoralen Blödheit die eigentlichen Kategorien (um hier genau zu sein: Existenzialien) nicht zu sehen, nämlich das Sein und das Nichts. Vorderhand hat Cassirer natürlich völlig recht. Der Mensch ist selbstverständlich das symbolische Wesen. Sein Zugang zur Welt ist über Zeichensysteme organisiert. Er erfährt die Wirklichkeit also nie kuhmilchwarm, euternah und unmittelbar, sondern über ein System strukturgebender Formen, die selbstverständlich Regeln und Ableitungen unterliegen.

Streng genommen gibt es nur zwei Zeichensysteme, nämlich die Sprache und die Mathematik. Die Mathematik ist ein *universelles System*, das tief in die Struktur der Wirklichkeit eindringt, sie objektiviert und verändert. Sie ist die Königin der Zeichensysteme. Mit zwei Einschränkungen allerdings. Erstens, und das ist ein sehr hoher formaler Einwand, könnte es sein, dass der mathematische Zugriff auf die Welt zwar zu bedeutenden Erkenntnissen führt, aber *wesentlich* bedeutendere Erkenntnisse in der Art ihres Zugangs *prinzipiell* verwehrt. Blöde gesagt: In 5000 Jahren Mathematik konnte man zwar Pyramiden bauen, die heute noch stehen, und eine Rakete zum Mars bringen, aber die menschliche Existenz selber ist nach wie vor so dunkel wie der Hintern eines schwarzen Stiers in einer mondlosen Prärienacht (um eine bekannte Filmfigur zu zitieren). Zweitens, und das ist ein sehr banaler Einwand, ist Mathematik im praktischen Leben mehr oder weniger irrelevant. Das menschliche Leben ist immer *sprachlich* organisiert. Der Mensch organisiert sich und die anderen, versteht und missversteht sich und die anderen immer über das Zeichensystem der

Sprache. Die Sprache hat zwar nicht die hohe und universelle Weihe der Mathematik, sie ist speziell, mitunter – wie etwa in der Lyrik – *sehr* speziell, fadet an ihren Rändern aus, ist mehrdeutig, laberhaft, redundant, geht hinunter ins Individuelle und Idiosynkratische, aber sie ist jene Symbolform, die den je konkreten Menschen mit seinem Wissen, seinen Wünschen, Träumen, Ängsten und Macken umfangen hält.

Kurz gesagt: Der Mensch spricht. Das wusste sogar Heidegger. „Wir sprechen", schreibt er in seinem Aufsatz *Die Sprache*, „wir sprechen im Wachen und im Traum. Wir sprechen stets; auch wenn wir kein Wort verlauten lassen, sondern nur zuhören oder lesen, sogar dann, wenn wir weder eigens zuhören und lesen, stattdessen einer Arbeit nachgehen oder in der Muße aufgehen. Wir sprechen ständig in irgendeiner Weise."

Gäbe es die *Homologie* nicht oder zumindest keine sehr starke Strukturverwandtschaft zwischen der Sprache, dem Unbewussten und der psychischen Organisation, in der dem Menschen seine Ordnung der Dinge mit ihren diversen Sinn- und Bedeutungsebenen *erscheint (erscheint und nicht: ist)* und aufrechterhält, gäbe es also die Beziehung nicht, dann wäre die Psychoanalyse eine komplett irre und unnütze Disziplin. Damit soll nicht gesagt werden, dass sie verständlich und nützlich ist, das mag umstritten sein, sondern dies, dass alleine schon der Zugang falsch wäre und daher prinzipiell Unfug und Scheinlösungen produzieren *muss*. Es gibt keinen vernünftigen Grund, dies anzunehmen. Denn die Sprache ist jene Münze, die alle tausendfältigen äußeren Eindrücke und inneren Bewegungen *erst konvertierbar* macht. Und dies nicht nur in der Kommunikation mit dem Anderen, sondern auch in der Kommunikation mit sich selbst. Das heißt: Es gibt, rein praktisch gesehen, kein äußeres Ding, das nicht durch diese strukturgebende Ebene hindurch muss, wie es auch innerlich keine Triebregung gäbe, die sich nicht an diese Zeichenebene andocken würde.

Und das ist noch die milde These, denn es gibt genug Gründe, zu behaupten, dass sowohl das Unbewusste als auch die äußere Wirklichkeit *wie eine Sprache* verfasst ist. Mit klaren Funktionsregeln, Variablen und vermeintlichen Konstanten, auf die (mitunter sehr falsch) zugerechnet wird. Um auf das eingangs besprochene Phänomen zurückzukommen: Der morgendliche Testosteronschub bewirkt nicht nur die hinreichend naheliegenden physiologischen Reaktionen, sondern zeigt *immer auch* innere Bilder, Filme und narrative Strukturen, wie, wodurch, in welcher Form und mit wem hier konkret in Handlung zu treten sei. Dass diese Handlung ein rein vorstellendes Denken und damit zunächst imaginär ist, muss nichts heißen, denn fast alles, was wird, war zunächst einmal imaginär. Banal zu sagen. Weniger banal ist allerdings die naheliegende Einsicht, *dass jede Erregung, jedes Gefühl, jeder physiologische Reiz Vorstellungsinhalte haben muss, gerne auch falsche und fehlattribuierte Vorstellungsinhalte, aber Vorstellungsinhalte selbst müssen es sein, und diese Vorstellungsinhalte sind zeichenmäßig und somit sprachlich organisiert.*

Man kann also an einem so schlecht beleumundeten Phänomen wie, unakademisch gesagt: der Morgenlatte zwanglos sehen, dass der Mensch in der Sprache lebt und webt, und es fehlt eigentlich gar nichts, um (mit Hölderlin und auch Heidegger) hinzuzufügen: *Dichterisch aber wohnet der Mensch.* Dazu muss er, wie gesehen, eigentlich gar nichts tun. Er steht *immer schon und immer noch* in Symbolstrukturen, wird, ohne es eigentlich zu wissen, von ihnen beherrscht und schreibt sie im Lauf seines Lebens nach Maßgabe seiner bescheidenen Möglichkeiten um. Er dichtet also immer. Er *kann* gar nicht anders.

Heidegger hat in seinem berühmten Aufsatz *Wozu Dichter?* die Sprache als das *Haus des Seins* benannt. Der Aufsatz ist von 1946, der Krieg verloren, die Zeit konnte man – namentlich für Heidegger selbst – als dürftig bezeichnen. *Haus des Seins* meint in etwa, dass die Sprache – hier nun die dichterische Sprache im Besonderen – eine Art göttlichen Bezug unterhält, einem Tempel, einem heiligen Bezirk gleicht, in dem das Sein anwesend ist, oder, weniger steckbrieflich gesprochen: *anwest.* Es dürfte klar zum Ausdruck gekommen sein, dass wir diese substanzmetaphysische Sicht der Dinge nicht zu teilen vermögen. Allerdings teilen wir den Mechanismus, den Heidegger nun beschreibt, er sagt: „Weil die Sprache das Haus des Seins (man könnte technisch sagen: ein vorgeschaltetes System) ist, gelangen wir so zum Seienden (also den Sachverhalten in der Welt), dass wir ständig durch dieses Haus gehen. Wenn wir zum Brunnen, wenn wir durch den Wald gehen, gehen wir immer schon durch das Wort *Brunnen*, durch das Wort *Wald* hindurch, auch wenn wir diese Worte nicht aussprechen und nicht an Sprachliches denken." Genau dieses Verhältnis scheint funktional zu bestehen. Und deshalb kann man auch sagen: Dichterisch aber wohnet der Mensch.

Nullkommafünf.

Ein alter Freund von mir war in seiner Jugend Rettungsschwimmer. Er ist heute noch ein athletischer Typ, der, würde man ihn darum bitten, ein stilles Gewässer wie etwa die *Krumme Lanke* in Berlin-Zehlendorf einmal mittig hin- und auch wieder zurückzuschwimmen, in etwa also vier Kilometer, dann wäre für ihn kein größeres Problem. Er stieg nach etwa einer Stunde mehr oder weniger unterfordert aus dem Wasser und würde sagen: Und, wie geht es jetzt weiter? Als junger Vater hatte er folgendes Erlebnis: Er machte mit seiner vielleicht vierjährigen Tochter einen Badeurlaub auf La Palma, parkte das Kind auf eine Badematte am grauen Strand von Tazacorte, ging ins Wasser und schwamm, wie gewohnt, weit hinaus. Dort wurde er von einer der nicht unüblichen Strömungen des Atlantiks erfasst und fortgetrieben. Zunächst kämpfte er gegen den Strudel an und somit bot sich folgendes Bild: Der Vater hampelte in schöner Entfernung von der Tochter im Wasser herum, die wiederum das gestisch auffällige Getue als lieben Gruß aus weiter Ferne auffasste und freudig auf ihrem Badetuch am grauen Strand zurückwinkte.

Mein Freund, als Literaturwissenschaftler für den mythischen Gehalt von Szenen und Bildern nicht völlig unempfänglich, empfand allein diese vermeintliche Schlusssequenz so unerträglich und pädagogisch belastend, dass er, ganz gegen jegliche Logik, sich nicht länger der Strömung wehrte, sondern vielmehr ihr sich anvertraute, mochte sie ihn führen, wohin sie ihn zu führen beliebte, tot war er gewissermaßen ja schon. Aus Sicht seiner Tochter passierte genau jetzt ein veritables Unglück: Der Vater verschwand mehr und mehr, ein kleiner Punkt, der im Meer versinken wird. Glücklicherweise aber meinte es die Strömung gut mit Kind und Vater, denn sie führte ihn an einer langen Mole vorbei, direkt zum Fischerhafen von Tazacorte. Jetzt also war er wieder an Land, an einer völlig anderen Stelle zwar, aber immerhin an Land, von wo aus er, derangiert und einigermaßen erschöpft, seine Tochter wieder in die Arme schließen konnte. Für sie ein absolut märchenhaftes Ereignis, da sich der gesamte Vorgang und somit auch das Wiedersehen außerhalb ihres Blickwinkels und, wenn man so zugespitzt sprechen möchte: aus dem Nichts heraus ereignete. Mit Kleist und seinem grandiosen und vielzitierten Satz aus der Schrift *Über das Marionettentheater* gesagt: Mein Freund musste gleichsam eine Reise um die Welt machen und sehen, ob sie vielleicht von hinten irgendwo wieder offen ist.

Ähnlich – und dieses vage Wort der *Ähnlichkeit* wird schon bald in den Mittelpunkt des Nachworts rücken –, ähnlich also geht es dem Träumenden. Er muss sich der Strömung des Unbewussten anvertrauen, sprich: der Drift der Sprache, wenn er in einem geistigen Sinn überhaupt noch etwas Neues zu sehen wünscht. Denn die Welt ist irgendwann zu. Die öffentliche Auslegung der Dinge, nämlich das, was man zu denken, fühlen, zu handeln hat, ist ab einem gewissen Alter hinreichend erschöpft, man hört – um eine Wendung Schopenhauers zu zitieren – die Mühle wohl klappern, allein: Man sieht kein Mehl mehr. Der Diskurs (lateinisch: *discursus* – das Hin- und Herlaufen) ist absehbar, die Weberschiffchen spinnen immer die gleichen Muster, meistens ganz kleines Karo. Die Beziehungssysteme langweilen, das

Denken, ehrlich gesagt, noch mehr. Es neigt zur Wiederholung, Redundanz und verschärfter Selbstreferenzialität.

Wer älter wird, hat zwei Probleme: Erstens, er wird morgens nicht mehr erotisch von der Welt angesprochen und sexuell affiziert, und zweitens, er wird auch tagsüber nicht mehr von der Welt angesprochen und intellektuell affiziert. Er denkt, empfindet und sagt mehr oder weniger immer dasselbe. *The thrill has gone.* Da sitzt er dann auf dem Kickelhahn: Kaum ein Hauch in den Baumwipfeln zu spüren, die Vöglein sind still geworden, Zeit, ins Bett zu gehen. Dann steht er wieder auf, liegt eine Weile herum und denkt: eigentlich irre!

Gerne würde er noch einmal in dieses interessante Universum eintauchen, doch stattdessen muss er jetzt anderen, weit langweiligeren Geschäften nachgehen. Dann steht er in der Küche, trinkt, weil er zu lange herumgedöst hat, den kalten Kaffee von gestern direkt aus der Glaskanne, rasiert sein grau gewordenes Gesicht und muss aufpassen, sich nicht zu schneiden, weil er, noch halb- und vorbewusst, den Anknüpfungspunkten in diese andere Welt nachspürt, die ihrerseits verknüpft zu sein scheinen.

Anknüpfen kann man nur dort, wo es etwas anzuknüpfen gibt. Frage nun: *Wie* knüpft man an? Banale Antwort: durch Assoziationen. Wie aber funktionieren Assoziationen? Weniger banale Antwort: durch Kontiguität. Die Kontiguität bezeichnet die Beziehung der Wörter und Zeichen zueinander. Das klingt gebildet. Leider bringt es uns nicht von der Stelle, denn die Begriffspaare Anknüpfung – Assoziation – Kontiguität sagen eigentlich nur in zunehmend gelehrter Form ein und dasselbe, nämlich dies, dass über Wörter, wenn man so will: über warme, energetische Wörter (wie etwa *Orangenmeer,* um ein dichterisches Beispiel zu geben), über *keywords,* über bildliche Wörter, über Wörter, die mitunter und zumeist in Träumen zu Sequenzen werden und die sinnliche Prägnanz von bewegten Bildern aufweisen, ein, wenn man so will: magischer und zwar absolut alltagsmagischer Bereich zu beschreiten ist.

Theoretisch dürfe eine solche Aussage nicht falsch sein. Sie ist aber hochgradig unbefriedigend und irgendwie amphibisch: weder Fisch (der träumende Mensch) noch Fleisch (der wache Mensch). Und so werden wohl oder übel einige schwierigere Seiten folgen müssen.

Nullkommavier.

Peter ist mit dem Hund Gassi gegangen und kommt in einer halben Stunde wieder zurück. Logiker lieben solche Sätze. Sämtliche Teile sind eindeutig bestimmbar, bieten keinerlei Unklarheit und lassen sich sehr einfach in ein formales System von Operatoren überführen. Einzig die Wendung *Gassi gehen* könnte man als etwas redundant ansehen, denn dass Peter mit seinem Hund nicht in einem Shakespeare-Stück sitzt, versteht sich von selbst. Größere Probleme macht dagegen schon der Satz *Peter ist dumm wie ein Schwein.*

Dieser Satz hat, streng genommen, sogar schon eine gewisse lyrische Qualität. Formalsprachlich wirft er einige Probleme auf. Denn Peter *ist* offensichtlich kein Schwein, sondern *erscheint* wie ein Schwein. Und zwar in einer bestimmten *Hinsicht* (in dem Fall der seiner geistigen Leistungen). Diese Hinsicht wird durch das *Wie* markiert. Das Wie ist formalsprachlich tricky, denn es verbindet zwei Dinge, die an sich nicht viel miteinander zu tun haben. Diese Verbindungsleistung erbringt die *Metapher.* Eine Metapher ist immer eine sprachliche Zusammenziehung zweier an sich nicht zusammengehörender Dinge. Dass die dichterische Leistung dieses beispielhaft gewählten Satzes als durchaus bescheiden angesehen werden muss, versteht sich von selbst: Die Metapher ist konventionell, stark verblasst, eigentlich nicht mehr als eine Redensart. Wollte man eine kräftigere (allerdings ebenfalls durchaus übliche) Metapher für Peters intellektuelles Vermögen bilden, könnte man sagen: *Peter ist dumm wie eine Boje.* Offensichtlich meint

dies: Peter dümpelt wie ein (geistig) hohler tonnenförmiger Schwimm-
körper auf dem Schaum der Tage.

Das ist mehr oder weniger gemeint. *Nicht* gemeint in diesem Bild
ist, dass sich Peter einer festen Verankerung erfreut und eine wichtige
Signal- und Markierungsfunktion besitzt. Das heißt: Die Metapher
funktioniert lediglich *hinsichtlich* gewisser Aspekte, die man verstehen
muss, um die Metapher mehr oder weniger prägnant zu finden. Der
Verknüpfungsfunktion einer Metapher sind prinzipiell keine Grenzen gesetzt, dem Verständnis allerdings schon. Der Satz *Frauen sind
wie Nähmaschinen* würde bereits ein gewisses Befremden auslösen
(man hätte größere Schwierigkeit, das gemeinsame Dritte zu sehen),
während ein (surrealistischer) Satz wie *Frauen sind wie Ytongsteine, in
denen eine Kuckucksuhr tickt*, auf sofortige Ablehnung träfe und den
Verdacht erweckt, es handele sich um bloßen Quark und sprachlichen
Manierismus.

Obwohl gerade die verwegene Metapher ihrer erläuternden Aus-
führung einen sehr originellen und tiefen Aspekt der Wirklichkeit,
zumindest theoretisch, auszudrücken befähigt sein könnte. Ich habe
keine Ahnung, was ein solcher Satz bedeuten könnte, vielleicht dies,
dass Frauen ab einem gewissen Alter streng und gefügt daherkommen,
aber innerlich die biologische Uhr ticken hören und ein Kind wollen,
sei es auch auf ungewöhnlichen Wegen. Aber, wie gesagt, ich bin kein
Surrealist.

Sprachlich gesehen gibt es also die eigentliche Rede (*Peter ist mit
seinem Hund Gassi gegangen*) sowie die uneigentliche Rede *(Peter ist
dumm wie eine Boje)*. Die eigentliche Rede gehört dem langweiligen,
aber wachen Verstand an, die uneigentliche Rede dem mitunter originellen, aber träumerischen Vorstellen. Sie ist im Kern lyrisch und
wird von der Metapher regiert. Aristoteles sieht die Struktur völlig klar,
wenn er in seiner Schrift *Von der Dichtkunst* sagt:

„Weitaus das Wichtigste ist das Metaphorische. Denn dieses allein
kann man nicht bei anderen lernen, sondern ist das Zeichen von Be-

gabung. Denn gut zu übertragen bedeutet, das Verwandte erkennen zu können." Hier fallen zwei *catchwords* sofort ins Auge: zum einen die *Übertragung*, zum anderen das der *Verwandtschaft*. Dieses Erkennen von Verwandten nun ist nichts anderes als das (unbewusste) Wahrnehmen von *Ähnlichkeiten*. Das Wahrnehmen von Ähnlichkeiten wiederum leistet die *Analogie*. Die Analogie wiederum ist nichts anderes als die interne, logische Struktur der Metapher, die ihrerseits, nun endlich bestimmt, offen vor Augen liegt und uns tiefer ins *innere Afrika* (ein Ausdruck Freuds) führen wird.

Denn diese Form des Denkens, das sich kontagiös (also: ansteckend) an Ähnlichkeiten, Entsprechungen und Korrespondenzen heftet, ist – verglichen mit dem logischen, rationalen, bezeichnenden Denken – eine ältere, man kann sagen: tiefere, man kann auch sagen: primitivere Form, die sich als solche von Anschauungen und Vorstellungen führen lässt. Von daher sollte es niemanden verwundern, dass im begrifflichen und rationalen Diskurs der Philosophie die Analogie ein extrem schlechtes Standing hat. Denn sie spielt mit Bezügen, die das Äußere und die Erscheinungsweise betreffen, setzt somit zwei *selbständige* Dinge (oder Abläufe) in eins, bringt sie in vorstellender Weise vor die innere Anschauung und betreibt somit „ihre subjektivsten Ausheckungen" (Hegel, *Ästhetik*). Ein Großdenker wie Hegel bekommt bei der Analogie regelmäßig einen Föhn (wenn man metaphorisch reden möchte). Gerne wird Hegels ungewöhnlicher Penis-Vergleich zitiert, und da er im Zusammenhang mit dem analogischen Denken steht, möchte ich ihn kurz angeben. „Das Tiefe", heißt es in der *Phänomenologie des Geistes,* „das der Geist von innen heraus, aber nur bis in sein *vorstellendes Bewusstsein* treibt und es in diesem stehenlässt … ist dieselbe Verknüpfung des Hohen und Niederen, welche an dem Lebendigen die Natur in der Verknüpfung des Organs seiner höchsten Vollendung, des Organs der Zeugung und des Organs des Pissens naiv ausdrückt."

Ein schöner Vergleich. Hier also das klare, rationale Denken, das die Dinge begrifflich bestimmt *und durch diese Bestimmungen* den Begriff weiter und immer höher treibt, bis ins Allerhöchste treibt und dort ein – wie soll man es sagen? – ein sinnliches, anschauendes, mitunter jäh zusammenschießendes, aber erscheinungsseliges, außenseitenverliebtes, analogisches Denken, das ins Bild, in die Metapher strebt. Was soll man damit anfangen? Nun gut, als imaginative Vorzeichnung, gewissermaßen als Skizze des Geistes, wollen wir die Metapher durchgehen lassen, aber dann muss auch wieder der Begriff heran, der die Baupläne erstellt.

Was aber wäre, wenn im Bauplan nichts anderes stünde als das, was schon in der Skizze verzeichnet ist, wenn der Bauplan sich gar im Bilde dessen bewegt, was die Skizze ihm *vorgezeichnet* hat? Der Philosoph Hans Blumenberg, dem wir so schöne Bücher wie *Schiffbruch mit Zuschauer* verdanken, dreht das gängige Modell einfach um und kommt zu absolut überraschenden Ergebnissen. Denn so, wie es in der Forschung *Paradigmenwechsel* gibt, erkenntnisleitende *Sichtweisen*, unterliegt auch das historische Bewusstsein *Sichtweisen*, innerhalb derer dies oder das überhaupt erst Interesse erregt, zum Gegenstand gemacht wird, *weltanschaulich* relevant oder irrelevant *erscheint*. Das heißt: Die Metapher, die wir bislang als den kleinen und schwachsinnigen Bruder des Denkens kennengelernt haben, kommt auf dieser Metaebene wieder zurück, und zwar als Vater des Denkens, ob schwachsinnig oder nicht, möchten wir dahingestellt sein lassen. In jeder wirklich starken Metapher liegt das Epochenbewusstsein beschlossen und wirkt *so erst* auf die theoretische Neugierde zurück. Eine starke Metapher hat Geschichte und macht Geschichte, und zwar „in einem radikaleren Sinn als Begriffe, denn der historische Wandel einer Metapher bringt die Metakinetik geschichtlicher Sinnhorizonte und Sichtweisen selbst zum Vorschein, innerhalb derer Begriffe ihre Modifikation erfahren" (*Blumenberg, Paradigmen zu einer Metapherologie*).

Blumenbergs *innerhalb derer* ist natürlich ein dicker Hund, bringt diese Wendung die doch sehr gewagte These zum Ausdruck, dass das Denken nur innerhalb eines vorgängigen Rahmens teils irreflexiver, teils generativ und gleichsam atmosphärisch in der Luft liegender Bilder und Bedeutungen seine begriffliche Arbeit zu entfalten vermag. Dieser vorgängige Rahmen wird für Blumenberg durch die sogenannten *Hintergrundmetaphern* und mehr noch durch *absolute Metaphern* bestimmt. Deren Funktion ist es, dem Denken eine nicht wiederum denkerisch vermittelte Triftigkeit zu verleihen und demnach eine Bedeutungsbewegung, *die über die Köpfe der Denkenden hinweg – metakinetisch also – ihre prägende Kraft entfaltet.* Ein wirklich dicker Hund. Ein Glück, dass das Hegel nicht mehr miterleben musste (Blumenberg starb 1996, Hegel glücklicherweise schon 1831).

Was aber sind solche starken Metaphern? Jene etwa, wonach die Wahrheit verhüllt, aber entkleidungsbedürftig sei, um endlich als *nackte Wahrheit* vor dem zumeist männlichen Betrachter zu stehen. Oder die Lichtmetaphorik in jederlei erkenntnistheoretischen Zusammenhängen. Oder die ebenso banale wie *zwingende* Ansicht, dass das Leben eine große Reise sei, gerne auch eine Schifffahrt, bei der es hoch hergeht. Als ich jung war, kam ein, wie ich fand, sensationelles Buch von Hans Blumenberg neu auf den Markt mit dem Titel *Die Lesbarkeit der Welt*. Genau das war mein Ding: ein dickes Buch kaufen, um dann die Welt lesen zu können. Das erschien mir faszinierend und hochgradig vorteilhaft. Doch schon nach einigen Seiten entkleidete sich das Buch, und zwar als nackte Enttäuschung, denn man konnte in ihm keineswegs erfahren, wie nun die Welt im Einzelnen zu lesen sei, sondern wie man vielmehr so blöd sein könne zu glauben, die Welt sei wie ein Buch zu entziffern. Ich besitze das Buch noch heute. Angelesen nur und somit unentziffert.

Dass das Leben ein Traum oder doch zumindest traumähnlich sei, ist eine hochmanieristische und allegorische Sicht, die sich weder ein praktisch gesinnter noch ein denkerisch gesonnener Mensch anhören kann, ohne nach einem Erschießungskommando für den Allegoriker zu verlangen. Ich bin dabei. Denn die Allegorie ist eine umgekehrte, nämlich *deduzierende* Metapher, eine tantenhafte Metapher, die sich nun denkerisch und vage genug gibt und Beispiele für ihre melancholische, die Arbeit der Trauer vermeidende, wie eigentlich jede Arbeit und Auseinandersetzung strikt meidende Sicht der Dinge in Fülle bietet. Indes: Richtig falsch ist auch die Allegorie nicht. Gut, sie riecht nach Mottenkugeln und mürbem Gebäck und mag daher unangenehm sein, womit aber noch nichts Wesentliches ausgesagt wäre.

Natürlich mag jeder die anmutige, springlebendige und *induzierende* Metapher, also die Metapher im eigentlichen Sinne, und nutzt sie auch, wo immer es nur geht. Ihre bildliche, hauchartige, frühlingsfrische, allerdings wiederum auch nur vage und hinsichtliche Beziehungsfröhlichkeit wird im praktischen Leben jederzeit deutlich. Ja, mehr noch: Extrem große Bereiche des Lebens sind rein bildlich und gleichnishaft organisiert. Das Erkennen des Anderen etwa ist grundsätzlich ein reiner Analogieschluss. Wir erkennen den Anderen nach Maßgabe des Eigenen (wobei, Psychoanalytiker aufgepasst, nicht geklärt werden soll, ob es das *eigentlich Fehlende* oder das *fehlerhaft Eigene* ist). Wir übertragen also. Jede Übertragung ist analogisch.

Was ist überhaupt eine Übertragung? Eine Übertragung ist eine Verlagerung psychischer Inhalte und persönlicher Sichtweisen auf etwas oder jemanden anderes, der diese Inhalte und Sichtweisen – möglicherweise – überhaupt nicht hat. Dass die Lüneburger Heide idyllisch und die Heidschnucken süß sind, wissen beide vermutlich gar nicht. Wenn nun, um in das engere Feld des Begriffs zu gelangen, der Barkeeper Greg Montobello bei seiner Psychoanalytikerin Beate Kleinschmied einen seelischen Konflikt sauber ausagiert, dann weiß Lutz Friedemann zwar, dass die Kleinschmied nicht seine Mutter ist, aber tut so, als sei sie es, und das ist – psychodynamisch – auch gut. Wenn daraufhin Beate Kleinschmied wiederum Chiavara Klezmer romanhaft ins Rennen schickt, dann ist das erneut eine Übertragung. Kurz, jedes einigermaßen starke Gefühl besitzt diesen übertragenden Charakter.

In normalen Gesprächen zwischen zwei Menschen gibt es immer wieder Momente von hoher Dichte. Man kann sie merken, man spürt, wie ein Ruck durch den Körper fährt, wenn das reine Abklappern von Daten, Fakten, Meinungen, Ansichten, kurz: das *leere Reden* in *volles Reden* übergeht und auf einmal wesentlich höhere Energien im Spiel sind. Hier tritt *immer* die *Übertragung* auf. Platon hat sie in seinem Dialog *Phaidros* als *mania* beschrieben, als eine Art von Seelenerotik, als Eros der Sprache, der dem Eros des Leibes *vorangeht*. Reine Magie also, die sich hier doch ziemlich nachdrücklich ins Leben hineindrängt, erst dann später ihre eigenen Hilfsbegriffe zu schaffen vielleicht bereit ist und somit Kunde von den Geschehnissen bekommen mag, wenn es sich nicht mehr ändern lässt. Ja, sprechen wir von Liebe.

Eine *affektive* Schwierigkeit ist nicht weniger stark als eine intellektuelle, ja zumeist noch stärker. Es gibt eine Art von *implizitem* Gedächtnis, einem vergleichenden, anmutenden, relationalen Wissen, wenn man so will: ein nicht- oder viertel- oder halbgedachtes Wissen, das sich gar nicht objektivieren muss, aber intentional immer da ist, ein durch Ähnlichkeiten verknüpftes Wissen, etwa dann, wenn man – neudeutsch – denkt: dies oder das fühle sich gut oder schlecht an. Keine schöne Sache für das Ich, und dieses Ich könnte geradezu an sich selbst verzweifeln, wenn es nicht seinerseits hochgradig imaginär und somit bildlich bestimmt wäre.

Nullkommadrei.

Ich habe die *Traumdeutung* zweimal gelesen. Das zweite Mal mit Ende 30, einfach deshalb, weil sie so schön geschrieben ist. Sieht man vom beinhart theoretischen VII. Kapitel ab, liest sich das Buch wie ein Roman. Ich kenne *Stolz und Vorurteil* nicht oder ähnliche Schmöker, die bei Frauen hoch im Kurs stehen, aber wer *Stolz und Vorurteil* kennt und sich fragt, was es mit der Traumdeutung auf sich habe, dem kann ich versichern: Es hat denselben gemütlichen und plaudernden Ton. Freud gilt gemeinhin als großer Stilist, und er ist es auch, denn der

Leser wird nicht überfahren oder begriffsnärrisch in jene Ecke ge-
lockt, wo ihn der Autor auch haben will, sondern er entfaltet mit einer
gewissen Umsicht als Wiener Causeur behäbig und nachvollziehbar
das in Rede stehende Thema. Wahrscheinlich war er mir deshalb so
sympathisch.

Kleiner Funfact: Erfolgreich war die *Traumdeutung* zunächst überhaupt nicht. Genau 351 Exemplare dieses Buches, das immerhin das
20. Jahrhundert auf seine Weise prägen sollte, hatten sich in den ersten
sechs Jahren verkauft. Entsprechend sackig ist Freud im Vorwort zur
zweiten Auflage, das heute in jeder Ausgabe mitgedruckt ist.

Nach weiteren 20 Jahren habe ich das Buch erneut hervorgeholt, aber
nur kursorisch darin gelesen und einige Stellen mit einem hellgrünen
Marker unterstrichen, normalerweise ein todeswürdiges Verbrechen.
Da aber das Buch schon ziemlich alt ist und eine weitere Lektüre
keineswegs mehr verkraften wird, glaubte ich mich in der Wahl der
Mittel freier als sonst. Zwei Sachen fand ich neu und kurios. Erstens,
dass Freund Kant zitiert, allerdings ohne nähere Angabe, und die
Herausgeber in der Fußnote etwas schmallippig meinen, ein solches
Zitat von Kant gebe es überhaupt nicht. So etwas spricht für Freud.

Jede Wurst würde ein Kant-Zitat natürlich episch breit belegen,
Freud hingegen hat für eine solch niedere sekundärwissenschaftliche
Faktenhuberei natürlich überhaupt nicht den Geist und scheint uns
sagen zu wollen: umso schlechter für Kant. Das hat Klasse.

Zweitens, und das ist eine weitere merkwürdige Beziehung, träumte
Bismarck 1863 – die politische Lage war damals ziemlich unbefriedigend – offensichtlich meinen eigenen Traum. Auch er bewegte sich
einen schmalen Bergpfad hinauf, allerdings reitend, „rechts Abgrund,
links Felsen; der Pfad wurde schmäler, so dass das Pferd sich weigerte,
und Umkehr und Absitzen (war) wegen Mangel an Platz unmöglich"
(Kapitel VI), nur dass Bismarck jetzt Gott anrief, der ihm eine mächtige Gerte in die linke Hand legte. So konnte Bismarck den lästigen
Fels einfach wegschlagen, und siehe: Böhmisches Land tat sich auf und

Preußische Truppen mit Fahnen in ihm, so dass er drei Jahre später gegen Österreich die Schlacht bei Königgrätz wagen und schlagen konnte, die ihm gewissermaßen geweissagt wurde (was man wiederum bequem behaupten kann, wenn man den Traum 1881 niederschreibt und somit weiß, wie die Schlacht ausgegangen ist).

Interessant, wer alles so träumte. Napoleon träumte, Bismarck träumte, selbst Cäsar träumte, und zwar dies, dass er sich mit seiner Mutter geschlechtlich vereinigen solle, dann sei ihm die ganze Welt untertan. Das tat er auch, allerdings betrachtete Cäsar den Traum völlig korrekt als *Symbol* und machte sich ohne Umwege an seine rein geschichtliche Sendung und bestieg gleichsam nur Mutter Erde. Natürlich riecht auch diese Geschichte ziemlich streng und so, als sei sie später irgendwie zurechtgelegt worden. Denn natürlich können die *Inhalte des Traums* keine oder zumindest kaum eine seherische Qualität beanspruchen (was man im Altertum allerdings annahm). Aber die Pointe liegt ohnehin woanders.

Es wäre nun müßig, die gesamte Traumdeutung erneut durchzu-eggen, und deshalb möchte ich so schnell wie möglich zur Pointe selbst kommen. Sie liegt im *Bild* sowie in der *Verknüpfung* von Bildern (etwa zu einer Traumsequenz). Denn an sich können ja die Neuro-nenströme im Schlaf munter vor sich hinströmen, was sie die längste Zeit wohl auch machen, und dann gibt es wiederum Phasen, in denen psychische Vorstellungen bildhafter Art auftauchen, die Strukturen aufweisen und somit dem *Sinn* und der Deutung zugänglich werden, ein, physiologisch gesehen, unnötiger Luxus. Was ist also ein Bild? Ein Bild ist nichts anderes als ein entfalteter Begriff, der träumerisch zerlegt, ins Mehrdeutige zerfächert und wiederum sinnlich und somit anschaulich wird, während der Begriff seinerseits nichts anderes ist als die Summe spezieller Bilder, der sich im wachen Leben nun hochfah-rend, irgendwie akademisch geadelt, gelehrt und amtlich gibt und der sinnlichen Anschauung überhoben zu sein glaubt. Wie aber werden diese Bilder im Traum *organisiert*? „Welche Darstellung", fragt Freud im VI. Kapitel, „erfahren das *wenn, gleichwie, obgleich, entweder-oder* und all die anderen Präpositionen, ohne die wir Satz und Rede nicht verstehen können? Man muss darauf antworten, der Traum hat für diese logischen Relationen keine Mittel der Darstellung zur Verfügung." Da der Traum nach Maßgabe logischer Begriffe überhaupt nicht „denken" kann, organisiert er sein Material auf eine befremdliche Weise um. Abstrakta werden durch sinnfällige Konkretionen ersetzt (so wird der Begriff des Besitzes in ein sinnfälliges Daraufsitzen auf etwas umgewandelt), sachliche Zusammenhänge durch Gleichzeitigkeit dargestellt, logische Operationen fallen weg, und an ihre Stelle treten Beziehungen der sequentiellen Nähe. Kausalitätsverbindungen werden durch ein Umschlagen der Bilder ersetzt, Widersprüche können im Traum überhaupt nicht ausgedrückt werden, „das *Nein* scheint für den Traum nicht zu existieren".

Wie aber organisiert dann der Traum sein Material, wenn ihm alle logischen Formen wie Negation, Implikation und Kausalität fehlen? „Einer einzigen unter den logischen Relationen kommt der Mechanismus der Traumbildung im höchsten Ausmaße zugute. Es ist die Relation der *Ähnlichkeit*, Übereinstimmung, Berührung, das *Gleichwie*, die im Traum wie keine andere mit mannigfachen Mitteln dargestellt werden kann." Mit anderen Worten: die Analogie. Sie steht im Zentrum eines anderen, jedenfalls des nichtrationalen Denkens, und dort auch – *technisch gesehen* – allein.

Inhaltlich stimmt das nicht ganz. Denn auch das Ich steht, hier nun thematisch und gleichsam zentralperspektivisch gesehen, immer im Mittelpunkt jeder träumerischen Aktivität. Freud schreibt (immer noch im VI. Kapitel): „Es ist eine Erfahrung, von der ich keine Ausnahme gefunden habe, dass jeder Traum die eigene Person behandelt. Träume sind absolut egoistisch." Aber wer oder was ist dieses Ich? Das empirische Ich? Beate Kleinschmied? Die auch. Aber, und somit anders gesagt, es kann *auch* Beate Kleinschmied sein, es kann faktisch alles sein, ein Sportreporter, ein Hobbyfußballer aus Mönchengladbach, ein

Oberprimaner, ja selbst den Tenno vermag dieses Ich als junge Frau bei Hugendubel zu begleiten, wenn es nicht gar der Tenno selbst ist. Das soll sagen: Das Ich hat selbst eine hochgradig *imaginäre Struktur*. Es ist vielgestaltig, polymorph und bleibt doch immer ein Ich, zwar nicht ein biografisches und auf den Träumer bezogenes empirisches Ich, sondern viel eher, und von der Realität her gesehen, eine Ansammlung von Optionen, ein, vom Träumenden selbst aus betrachtet, Nicht-Ich, der Geist, ein funktionelles Ich, ein transzendentales Ich, eine, wenn man so will, rein seelische Grundfunktion. Ja, ich würde sogar, wenn nicht gleich ein Erschießungskommando käme, würde ich sogar sagen: die Seele selbst.

Aha! Die Seele! So weit musste es ja kommen. Natürlich nicht völlig ungeschickt, erst einmal mit dem empirischen Ich anzuwackeln (Kant), dem Nicht-Ich (Fichte), dem Geist (Hegel), um dann, mitten im Park, den Mantel zu öffnen, um seine „Seele" zu zeigen. Pfui! Wie krank kann man sein? Denn natürlich ist die *Spaltung des Ich in zwei Teile,* man mag den zweiten dröhnend nun nennen, wie immer man will: transzendentales Ich, absolutes Ich, der sich selbst erkennende Geist, Dr. Jekyll oder Mr. Hyde, immer, und zwar grundsätzlich, der lustige Vorbote einer *schweren* psychotischen Erkrankung.

Irgendwann steht man dann auf der Brücke der *Caine* und klickert mit Murmeln herum. *Zwei Ichs* ergeben immer *einen Befund*, und der lautet: Psychose. Ein ernstzunehmender Einwand. Ich habe ihn immer beachtet und beachte ich ihn *auch heute noch*.

Leider. Denn die normalen Vorstellungen sind, buddhistisch gesprochen: *Affengedanken*, wie auch das reale Ich oftmals genug ein *Affen-Ich* ist. Affenhaft heißt: Es hangelt sich von Banane zu Banane, in süße Vorstellungen oder in süß erscheinende Situationen hinein. Es mag Menschen geben, geistig und lebenspraktisch *wesentlich* befähigtere Menschen als mich, die ihr Affenleben *als Affenleben* verstehen und somit problemlos in der Lage sind, ihr höheres Ich von ihrem Gedenke und Getue *zu trennen* und sich in ihr – wie soll man es sagen? – Wesen zurückzuziehen. Solche Menschen wären, wenn sie es überhaupt wollten, die eigentlichen Könige der Welt, und zwar einfach deshalb, *weil sie das Spiel als Spiel erkennen,* das wir, die Idioten der Welt, *als die Welt sehen,* da wir an das Leben, so, wie es sich uns nun einmal darstellt, an das Leben also mit seinen ungezählten Blödheiten und Zufälligkeiten *glauben,* und glauben heißt immer: in unserer Vorstellung *halten.* Wem es also gelänge, zu seinem realen, empirischen Ich auf Distanz zu gehen, der könnte sich letztlich auch von ihm trennen. Vielleicht eine ungeheure *Befreiung.* Keine Ahnung. Ich habe diese *Struktur* in meinem Leben oft genug *gesehen,* war allerdings viel zu feige und faul, sie auch zu *realisieren.* Immerhin bin ich so weit gekommen, dass mich viele Sachen nicht mehr interessieren. Wenn nun jemand käme und sagte: *Hallo, Herr Bauer, mit Ihren verdammten Träumen geben Sie ja viel von sich selbst preis,* dann könnte ich sagen: *Stimmt! Aber scheiß drauf!* Immerhin. Theoretisch, und, wenn man so will: philosophisch, scheint mir genau in diesem *Weltinnenraum* (Rilke) zwischen den Gedanken und dem *Ich denke Gedanken* der gesamte Zauber der Existenz zu liegen. Einen anderen Zauber kenne ich jedenfalls nicht.

Mit diesen Darlegungen folgen wir Freud schon lange *nicht* mehr (was auch nie beabsichtigt war). Wir haben nämlich eine Vermutung, und für diese Vermutung lässt sich Freud keineswegs mehr in den Zeugenstand rufen. Wir haben die Vermutung, dass uns der Traum mehr bietet als das, was sich auf der deskriptiven Ebene ablesen lässt. Die deskriptive Ebene ist die rückübersetzbare Zeichenebene, kurz: die Symbolebene, auf der dies und das zur Deutung gelangt. Schon als junger Student empfand ich die Symboldeutung als ziemlich schwach und nahe am Gesellschaftsspiel gelegen. Dass nun eine Zigarre einen Penis ersatzweise darstellt, schien mir ebenso logisch, wie ich spätestens seit Loriots *Eheberatungs-Sketch* wusste, dass eine Handtasche für die Muschi steht („Frau Blöhmann, Sie lassen jetzt ihre Handtasche zu!").

Natürlich ist diese symbolische Deutung in jeder psychoanalytischen

Praxis absolut richtig und schön und gut. Und doch denke ich, dass der Traum *mehr* ist als eine reine Deutungsfläche, eine symbolische Matrix, die es nur zu entziffern gilt.

Es könnte, sehr groß und spekulativ gesprochen, ein eigener *Modus* des menschlichen Daseins sein, ein innerer Erfahrungsmodus, der schlafend eine andere Welt anzeigt, eine ganz andere Topografie, kurz, eine seelische Landschaft, die *als solche und somit rein formal* auf etwas anderes *verweist*. Diese *Verweisung* ist mir wichtig, nicht die Frage, welche Elemente und Symbole in ihr vorkommen, und auch nicht, wer was nun besonders Wichtiges scheinseherisch gesagt hat. Denn die wache Wirklichkeit scheint mir doch verschlungen und irgendwie *verknotet*, nämlich derart, dass das Ich – mag es empirisch sein, wie es will – über ein System von Zeichen – nämlich denen der Sprache – die Wirklichkeit – und zwar nur deren *Erscheinung* – gleichsam hält, so dass, löste man einen ihrer Fäden, dieses an sich wunderbare Phänomen der sogenannten Welt auseinanderfallen müsste – nicht *könnte, sondern: muss* – und man in einem höheren Sinne von einem – vielleicht nützlichen – Falschspiel zu reden einige Berechtigung besitzt. Man könnte hier von einem *Weltbild* sprechen, dessen objektivierende Zeit, die nämlich darin besteht, die Welt vorstellend sich erst einmal zuhanden zu machen, möglicherweise in ein anderes Verständnis übergeht. *Weltbild* meint nicht diese oder jene Sicht auf die Dinge, oder anders und nun zitierend gesagt: „Das Weltbild wird nicht von einem vormals mittelalterlichen zu einem neuzeitlichen, sondern dies, dass überhaupt die Welt zum Bild wird, zeichnet das Wesen der Neuzeit aus" (Heidegger, Die Zeit des Weltbildes). Vielleicht deutet der Traum so etwas an. Ich weiß es nicht. Ich sage auch nicht, dass der Traum das klar und erkennbar in seiner Oberflächenstruktur leistet. Ich sage nur, dass im Traum mitunter die *Verknotung selbst sichtbar wird* und die Zeichenebene somit über sich hinausweist. Oder, vorsichtig gesagt: hinauszuweisen scheint. Und eine, nun sehr frech gesagt: *Transzendenz* ahnen lässt. Beweisen kann ich diesen starken Verdacht allerdings nicht, was nicht überraschen sollte, weil er auch gar nicht auf einer beweisfähigen Ebene liegt. Was als Indiz jedoch schon einiges aussagt.

Und so komme ich am Schluss dieses Kapitels wieder zu Freud und sage, dass man im Traum „nicht zu denken, sondern zu erleben vermeint" (I. Kapitel). Das ist an sich schon erstaunlich genug. Immerhin etwas.

Nullkommazwei.

Ich glaube an Gott. Auch das noch! Allerdings erst seit einigen Jahren. Das wäre früher nicht möglich gewesen. Hätte jemand Ende des 20. Jahrhunderts so etwas Skandalöses gesagt, wäre er sofort aus dem berühmten Diskurs geschossen worden. Eher hätte er noch bekennen können, er pullere nachts heimlich ins Bett oder unterhalte eine dunkle erotische Beziehung zu Ziegen. Es gab Dinge, die einfach nicht gingen. Dazu zählen Sätze wie der: Ich glaube an Gott. Sorry! Ich kann mir nicht helfen, mir fehlt irgendwas.

Dass ein Mann Ende 50 an Gott zu glauben glaubt, ist, psychohygienisch gesehen, sogar ziemlich naheliegend. Klar, woran soll er sonst glauben? Dass er noch einmal mit Paris Hilton oder Kim Kardashian (die beide übrigens durch zufällig-unzufällig im Internet verbreitete Pornovideos zu jenem märchenhaften Glanz und Glamour gelangt sind) im Bett liegen wird, kann er sich irgendwann selbst nicht mehr glaubhaft machen, und wenn ein Mann sich irgendetwas erotisch Imaginäres selbst nicht mehr glaubhaft machen kann, dann will das immer einiges heißen, und zwar nichts Gutes. Bitte, wird man sagen, Privatsache, wenn er sich besser fühlt, warum auch nicht. Von mir aus können seiner Meinung nach auch die Schlümpfe die Welt regieren, reines Hirngeflacker, pure Ideologie, ein seelisches Sedativ, Hauptsache, er holt die Bouletten heran und funktioniert und bleibt ein nützlicher Idiot des materialistisch fundierten Weltgeistes, sprich:

des Fortschritts, oder, wem das bereits zu teleologisch und gottesnah formuliert erscheint: der Bewegung an sich.

Um nun ein wenig Effet in das müde Meinungspingpong zu bringen, möchte ich deutlicher werden und folgendes sagen: Ich *glaube* nicht nur an Gott, ich *weiß* es sogar. Nun wird es richtig skurril. Denn *sämtliche* Gottesbeweise, mit denen sich die besten Denker des Mittelalters, Anselm von Canterbury etwa oder Thomas von Aquin, herumgeschlagen haben, sind logisch falsch und reine Begriffsklempnerei. Weder fordert die vorgeblich schöne und stimmige kosmische Ordnung einen demiurgischen Ordnungshüter und kunstfertigen Uhrmacher, noch lässt sich vom Begriff des höchsten Wesens auf dessen Existenz schließen. Um es kurz zu machen: Für Kant sind dies alles höhere Begriffsverwirrungen, man könne Gott nicht beweisen, allerdings auch nicht, dass es Gott nicht gebe. Für jemanden, der es allerdings *weiß*, sind solche philosophiehistorischen Darlegungen reines Kasperletheater und ein müßiges Glasperlenspiel. Denn Beweise im niederen Sinn einer Übereinstimmung des Denkens mit den Dingen *kann* es für Gott auch gar nicht geben, und deshalb ist die ganze Diskussion auch völlig sinnlos und führt zu gar nichts. Jede Aporie *zeigt* immer nur an, dass sie auf der *Ebene*, auf der sie besteht, überhaupt nicht gelöst werden kann. Das spricht nicht gegen die Frage, sondern gegen die Ebene, auf der sich der Fragende bewegt. Mit anderen Worten: die Rat- oder Weg- oder Ausweglosigkeit – und nichts anderes ist die Aporie – ihrerseits ist sehr wohl sinnvoll. Sie *verweist* nämlich, und zwar auf einen anderen Rahmen.

Gäbe es Gott auf der zuvor vermuteten, nämlich auf einer mordsmäßig hohen, aber immer noch empirischen Ebene – nur so zum Spaß und höherem Zeitvertreib angenommen –, dann hätte dieser Gott, den man sich wohl als eine Art Chefingenieur, Supersubjekt und König der Welt vorzustellen hätte, sofort ein Riesenproblem. Denn er würde, in etwa wie der stets verträumte Flötenschlumpf, sofort in eine schwere Falle tappen. Diese Falle ist die *Theodizee*, und auch, wer den Begriff noch nie gehört hat, wird ihn verwenden, um zu sagen, dass es Gott nicht geben kann, und wenn es ihn gäbe, dass er ein Riesenidiot sei und man persönlich mit so jemandem *durch ist*. Das ist die Falle der Theodizee. Naheliegend auch dies. Denn die Welt als sonderlich schön, in der Summe okay und durchgehenswert zu bezeichnen, wird man im Lauf des Lebens immer mauliger zu bestätigen bereit sein, zu vieles ist mit den Jahren passiert, als dass man höher in die Klaviatur zu greifen bereit wäre. Gäbe es Gott, dann müsste man direkt persönlich werden bei den vielen Unglücken und Todesfällen, den irrwitzigen Zufällen, die in die Katastrophe führen, und der völligen Blindheit des sogenannten Schicksals. Worum, um ein beliebiges Beispiel zu nehmen, stirbt der großartige Maler August Macke im Ersten Weltkrieg an der Westfront, während der weniger großartige Maler Adolf Hitler die Westfront überlebt und dann noch Zeit und Geduld genug findet, den Zweiten Weltkrieg vom Zaun zu brechen? Ist Gott verrückt, bösartig, fahrig, dement, ein fieser Möpp? Das ist, kurz gesagt, das Theodizeeproblem. *Theos,* Gott, scheint es mit der *dike,* der Gerechtigkeit, nicht so zu haben, wodurch dieser in seiner behaupteten *Allmacht und Güte* ein schweres Standingproblem bekommt. Man kann nun mit Luther dahergehen und sagen, tja, Freunde der beschränkten Auffassungsgabe: Gottes Ratschluss ist für die Menschen unergründlich, man muss es halt, ähnlich wie Hiob, so akzeptieren. Aber das sind mehr oder weniger simple theologische Taschenspielertricks, und jeder tut gut daran, in einen solchen Diskurs erst gar nicht einzusteigen.

Denn Gott ist nicht *der Puppenspieler von Mexiko* und wir sind daher auch nicht seine Puppen. Ein dicker werdendes Gesäß, miserable Zufälle, schwere Krankheiten, eine gescheiterte Liebesbeziehung und all die vielen wirklich weltgeschichtlichen und persönlichen Vollkatastrophen und Riesenschweinereien des Realen haben mit ihm überhaupt nichts zu tun und gehen ihn auch gar nichts an. Das ist nicht schön.

Aber das behauptet auch keiner. Denn die Welt ist auch nicht schön, sie ist vielmehr wunderbar – *ein sehr bedeutender Unterschied!*

Dass Leute auf einem Planeten sitzen, der mit 1700 Kilometern in der Stunde um die eigene Achse rast und zudem einmal im Jahr um einen ziemlich großen Fusionsreaktor kreist, der seinerseits ein x-beliebiger Stern in einer x-beliebigen Galaxie ist, von denen es Milliarden gibt, kann man als ziemlich kurios ansehen, und wenn dann noch jemand kommt und sagt, er, der ja wie Münchhausen auf einer geschossartigen Kugel sitzt, trinke seinen Martini grundsätzlich nie gerührt, ansonsten stimme irgendetwas nicht, dann drängt sich eine operettenhafte Sicht der Dinge sehr stark auf. Da mittlerweile über alles und jeden ein Musical gemacht zu werden scheint, schlage ich also vor, ein Musical über Gott zu machen. *Das, und nichts anderes, ist wunderbar.* Alles andere ist schön oder weniger schön. Ich hoffe, man sieht, dass es ganz unterschiedliche *Ebenen* sind, und da zuvor die beiden Begriffe *Z 1 und Z 2* etwas wirr in das Nachwort geworfen wurden, könnte man besser noch von völlig unterschiedlichen *Zuständen* sprechen, einem empirischen Zustand, den man in der Tat als mehr oder weniger gelungen und somit als schön oder weniger schön bezeichnen könnte, und einem anderen Zustand, der diesen mehr oder weniger schönen Zustand wunderbarerweise *hält und umfasst.*

Die Welt ist deswegen schön, weil sie ein ästhetisches Phänomen ist, und zwar nur aus diesem Grund. Ob man die Ereignisse in ihr nun wiederum als schön und nicht so schön ansieht, spielt dagegen keine Rolle. Warum aber ist die Welt überhaupt ein ästhetisches Phänomen? Das *absolut und rein Phänomenale* lässt sich an jedem Leben zwanglos erblicken: Jemand, den es vorher definitiv nicht gab, betritt auf einmal diese Welt, macht sich in ihr enorm breit und wichtig, dann tritt diese *Biene des Unsichtbaren* (Rilke) wieder ab, neue Bienen kommen und nach einigen Jahrzehnten sind alle so vergessen, als habe es sie überhaupt nicht gegeben (was in gewisser Weise sogar stimmt). Das klingt schon sehr nach Musical. Ich schlage als Titel *Mamma Mia* vor. Ach so, gibt es schon – wusste ich nicht. Nun könnte man kommen und sagen: *Mo-ment!* Kann es nicht vielmehr so sein, dass zwar das kleine Leben, von dem niemand behauptet habe, es sei nun so enorm wichtig oder gar ewig lang, dem auf Sinnsuche gehenden und bei allerlei fadenscheinigen Gedanken sich ausruhenden Kopf *so erscheinen mag,* wohingegen unsere schöne *Welt* und das in der Tat mit seinen 13,9 Milliarden Lichtjahren etwas groß geratene Universum ein ziemliches Brett ist, dem man unmöglich eine Scheinhaftigkeit andichten könne? Doch, kann man. Denn das feiste Ding, das da am Nachthimmel herumhängt und sich auf Milliarden Lichtjahre und Trilliarden Massen eitel berechnen lässt, ist, zauberhafterweise, reiskornartig aus *dem Nichts* entstanden, was schon fadenscheinig genug ist, denn aus dem Nichts kommt bekanntermaßen auch nichts, und macht jetzt einen auf ganz dicke Hose. Mit anderen Worten: *Die Empirie ist ihrerseits nicht empirisch.* Und *kann* es auch gar nicht sein. Man kommt, wenn man, ganz gegen die liebe Gewohnheit, einmal von sich selbst absieht und in die Ferne blickt, der Lösung erstaunlich nahe. Denn nicht nur der Weltakteur und Schauspieler, der auf der Bühne seine shakespeareschen Weisheiten von sich gibt, steht mit einem Bein im Grab, nein, auch die Weltbühne selbst ist wurmstichig und, ontologisch gesehen, ein höherer Schmu und Trara. *Das, und nur das ist die Pointe.*

Würde, um wiederum ein Beispiel zu geben, irgendwo außerirdisches Leben entdeckt werden, dann wäre das, metaphysisch gesehen, ein Non-Event. Dass es auf 100 Milliarden Planeten in 100 Milliarden Galaxien irgendwo organische Formen, ja: biologisches und womöglich intelligentes Leben gibt, ist mehr als wahrscheinlich, wenngleich auch nicht sicher. Denn nicht nur die atmosphärischen Bedingungen müssten einigermaßen stimmen, wobei eine Art von Sonne nicht unbedingt schlecht wäre, auch der Planet selber sollte nicht wesentlich größer als die Erde selbst sein, denn wäre er es, bestünde auf ihm eine derart hohe Massengravitation, dass kein Schwein auf die Idee gekommen sein könnte, sich einmal aufzurichten und handwerklichen

Tätigkeiten nachzugehen, und somit echsenmäßig am Boden kleben geblieben ist, weshalb man sich auch die aufwändige Reise schenken und gleich in ein Exotarium gehen kann. Es gibt fantastische Exotarien, Frankfurt zum Beispiel hat eines davon.

Was soll das heißen? Das soll heißen, dass man den Zauber an der falschen Stelle sucht, gerne auch den faulen Zauber, den man, da auch die Köpfe zauberisch verwunschen sind, mit einem riesigen Aufwand in zauberhaften Gegenden vermutet. Mit anderen Worten: Man denkt *räumlich*. Der Raum und die in ihm befindlichen Dinge sind aber immer minderwertiger Art, das äußere, geronnene, hart und materiell und erzrealistisch sich gebende, befahr- und befingerbare Abfallprodukt der hohen Zeit (die man als Z 2 bezeichnen könnte) also, genauer gesagt: des *Ereignisses*. Streng genommen gibt es weder Raum noch Dinge, und auch die banale Tatsache, dass es einiger *empirischer* Zeit (Z 1) bedürfte, um einen echsenartigen Planenten ausfindig zu machen, fällt in den nur müde zu begähnenden Bereich der Oberflächenphänomene, den kein Kundiger anzuhimmeln bereit wäre. Normalerweise denkt man ja, dass man sich in einer Raum-Zeit befände („Hallo, Schatz, wir treffen uns beim Italiener, Keith-, Ecke Kurfürstenstraße um 20 Uhr"), was empirisch sicherlich nicht völlig falsch ist. Auf einer höheren Ebene aber gibt es nur den *Zeit-Raum*, und *in ihm* wiederum die raum-zeitlichen Dinge und Sachverhalte (wie etwa ein Essen beim Italiener). Also, noch kürzer gesagt: die Zeitlichkeit selbst und in ihr das Ereignis.

Was aber ist ein *Ereignis?* Die Geburt zum Beispiel ist ein hochrangiges metaphysisches Ereignis, denn jedes Nichtvorhandene muss logischerweise durch die *ontologische Differenz* zwischen *Nicht und Ist, Fort und Da* hindurch, wie auch der Tod ein hochrangiges metaphysisches Ereignis darstellt, hier wiederum zwischen Ist und Nicht, Da und Fort, und genau *jetzt* werden die Dinge interessant, eine *echte* Passage, während das raumzeitliche Gejuckel zum Planet der Affen in etwa so spannend ist wie ein Sonntagsausflug in den Zoo.

Ich hoffe, verständlich erläutert zu haben, worum es bei dem so land-läufig und zungenfertig gemachten Begriff *Gott* überhaupt geht. Gott ist nicht *von* dieser Welt, er ist aber auch nicht *die* Welt, gleichsam als Summe der Erscheinungen in ihr, wie etwa der *Pantheismus* hochgra-dig summenverblödet meint, nein, er ist vielmehr dieses dimensionale Mehr, man könnte sagen: das Sein, an dem das Seiende und jeweilige Ist – Affenplaneten, Echsenplaneten, unsere schöne Erde – *teilhat.* Diese Teilhabe ist natürlich auch immer individueller Art. Und da sie immer auch individueller Art ist, stehen wir auch *in touch.*

Frage nun also: *Spricht* Gott? Keine Ahnung. Mit mir jedenfalls nicht. Spricht der Mensch zu Gott, dann ist das ein Gebet. Spricht Gott zum Menschen, dann ist das Wahnsinn. Sagt irgendwer. Ich denke, es ist Peter Sloterdijk, der gerne witzige Vergleiche unterhält. Könnte man nicht wenigstens einmal ein Musical über Peter Sloterdijk ma-chen? Denn streng genommen spricht Gott und zugleich auch nicht. Zunächst einmal spricht er nicht im sprachlichen Sinne. Wir sagten ja eingangs, dass jede Sprache ein empirisches System von Zeichen ist, das ähnlich einem Gesellschaftsspiel gewissen Regeln und Formen folgt, historisch erworben ist und fortgetrieben wird. Und da wir *un-terhalb* dieses historisch erworbenen Zeichensystems auch nicht gehen können, würden wir Gott, sofern er denn spräche, überhaupt nicht *verstehen.* Spricht er nicht in Sprachen, dann spricht er logischerweise auch nicht im Traum, denn der Traum ist ja wie eine Sprache struk-turiert. Ich möchte echte Giganten wie *Paulus* oder *Augustinus* nicht schmähen, aber es erschien mir immer als ungut, wundersam und eine hohe gedankliche Zumutung anzunehmen, dass es manchen der Herr im Schlaf (oder in der Vision) gibt und anderen wiederum nicht. Das erschien mir allein schon *formal* unmöglich und ich wäre geneigt ge-wesen, mit Walter Benjamin zu sagen: „Es bringt uns nämlich nicht weiter, die rätselhafte Seite am Rätselhaften pathetisch und fanatisch zu unterstreichen; wir durchdringen das Geheimnis nur in dem Grade, als wir es im Alltäglichen wiederfinden" (*Der Surrealismus*).

Wenn also jemand in einer hohen Vision Gott auf einem goldenen Thron sitzen sieht, war das für mich nicht wertvoller, als hätte der Visionär gesagt, Gott sei Beamter in einem Amt in Pirmasens und würde jeden Morgen mit einem Nostalgiebus zur Arbeit gebracht werden. Denn die Elemente der realen oder auch nur vorgestellten Wirklichkeit werden im Traum lediglich zerhackt, neu geordnet und rekombiniert, und es spielt formal überhaupt keine Rolle, ob jemand in einem Nostalgiebus oder auf einem goldenen Thron sitzt. Und auch die Rede im Traum (oder der Vision) ist völlig austauschbar. Ob jemand sagt: *Ich aber weissage dir brennende Büsche!* oder: *Wir könnten mal von Höhfröschen nach Fröschen gehen*, spielt, wiederum formal betrachtet, überhaupt keine Rolle. Auf *dieser Ebene* kann ich keinerlei Unterschiede sehen.

Also spricht Gott nicht und Peter Sloterdijk sagt mal wieder die Wahrheit. Spricht er nicht und Peter Sloterdijk sagt mal wieder die Wahrheit, dann ist uns Gott auch nicht zugänglich, es sei denn über eine schwere parasoziale Macke, so, als ob ich etwa dächte, Paris Hilton oder Kim Kardashian würden sich für das interessieren, was ich gerade so treibe. Eher unwahrscheinlich. Gott wäre also ein Glaubensgott der Theologen oder ein magerer Begriffsgott der Philosophie, der einem durchaus interessierten Menschen nur dann nahegebracht werden kann, wenn diesem unter Aufbietung sämtlicher gedanklicher Waffengattungen zunächst einmal sein recht angenehm zu bewohnendes Einfamilienhaus zusammengeschossen wird. Naheliegenderweise verzichtet der durchaus interessierte Mensch gerne auf solche Darbietungen.

Und hat sie auch gar nicht nötig. Denn im Traum gerät er ohne großes Zutun bereits in eine andere Welt. Sie wiederum *zeigt* eine Wirklichkeit, oder, wem das Wort *Wirklichkeit* bereits falsch erscheint, da ja gerade Kausalziehungen *fehlen*, einen *Zustand* an, der völlig anders strukturiert als ist als Wirklichkeit und doch eine hohe *Präsenz* aufweist. Ich möchte nun nicht behaupten, dass man in der Realität keine Momente von hoher Präsenz erleben kann, aber sie sind selten, werden als ausgesprochen kostbar empfunden, sozusagen: *moments in time*, die durch den Gang der Tage, man kann hier durchaus von der kleinen Zeit Z 1 sprechen, überspült werden. Was erkennt man in solchen Momenten? Nichts anderes als dies, dass die Ebene Z 1, nämlich die kleine *Zeit* mit ihren empirischen *Zuständen*, Teil einer *anderen Ebene*, nämlich der *Zeitlichkeit* selbst, und somit eines höheren Zustands ist, wir nennen ihn kurz Z 2. Das wäre dann die Stunde der wahren Empfindung (Handke). Oder, anders: Die Strecke selbst hat kein Geheimnis. Das *Geheimnis* liegt nie in der Fläche. Das Geheimnis liegt immer in der Sphäre (Thomas Mann). Und diese Sphäre wiederum ist nichts anderes als *Weltoffenheit*.

Wenn ich Leuten diesen, wie ich finde, nicht sonderlich schwierigen Gedanken erläutere, passiert zumeist folgendes: Nachdem eine schwere Müdigkeit von ihnen gewichen ist – man könnte auch sagen: eine schwere Verblödung –, sagen sie, halb noch im Gähnen begriffen, ich sollte doch einfach sterben, dann würde ich ja sehen, ob dieser Gedanke richtig oder falsch ist. Das wiederum ist vollständig richtig. *Im Leben selbst* jedenfalls sei er völlig irrelevant. Das Leben funktioniere nach diesen und jenen Gesetzen, und was dann im Tod passiere, wäre nicht mehr ihr Problem. Das Ganze sei eine Art Totengespräch, sie jedenfalls hätten zu tun, nämlich die Kinder von der Kita abzuholen, eine Affäre anzuschieben, die Excel-Tabelle zu bearbeiten oder die Weltherrschaft zu erlangen. Und *genau* hier liegt der Fehler. Denn gesetzt den Fall, diese *Z 2-Struktur* stimme, wären die Rückkopplungen auf die wirklichste aller wirklichen Wirklichkeiten, nämlich unsere, milliardenfach und handfest und unabsehbar. Die Welt, die man mit nur geringem rhetorischem Aufwand als ein Narrenhaus niederster Willensobjektivationen und hochgradigsten Vorstellungstheaters schlankweg wird ansprechen können, würde, so ins Offene gehalten, in eine Revolution sämtlicher Sach- und Subjektbeziehungen gelangen, und zwar in einem durchaus entspannenden Tonus. *Wir würden also dorthin gelangen, wo wir längst schon sind.* Und es nur nicht wissen. Das ist der hermeneutische Sinn der gesamten Operation.

Wem dies immer noch zu begriffsbarock und schwertönend ist, dem kann vielleicht ein Vergleich weiterhelfen, der allerdings hinkt, weil er zwei *empirische Ebenen* benennt. Der Lyriker und Essayist Hans Magnus Enzensberger, ein, wenn auch ironischer, Materialist reinsten Wassers, hat irgendwo in einem seiner vielen großartigen Gedichte die schöne Zeile sinngemäß stehen: *Als ich in der Hitler-Zeit lebte, wusste ich gar nicht, dass ich in der Hitler-Zeit lebte.* Klar, weil die Hitler-Zeit eine *Sichtweise* ist, die erst in der Nachkriegszeit aufkam, und keineswegs in der Hitler-Zeit selbst, die sich ja bekanntlich als Tausendjähriges Reich gab. Es ist also eine neue und nun andere Sicht auf eine und dieselbe Sache. Kurz: eine Art von Entzauberung.

Ein solches Irrealisierungserlebnis leistet *jeder* Traum. Absolut jeder. Und so gesehen spricht Gott auch. Und zwar genau in *dieser Differenz.* Ob er nun auch noch *sprachlich* spricht, vermag ich nicht zu beantworten. Mir jedenfalls wäre das nicht bekannt und auch eher bedenklich, denn das Sprechen Gottes stünde dem Tod des Individuums doch ziemlich nahe, wenn nicht gar beides identisch ist. Ich möchte solche Visionen nun nicht grundsätzlich abstreiten, aber logisch oder besser: topologisch verständlich wäre mir das auch wiederum nicht. Denn eigentlich kann ein solches Sagen nichts anderes als ein höheres *Zeigen* sein.

Und so, wie wir für das Zeigen eines vorhandenen *Dinges* – Hund, Katze, Maus – das Kürzel Z 1 verwenden können, wäre das Zeigen einer vorhandenen *Struktur* ein höheres Zeigen. Nennen wir es Z 2. Denn, um den schönsten philosophischen Satz ans Ende zu stellen: „Nicht *wie* die Welt ist, ist das Mystische, sondern *dass* sie ist" (Wittgenstein).

Sollte Gott allerdings doch im Traum sprechen, hätte ich – nun persönlich betrachtet – auch nichts dagegen. Ich würde es einfach annehmen und sehen, was kommt, gerne auch mal wieder etwas mit Erotik. Es muss ja nichts Schweinisches sein.

Nullkommaeins.

Es gibt in Thüringen viele Goethe-Wanderwege. Einige von ihnen bin ich gegangen. Am schönsten ist der Wanderweg von Weimar nach Großkochberg, in etwa 30 Kilometer lang. Er führt von Weimar aus über das Schloss Belvedere durch das Ilmtal vorbei an Kalksteinfelsen, einem ausgedehnten Waldgebiet auf eine Hochebene zu, dort, wo als Endpunkt der Reise das malerische Schloss Kochberg liegt, das der Familie von Stein gehörte. Der Weg ist narrensicher beschildert, ein weißes *G* auf grünem Grund führt den Wanderer mit leichter Hand. Goethe ist diesen Weg nie gegangen, allerdings oft geritten, wenn er Frau von Stein nahe sein wollte. Man wird hier durchaus von einer seelischen Nähe zu sprechen haben, denn dass beide intim miteinander gewesen sein sollen, wie mitunter etwas wisserisch und kennerhaft augenzwinkernd gemeint wird, gehört wohl in den großen Bereich der Goethe-Folklore. Der Wanderweg bietet viele Sehenswürdigkeiten, die natürlich weitläufig in einer fingerdicken Broschüre vermerkt sind. Am besten aber gefiel mir, der ich alleine ging, eine nicht näher bezeichnete, vielleicht einen Kilometer lange Kirschbaumallee, bereits auf der Hochebene selbst gelegen, die an diesem Junitag in hoher Blüte stand.

Mein letzter rundum schön zu nennender Traum ist vielleicht fünf Jahre her und nahm das bukolische Bild dieser selbst schon länger zurückliegenden Wanderung freudig auf. Nur, dass dieses Mal die Kirschbaumallee an einem Fluss lag, einem lieblichen, kleineren Fluss, vielleicht der Mosel, jedenfalls umgeben von Weinbergen. Ich ging Arm in Arm mit einer mir völlig unbekannten blonden Frau. Beide waren wir nicht mehr jung, vierzig Jahre in etwa. Die Szenerie war völlig unbevölkert, nur sie und ich. Irgendwann fiel mir auf, dass wir uns beide ja eigentlich gar nicht kannten. Ich sagte: *Ist das überhaupt okay, als Fremde so innig miteinander zu laufen?* Sie sagte sehr erstaunt: *Aber wir kennen uns doch!* Das war mir neu. Nicht unangenehm, aber neu. Wir kamen von weit her und waren schon eine lange Zeit zusammen gegangen. So viel wurde mir jetzt immerhin klar. Ich war allerdings etwas müde. In mäßiger Entfernung schien der kirschbaumbestandene Weg, dem Fluss folgend, einen Knick zu machen – ins nicht mehr Absehbare hinein. Ich sagte: *Der Weg ist wunderschön.* Sie sagte: *Und er wird noch schöner.* Ich sagte: *Ich kann selbst diese Schönheit kaum noch ertragen,* und setzte mich auf eine weiße Bank, die zwischen den weißblühenden Bäumen am Ufer stand. Sie sagte: *Aber du wirst doch nicht kurz vor dem Ziel aufgeben. Doch,* sagte ich und setzte mich hin. In diesem Moment wachte ich auf. Schade. Ein klarer Fehler.

Beim nächsten Mal würde ich weitergehen.